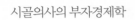

시골의사의 부자경제학

시골의사의 부자경제학

초판 1쇄 발행 2006년 7월 5일
초판87쇄 발행 2008년 3월 11일

지은이 박경철 **발행인** 최봉수 **편집인** 이흥
주간 김현경 **기획편집** 서금선 최서윤 박희연 장보금 이은숙
마케팅 서재근 김철원 박창흠 김경수 이상호 양광열 **제작** 한동수 최서윤

발행처 (주)웅진씽크빅
출판신고 1980년 3월 29일 제406-2007-00046호

임프린트 리더스북 **주소** 서울시 종로구 동숭동 199-16 웅진빌딩 5층
주문전화 02-3670-1570~1 **팩스** 02-747-1239
문의전화 02-3670-1165 **이메일** leadersbook@wjbooks.co.kr

리더스북은 (주)웅진씽크빅 단행본그룹의 임프린트입니다.
이 책은 저작권법에 따라 보호받는 저작물이므로 무단전재와 복제를 금지하며,
이 책 내용의 전부 또는 일부를 이용하려면 반드시 저작권자와 (주)웅진씽크빅의 서면동의를 받아야 합니다.
이 도서의 국립중앙도서관 출판시도서목록(CIP)은 e-CIP 홈페이지(http://www.nl.go.kr/cip.php)에서 이용하실 수 있습니다.
(CIP제어번호:CIP2006001309)

시골의사의
경제 원리에 숨겨진 부자들의 투자 비밀
부자경제학

박경철 지음

리더스북

이 책은 경제에 관한 이야기를 다루고 있지만 엄밀하게 말하면
경제 관련서가 아닙니다. 그렇지만 경제를 전공하지 않은
한 개인이 경제행위를 하면서 부닥쳤던 좌충우돌에 관한 이야기도
나름대로 독자들에게 도움이 될 것이라 믿습니다.
20여 년 동안 투자를 하면서 자연발생적으로 경제가 무엇인지를 고민하고
시장에서 치열하게 싸워왔던 한 개인의 생각은 어떤지,
또 보통사람들은 경제 현상을 어떻게 바라보는지를 알아두신다면
여러분의 투자에 도움이 될 것입니다.

추천의 글 ··

'증권사 직원들에게 주식을 가르치는 의사'이자 '국내 최고의 기술적 분석가'로 유명한 시골의사의 투자서에는 20년 투자 경험과 시행착오들, 그리고 그 과정에서 얻은 교훈들이 생생하게 담겨 있다. _매일경제신문

재테크 전략보다 경제현상을 바라보는 눈을 갖는 것이 더 중요하다며 투자전망과 전략을 소개하기에 앞서 투자에 필요한 기본원리와 지식 등을 중점적으로 설명하고 있다. _한국경제신문

스스로 만족할 수 있는 부자의 기준을 생각해보고 자신의 능력을 향상시켜 자산가치를 높이도록 노력하라는 등의 제언의 담겨 있다. _동아일보

통상의 경제경영서가 부자 되는 확실한 방법을 가르쳐주겠다고 호언장담하는 것과는 달리 이 책은 그런 거품이 없다. _한겨레

시골의사는 명의! 내 앞에 숨어 있는 부자가 되는 길을 보여주고 있다. _www231

시골의사의 재테크 처방! 다른 재테크 책을 읽고 나면 남는 게 별로 없는데 이 책은 교과서처럼 두고두고 펼쳐볼 수 있을 것이다. _changyy

부의 기준에 대하여 좀더 냉철한 시각이 필요한 시점! 경제생활을 하는 모든 이들이 읽어나가야 할 책이라 여깁니다. _Francis

따스한 마음이 느껴지는 경제학! 새로운 관점에서 투자 대상을 바라볼 수 있는 기회를 제공한다. _neuroman

돈에 대한 자신의 인식을 높여주는 책! 경제 전반에 대한 이해를 높이고 자신의 안목을 키워줄 수 있는 좋은 책이라고 생각합니다. _ssenom

벌써 다음 나올 투자서가 기대됩니다! 자신이 아는 바를 독자들에게 알리고자

하는 정성이 엿보이는 책입니다. 그 동안 무모하고 막연하게 투자했던 내 자신을 일깨우게 하는군요. _bujangnim

피가 되고 살이 되는 책! 그 동안 막연히만 알았던 내용들이 조목조목 정리되고 "아하!" 하고 무릎을 치게 해주는 책입니다. _baramil83

탁견으로 가득한 책! 족집게 종목 추천을 원하시는 분들에게는 답답하게 여겨질 수 있겠지만 장기투자자에게는 많은 영감을 줄 수 있는 책이란 생각이 듭니다. _ebull

재테크 책답지 않게 솔직하고 진지하다. 역시 시골의사라는 감탄사가 나올 만하다. 그 하나만으로도 별 다섯 개의 자격이 충분하지 않을까? _thomas0524

페이지를 거듭할수록 저자의 숨소리가 느껴집니다! 다른 책들과는 달리 많은 생각을 하게 만들어줍니다. _beron99

색다른 관점에 목말랐던 사람들에게는 사막의 오아시스 같은 책! 절약과 절세 상품 등을 이용해서 종자돈을 모으고 투자하라는 천편일률식 재테크 책과는 그 궤를 달리한다. _ksgshine

제대로 투자 한번 해봅시다! 과거의 수동적인 평범한 투자자가 아닌 경제에 대한 전반적인 관심과 더불어 이를 적절히 이용한 투자의 방법을 제시해 줌으로써 한 단계 업그레이드된 투자자로 발전할 수 있는 길을 가르쳐 준 좋은 책인 것 같다. _드림위버

투자의 필살기나 부자 되는 천기누설을 기대했다면 실망할 수도 있겠지만 책을 진지하게 읽으시는 분이라면 후회하지 않으실 겁니다. _jnna8277

투자 경력 10년차인 나의 투자관을 바꿔놓은 책! _hokim

시작하는 글

내가 대학에 입학했을 무렵 대학가는 그야말로 전쟁터나 다름없었습니다. 연일 이어지는 시위로 인해 캠퍼스는 매캐한 최루탄 연기로 가득 찼고, 수업은 하루걸러 한 번씩 중단되기 일쑤였습니다. 그러던 어느 여름날 당시 노태우 민정당 대표가 직선제 개헌을 받아들이면서 투쟁의 목표를 상실한 대학가에는 마치 블랙홀에 빨려든 소행성처럼 순식간에 민주화 열기가 사그라졌습니다. 돌이켜 생각하면 중요한 것은 민주화 그 자체였는데, 우리는 직선제라는 수단에만 매달리는 오류를 범한 셈입니다. 어쨌든 뜨겁던 여름은 직선제 바람에 실려 그렇게 지나가버렸습니다.

아마 그 즈음일 겁니다. 수업을 거부하고 거리 시위에 참가하고 하숙집으로 돌아온 어느 날 오후, 같은 방을 쓰던 친구의 책장에서 우연히 엘빈 토플러의 《제3의 물결》을 집어 들었습니다. 그날 뜨거운 햇살에 달구어진 몸의 열기를 식히느라 찬 방바닥에 드러누워

펼쳐든 그 책의 "미래사회에는 지식이 권력이다."라는 문구는 당시 스무 살에 불과했던 한 의과대학생의 머릿속을 완전히 흔들어 놓았습니다.

총과 칼, 군부, 경찰, 검사, 판사 등이 권력이던 그 시대에 "미래사회에는 지식이 권력"이라는 토플러의 메시지는 상당히 혼란스러운 것이었습니다. 그리고 총과 칼이라는 직접적인 힘이 지배하는 세상에 과연 지식이 권력인 세상이 도래할 수 있을까 하는 의문은 이후 내 삶의 행로에 결정적인 영향을 미쳤습니다. 어쨌거나 나는 그 한 문장을 핑계 삼아 의과대학생으로서는 다소 생소한 경제에 대한 곁눈질을 시작했고, 어쩌다보니 오늘에까지 이어졌습니다.

돌이켜 생각해봐도 그때 토플러의 주장은 탁견(卓見)이었지만, 못된 송아지는 좋은 이야기를 들어도 엉덩이에 뿔부터 나는 법입니다. 그때 나는 그의 지식론을 그야말로 '힘'의 관점에서만 바라보았을 뿐, 그것을 관통하는 이치나 역사적 필연성으로는 조금도 생각이 닿지 않았습니다. 그래서 경제의 여러 분야 중 단지 투자에 대해서만 관심을 기울였을 뿐, 그것을 잉태한 경제학의 원리나 체계에는 조금도 관심을 두지 않았습니다.

기초를 도외시한 공부가 어떠할지는 너무나 자명한 것인데 그때만 해도 그것을 잘 몰랐습니다. 아마 축구로 치면 러닝 훈련 한 번 없이 오로지 페널티킥만 연습한 것과 같았던 셈이지만 그나마 나는 운이 좋았던 것 같습니다. 우연찮게 그때 익힌 어설픈 지식을 앞세워 신문이나 잡지에 기고를 하고, MBN과 같은 매체에서 5년씩이나 경제 프로그램을 진행할 기회가 주어졌기 때문입니다.

그리고 그 덕분에 좋은 분들을 많이 만날 수 있었습니다. 이 또한 내가 운이 좋았다고 얘기하는 이유입니다. 또 이를 계기로 국내 유수 리서치센터장이나 펀드매니저, 그리고 많은 제도권 전문가뿐 아니라 여러 언론과 사회단체를 이끌어가는 이들과 실제 투자에서 큰 성취를 이룬 전문 투자자들을 두루 만날 수 있었고, 또 그 과정에서 내 오류를 계속 수정해나갈 수 있었습니다. 뿐만 아니라 현재 금융시장과 나라 사정에 대해 모르는 것이 생기거나 세상 돌아가는 이치가 궁금하면 언제든지 조언을 구하거나 가르침을 얻을 수 있는 조언자들을 얻게 되었습니다.

　그러던 과정에서 몇 차례 책을 출판하자는 제안을 받았습니다. 사실 2000년 초에 처음으로 출판 제안을 받았을 때는 금세 우쭐해져서 불과 두어 달 만에 주식투자서를 세 권이나 썼습니다. 태권도를 처음 배워 막 빨간띠를 딴 아이가 마구 주먹을 휘두르고 싶어지는 것과 같은 심정이 아니었나 생각합니다. 하지만 다행히 그 원고들은 막 탈고를 끝내고 출판사로 넘어가기 직전에 '과유불급'이라는 친구의 고언에 따라 '언젠가 때가 되면'이라는 꼬리표를 붙여 고스란히 서랍 속에 넣어두었습니다.

　내 인생에서 세 가지 잘한 일 중 하나를 꼽으라면 그때의 결정을 꼽을 만큼 아직도 낯 뜨거운 일입니다. 그후로 오륙 년의 시간이 더 흘렀지만 여전히 그 원고를 다시 끄집어낼 용기가 나지 않았습니다. 그렇지만 사람은 자기합리화에 능한 법인가 봅니다. 부끄러운 줄도 모르고 나는 서랍에 넣어둔 원고를 꺼내 소위 '마바라'(일본어로 소액투자자를 이르는 말이며, '원칙 없이 휘둘리는 사람'이라는 뜻으로도 쓰인다)의 관점에서, 즉 경제전공자도 아니고 그것을 업으로 삼지도 않는 그야말로 '천지 모르는 하룻강아지가 세상을 구경한 반나절 여행기' 정도의 의미를 두고 다시 책을 쓰기로 하였습니다.

이러한 생각으로 일전에 써둔 주식투자에 대한 원고를 정리하다 다시 새로운 고민에 빠지게 되었습니다. 주식투자를 하든 부동산투자를 하든 간에 그에 앞서 우리가 먼저 알아야 하고 생각해봐야 할 문제들에 대해서입니다. 그래서 주식투자서는 일단 다음 기회로 돌리고 우선 이 책을 먼저 쓰는 것이 순서라는 생각에 이르게 되었습니다.

이 책은 경제에 관한 이야기를 다루고 있지만 엄밀하게 말하면 경제 관련서가 아닙니다. 대학에서 경제학원론 한번 배운 적이 없고 강의 한번 들은 적도 없는 내가 경제를 이야기한다는 것은 그야말로 어불성설입니다. 그래서 이 책의 제목에 '경제'라는 말이 들어가지만 엄밀하게 말하자면 '투자를 위한 사이비 경제학'이라는 말이 딱 맞을지도 모릅니다.

그럼에도 불구하고 감히 이 책을 쓴 이유는 경제를 전공하지 않은 한 개인이 경제행위를 하면서 부닥쳤던 '좌충우돌'에 관한 이야기도 나름대로 독자들에게 도움이 될 것이라는 믿음 때문입니다. 그래서 이 책에는 오류가 많을 것이고, 경제를 다루거나 실제 그것을 업으로 삼는 이들이 보기에는 그야말로 가가대소(呵呵大笑)할 일인지도 모르겠습니다.

하지만 이것은 그저 자연발생적으로 경제가 무엇인지를 고민하고 시장에서 치열하게 싸워왔던 한 개인의 생각은 어떤지, 또 보통 사람들은 경제 현상을 어떻게 바라보는지를 알아두는 데 참고하면 좋겠다는 정도로 너그럽게 봐준다면 이 책을 펴내는 게 덜 부끄러울 것 같습니다.

이 책은 그리 친절하지 않으며, 쉽지 않은 개념들이 자주 등장합니다. 먼저 그것은 당연히 실력 문제입니다. 원래 각자(覺者)는 쉬운 말로 설명하지만, 깨닫지 못한 자는 말이 어렵고 스스로 개념의 포로가 되기 쉽습니다. 스스로도 잘 모르는 내용을 남에게 설명하자면 그것은 어쩔 수 없는 한계이기 때문입니다. 하지만 굳이 약간의 변명을 드리자면 일부러 조금 덜 재밌고 어렵게 쓴 것도 사실입니다.

요즘 우리가 흔히 접하는 돈을 벌게 해주는 원리나 부자가 되는 방법론은 그 내용의 옳고 그름을 떠나 독자가 스스로 생각할 여지를 봉쇄합니다. 그래서 나는 이 책에 쓰인 내용 역시 옳고 그름을 떠나서 조금은 어렵게 읽히고 여러 번 생각할 여지를 만들고 싶었습니다. 세상의 다른 이치도 그러하지만 재테크와 같은 분야는 정답이 없기 때문에 "이렇게 하면 돈을 번다."는 무책임한 이야기보다는 차라리 "이런 부분을 깊이 생각해보자."는 논쟁거리를 던지는 것이 더 의미가 있겠다고 생각했습니다. 이 점은 관용해주면 좋겠습니다.

마지막으로 그동안 내게 좋은 가르침을 준 많은 이들에게 진정어린 감사를 드리고 싶습니다. 많은 영감을 주고 특히 부동산 파트의 소중한 자료를 사용하도록 기꺼이 허락해준 한재충 박사, 귀한지면을 기꺼이 할애해준 여러 매체들, 그리고 특히 전문위원직을 맡기면서까지 소중한 지면을 내준 〈머니투데이〉와 김준형 부장, 김재영 차장께 감사드립니다. 또한 지난 5년간 귀한 시간을 내준 MBN의 임직원과 〈머니 레볼루션〉을 진행하면서 많은 격려를 해준 김시중 피디와 강지연 아나운서, 장현정 작가, 그외에도 그동안 아낌없는 가르침을 베풀어준 많은 증권사와 투자자문사의 별처럼 쟁쟁한 운용역과 분석가들, 그리고 언제나 곁을 지켜준 오랜 친구들과 이름을 일일이 거론할 수 없는 소중한 이웃들에게도 이 기회를 빌려 진심으로 존경과 감사의 인사를 드리고 싶습니다.

안동시 태화동 진료실에서
시골의사 박경철

제2부
**부자경제학의
기본 원리**

그리고 남은 이야기
투자와 인생

제1부

부자의 철학, 부자의 논리

우리는 부자가 되는 방법을 찾기보다 먼저 '왜 부자가 되어야 하는가?'
'내가 생각하는 부의 목표치는 어디인가?'
'그것은 어떤 근거로 산출된 것인가?'를 생각해야 한다.
앞으로 어떻게 부자가 될 것인지, 그것을 어떻게 지킬 것인지는 그 다음에 생각하자.

富 者 經 濟 學

1

부자의 기준은
무엇인가

돈은 그저 많으면 많을수록 좋은 것일까? 도대체 얼마가 있으면

부자라고 할 수 있는지, 부자가 되려면 어떻게 해야 하는지,

평범한 사람이 부자가 되기 위한 재테크의 기준은 무엇인지 알아보자.

부자는 어떤 사람들인가

부자란 기본적으로 자신의 부를 지키고 이전하는 데 관심이 있을 뿐
더 이상 부를 늘려야 할 이유가 없는 사람들이다.

누군가 당신에게 "부자의 기준은 무엇입니까?"라고 묻는다면 어떻게 대답하겠는가? "한 1억 정도 가진 사람"이라고 답한다면 당신은 정말 소박한 사람이다. 그러나 만약 "한 100억 정도 가진 사람"이라고 말한다면 어쩌면 당신은 통이 큰 사람이다. 그러나 누군가가 한 "10억 정도 가진 사람"이라고 말한다면, 당신에게 그만한 돈이 있건 없건 섣불리 동의하기도, 그렇다고 부정하기도 어려울 것이다.

만약 20억 원이라면 어떻겠는가? 이 정도 자산을 가진 사람은 부자일까 아닐까? 이런 질문을 잘나가는 재벌그룹 회장에게 던지거나 서울 강남에 땅만 5만 평쯤 가진 졸부의 상속자에게 던진다면 아마 좀팽이라는 소리를 들을지 모른다. 그들이라면 1,000억 원 정도는 되어야 고개를 끄덕일지 모르겠다. 또 그들은 우리 같은 범부라면 단위조차 헤아리기 어려운 상상을 초월하는 금액을 부자의 기준으로 제시할지도 모른다.

그렇다면 부자란 정말 어떤 사람들일까? 부자란 바로 부를 늘리

는 데 관심이 없는 사람이다. 더 이상의 부를 필요로 하지 않을 때 비로소 부자라고 할 수 있을 것이다. 부자란 기본적으로 자신의 부를 지키고 이전하는 데 관심이 있을 뿐 더 이상 부를 늘려야 할 이유가 없는 사람들이다.

그런 관점에서 이건희 씨나 정몽구 씨는 부자가 아니지만 지리산에서 토굴을 파고 들어앉아 면벽수도하는 스님은 부자일 수 있다. 또 수천억의 재산을 불리기는 고사하고 그저 '들키지만 않으면 그만'이라는 전직 대통령들도 부자다. 물론 스님이 환속하면 다시 가난뱅이가 되고 전직 대통령도 숨겨둔 돈을 빼앗기면 사정이 달라지겠지만, 어쨌든 진짜 부자는 부를 늘리는 데 관심이 없는 사람이다. 그래서 지금도 여전히 많은 돈을 벌고 있지만 한 해에 수억 달러를 사회에 기부하는 빌 게이츠는 진짜 부자지만, 그에 못지 않은 부를 아들에게 물려주기 위해 사회공헌에 인색한 워렌 버핏은 부자가 아니다.

부는 누군가에게 노동을 시킬 수도 있고, 내가 하기 싫은 일을 대신하게 할 수도 있다. 그래서 부는 권력과 함께 사람을 조종하는 힘의 원천이기도 하다. 대개의 부자들은 자신이 가진 부의 절대적 규모에 만족하면 그 다음부터는 부를 나누는 일보다는 지키는 일에 집중한다. 이때 부를 지키려는 데는 자신이 이루어놓은 권력이 사후에도 약화되지 않기를 바라는 마음이 강하게 작용하기 때문이다.

동서고금을 막론하고 이어진 장자상속 제도에는 당대의 부를 형제들이 쪼개어 가져 부가 약화되지 않기를 바라는 부자들의 심리가 고스란히 녹아 있다. 만석꾼 부자라도 아들 삼형제에게 재산을 똑같이 물려주면 3,000석이 되고, 그들이 다시 삼형제에게 물려주면 1,000석이 되며, 다시 한 대를 내려오면 그저 농사 조금 잘 짓는 수준밖에는 되지 않기 때문이다. 더구나 만석꾼의 힘과 천석꾼의 힘은 부를 유지하고 늘리는 데 엄청난 차이가 있다. 그래서 부자는 부를 지키고 부의 힘을 고스란히 물려주는 데 온 힘을 쏟게 된다.

그런 관점에서 보면 당신은 부자인가? 당신은 현재의 호주머니 사정에 만족하고 더 이상의 부를 필요로 하지 않는가? 또 당신은 현재의 부(혹은 그 이상의 무엇)를 늘리기보다 지키고 물려주는 것에 관심이 있는가? 만약 여기서 "예"라고 대답했다면 당신은 더 이상 재테크를 말하는 주장에 귀를 기울일 필요가 없다. 가격이 오르는 땅만 꼭 집어준다는 '족집게 부동산 강좌'나 '묻지 마 투자교실'에 기웃거릴 필요도 없다.

그러나 대부분의 사람은 이 질문에 "예"라고 답하지 않을 것이다. 그렇다면 "아니요"라고 답하는 당신은 무엇이 얼마나 부족한가? 부족한 그것이 혹시 돈이나 부동산 같은 것이라면 당신은 과연 얼마나 더 벌고 더 모아야 "예"라고 대답할 수 있을까? 돈은 그저 많으면 많을수록 좋은 것인가?

어떻게 부자가 될 것인가

현재 당신의 자산가치는 얼마인가? 당신의 자산가치는 시간이 지날수록
하락하는가, 상승하는가? 또 영구적인가, 한시적인가?

몇 해 전부터 '10억 만들기' 열풍이 불어 이 나라의 장삼이사들이

10억 원으로 상징되는 노후자산을 모으기 위해 재테크에 뛰어들었다. 대체 이 10억 원이라는 기준은 어디서 나온 것일까?

이것은 여론조사의 결과라는 말도 있고, 노후에 예상 가능한 모든 지출을 감안하여 계산하면 10억 원이란 금액은 거의 최저생계비에 해당한다는 주장도 있다.

또 다른 전문가는 그것도 인플레를 감안하지 않았을 때의 이야기지 만약 인플레를 감안하면 최소 20억 원은 있어야 한다고 주장한다. 더구나 이런 문제는 주로 보험회사 등에서 전파하는 은퇴, 노후의 개념과 맞물려 있다. 어쨌든 이로써 우리는 늙어서 길거리에 나앉지 않으려면 하루 빨리 10억, 아니 20억 원을 모아야 한다는 강박관념에 시달리게 되었다.

그러나 실제 노후에 혹은 은퇴 이후에 필요한 생활자금을 계산하는 방식은 각각 다르다. 먼저 현재 도시노동자의 평균 임금인 250만 원을 기준으로 생각해보자.

이때 월수입 250만 원은 현행 금리 기준으로 세금 공제 후 약 7억 원의 자산을 보유하는 것과 같은 효과를 지닌다. 즉, 월수입 250만 원은 자산 7억 원을 보유한 사람이 놀고먹을 때의 이자수입과 같다.

같은 방식으로 10억 원의 자산을 보유한 사람은 현재 약 350만 원의 수입을 올리는 사람과 동일한 부가가치(이자수입)를 만들 수 있다. 쉽게 말해 월 350만 원을 번다는 것은 약 10억 원의 자산을 보유한 사람이 놀고먹는 것과 동일한 가치를 지닌다는 의미다. 그렇다면 월수입 1,000만 원을 올리는 의사·변호사 자격증은 약 30억 원 수준의 가치를, 월수입 3,000만 원인 변리사의 자격증은 약 60억 원의 가치를 지닌다고 볼 수도 있을 것이다.

다만 이 두 가지 경우의 차이는, 고정자산 10억 원에 대한 이자 수입으로 놀고먹는 자산가는 금액 기준으로는 자산의 원형이 영원히 그대로인 것 같지만 실제로는 인플레만큼 자산가치가 지속적으로 감소하고 있고, 아무런 자산도 없지만 월수입 350만 원의 유동자산을 가진 사람은 그것을 따로 저축하지 않는 한 직업을 그만두는 순간 유동자산이 순식간에 '0원'이 되어버린다는 것이다.

그래서 10억 원의 자산가는 월 지출을 이자수입 이하로 줄이고 나머지는 다시 저축을 하거나 투자를 해서 인플레로 인한 가치 하락을 방어해야 하고, 월 350만 원의 수입자는 수입의 일정 부분을 매달 따로 모으거나 투자를 해서 은퇴 전까지 얼마간의 고정자산을 만들어야 한다. 물론 좀더 적극적인 급여생활자는 급여를 더 받기 위해 열심히 노력할 것이고, 더 적극적인 자산가는 시중금리 이상의 고정수입을 얻을 수 있는 적극적인 투자를 할 것이다. 물론 이 경우에 두 사람의 자산가치는 더 늘어날 수 있을 것이다.

이런 관점에서 현재 당신의 자산가치는 얼마인가? 당신의 자산가치는 시간이 지날수록 하락하는가, 상승하는가? 또 영구적인가, 한시적인가? (급여생활자는 퇴직이나 해고 등으로 유동자산이 날아갈 위험이 있지만 전문직은 자신이 원하는 한 계속 일할 수 있다는 영속가치가 반영되기 때문에 사람들이 전문직을 선호하는 것이다.) 이런 질문은 재테크는 곧 일차적으로 자신의 능력과 가치를 높이는 것에서 출발한다는 단순하고 평범한 진리를 깨닫게 해준다.

노후와 은퇴에 대한 준비는 기본적으로 나의 자산가치에서 '잉여 부분', 즉 나머지를 덜어내고 모으는 것에서 출발한다. 예를 들면 은퇴 후에 현재가치로 10억 원이 필요하다고 생각하는 사람이라면 월 350만 원의 수입을 올리는 현재의 경제 수준을 노후에도 유지하겠다는 의미이고, 은퇴 후에 5억 원이 필요하다고 생각하는 사람이라면 월 175만 원의 수입을 올리는 현재의 경제적 상황을 기준으로 노후를 준비하면 된다.

　　그렇다면 노후자금으로 10억 원이 필요하다고 생각하는 월수입 350만 원의 도시노동자(4인 가족 기준)가 생계와 자녀교육 그리고 기타 생활비를 최소 250만 원으로 잡고, 나머지 100만 원을 저축한다고 가정해보자. 이 사람은 현재의 금리 기준으로 대략 77년간 저축을 해야 10억 원을 모을 수 있다. 현실적으로는 불가능하겠지만 단순 계산으로는 월 저축액을 200만 원으로 늘리거나 노후 목표자금을 차라리 5억 원으로 줄인다면, 저축 기간이 반으로 단축되어 35~40년이면 노후 대비에 성공할 수 있을 것이다.

　　그러나 여기에는 또 하나의 걸림돌이 있다. 이 계산은 물가상승률을 감안하지 않았다는 것이다. 만약 여기에 물가상승률, 즉 인플레를 감안한 화폐가치 하락분을 반영하면 10억 원을 목표로 하는 사람은 약 90년, 5억 원을 목표로 하는 사람은 45년 정도가 걸리게 된다. 이 말은 곧 지금 노후 준비를 위해 10억 원을 모을 수 있는 사람은 20세부터 월 200만 원씩 저축해왔거나 자신의 부족분을 부모에게 유산을 받아 메울 수 있는 사람들뿐이라는 의미가 된다. 그밖의 대다수 사람들은 노후 준비를 제대로 하지 못한 채 은퇴라는 날벼락을 맞게 되는 셈이다.

그렇다면 우리는 어떻게 해야 할까? 사실 가장 좋은 방법은 자신의 능력을 향상시켜 스스로 자산가치를 높이는 것이다. 즉, 현재의 직업이 안정적이지만, 공무원이나 교사처럼 아무리 노력해도 유동자산가치(월수입)의 급상승을 기대하기 어려운 직업을 가지고 있다면 결국 'RATIO(비율)'의 개념을 도입해야만 한다(편의상 미래에 받게 될 연금이나 퇴직금이 없다고 가정하자).

여기에서 비율의 개념이란 자산을 늘리고 관리하는 데 양의 개념이 아닌 비율의 개념으로 접근해야 한다는 것이다. 예를 들어 월 200만 원씩 세후 연 3퍼센트짜리 적금에 가입하는 것이 양의 개념이라면, 월 100만 원씩 세후 연 6퍼센트의 수익을 올리는 투자수단을 찾아보는 것과 세후 연 10퍼센트나 20퍼센트의 투자수익률을 올리는 방법을 연구하는 것은 비율의 개념이다. 이럴 경우 30년 후에는 월 100만 원을 투자한 사람이 월 200만 원을 저축한 사람보다 훨씬 많은 자산을 보유하게 되는데, 이것이 바로 '재테크'라는 개념의 기본적인 논거가 된다. 즉, 100만 원씩 70~80년 동안 저축해야 10억 원을 모을 수 있다면, 연 15퍼센트의 투자수익률을 올리는 재테크 수단에 투자할 경우 이론상으로는 불과 30년 만에 10억 원을 모을 수 있다는 것이다. 물론 연 30퍼센트의 투자수익률을 올릴 경우에는 그 시기를 훨씬 앞당길 수도 있다.

재테크의 세 가지 기준

재테크란 상대적 개념이 아니라 나의 만족도를 기준으로 하는 절대적 개념이다.
남이 얼마를 가졌든 내가 만족할 수 있는 목표를 먼저 정하자.

이쯤에서 복잡한 셈 얘기를 접고 한번 정리를 해보자. 당신이 재테크를 시작하려 한다면 '부자가 되는 방법'을 찾기 전에 다음의 세 가지 기준을 숙지해야 한다.

첫째, 자기 스스로 만족할 수 있는 부자의 기준을 마련해야 한다. 앞에서 부자란 "더 이상의 부를 확대하고 싶은 생각이 없는 사람"이라고 했다. 따라서 재테크의 첫번째 단계는 내가 더 이상 늘릴 필요가 없다고 생각하는 부의 총량이 과연 얼마인지를 생각해 보는 것이다. 이때 재테크란 상대적 개념이 아니라 나의 만족도를 기준으로 하는 절대적 개념이라는 것을 명심하자. 남이 얼마를 가졌든 상관없이 내가 만족할 수 있는 목표를 먼저 정하자. 그렇지 않으면 당신은 평생 돈의 노예로 살아야 할지도 모른다.

둘째, 자신의 능력을 향상시켜 자산가치를 높이도록 노력해야 한다. 대개 사람들은 재테크라고 하면 화폐로 교환이 가능한 것들을 모으는 데만 집착한다. 그러나 나의 자산은 통장의 예금이나 부동산 같은 고정자산만이 아니라는 사실을 명심하자. 현재 내가 하고 있는 일의 가치와 나의 생산성이야말로 중요한 자산가치를 형성한다. 따라서 가능하면 안정적이고, 오래 할 수 있으며 앞으로도 가치를 인정받을 수 있는 능력과 일을 만드는 것이 중요하다. 일을 통해 자신의 가치를 높여서 부자가 되는 것이 자신의 부가가치가 낮은 상태에서 재테크로 부자가 되려는 것보다 훨씬 윗길이다.

셋째, 은퇴 후 노후자금은 투자수익률을 올리는 비율의 개념으로 접근해야 한다. 특히 자신의 자산가치가 약하다고 생각하는 사람이라면 반드시 비율의 개념으로 은퇴 후 노후자금에 접근하도록 하자(이 부분에 대해서는 뒤에서 다시 다루겠지만, 간단한 문제는 아니다. 하지만 개념적으로는 그렇다는 것만 일단 알아두자).

당신이 철학적으로 이상의 준비가 되어 있다면, 다소 힘은 들겠지만 나름대로 매력적인 재테크의 항해를 시작할 수 있을 것이다.

시골의사의 투자노트

부자의 기준은 10억도 20억도 아니다. 부자란 부를 늘리는 데 관심이 없으며 더 이상의 부를 필요로 하지 않는 사람들이다. 이 관점에서 보았을 때 당신은 부자인가? 이 질문에 "예"라고 대답할 수 없다면 당신은 부자가 되는 방법을 찾기보다 먼저 '왜 부자가 되어야 하는가?' '내가 생각하는 부의 목표치는 어느 정도인가?' '그것은 어떤 근거로 산출된 것인가?'를 생각해야 한다. 앞으로 어떻게 부자가 될 것인지, 또 그것을 어떻게 지킬 것인지는 그런 후에 생각해야 할 것이다.

2

부는 어떻게
형성되는가

유목사회에서는 말이나 양을 많이 가진 자가 부자였고,

농경사회에서는 땅을 많이 가진 자가 부자였다.

지금 우리가 살고 있는 이 시대에는 어떻게 부가 형성되고 있으며

부가가치가 가장 높은 분야는 무엇인지 살펴보자.

부가가치 이해하기

유목사회에서는 말이나 양이 최고의 부가가치였으며, 농경사회에서는 땅이
최고의 부가가치였다. 그렇다면 현대사회 최고의 부가가치는 무엇일까?

재테크의 기본은 부가가치에 대한 이해에서 출발한다. 부의 가치
란 곧 기회비용의 크기다. 예를 들어 땅은 제한적이고 더 이상 생
산이 불가능한 재화이므로 현재 그 땅을 활용해서 얼마나 많은 부
가가치를 창출할 수 있느냐에 따라 땅의 가치가 결정된다.

인류의 가장 오래된 자산인 땅의 가치는 인간의 활동, 산업구조
의 변화와 밀접한 상관관계를 가져왔다. 먼저 산업 발달에 따라 땅
의 가치가 어떻게 달라졌는지 살펴봄으로써 부가가치의 의미를 짚
어보자.

유목민에게 땅이란 그저 말에게 풀을 한번 뜯게 하는 것 이상의
가치가 없다. 그들에게 최고의 부가가치는 땅이 아니라 말이나 양
이 되는 것이다.

그러나 농경사회에서는 다르다. 농경사회에서 모든 부가가치의
원천은 작물을 생산하는 땅이다. 땅에서 얻어진 곡물의 양이 부의
가치를 결정하는 한 가장 유용한 부가가치는 농사를 지을 땅, 즉
농지다. 이에 반해 택지의 가치는 농토에 따른 거주지의 분산으로

상대적으로 평가절하된다.

　근대 들어 산업화가 진행되면서 부의 중심은 곡물이 아닌 공산품으로 이동하였고, 이때 토지는 기본적으로 공장을 지어서 얻을 수 있는 기회비용만큼의 가치를 가지게 되었다. 또한 생산시설을 중심으로 거주가 집단화되고 상업활동이 늘어나면서 도시가 형성되었다. 따라서 이때는 생산시설이나 상업시설에 근접한 거주용 토지의 부가가치도 덩달아 상승하지만 상대적으로 농지의 가치는 하락한다.

　그리고 인구가 급격하게 증가한 현대에는 생산시설에 기반한 용지 가격보다는 거주의 집단화로 인한 주변 택지의 가치가 가장 상승했다. 더욱이 인구의 급격한 증가와 더불어 가족의 분화가 가속화되면서 택지의 수요는 기하급수적으로 늘어났다. 굳이 생산시설의 집중화가 아니더라도 한 집에 스무 명이 거주하는 과거 농경시대의 관행에서 한 집에 네 명이 거주하는 형태가 되면서 주택의 수요가 급격히 증가했고 이로 인해 택지 가격 또한 필연적으로 상승한 것이다.

　최근 부동산 가격의 상승도 이런 관점에서 이해할 수 있다. 한 쌍의 부부가 세 명의 자녀를 출산할 때 부모에게서 집을 물려받을 수 있는 자녀는 한 명뿐이고, 나머지 두 자녀는 주택을 구입해야 한다. 이것을 우리나라 인구구조와 대입해보면 1995년부터 한 해 50만 가구의 신규 주택수요가 발생한 셈이지만 실제로 IMF 직후 주택공급은 한 해 20~30만 가구로 제한되었다.

　이것은 경제 여건상 독립을 늦추었던 세대가 최소 4년간 한 해에 20만 호 이상씩 누적되었다는 것을 의미하고, 이것은 이후 주택 가격의 급등으로 이어졌다. 이때 누적된 부족량을 해소하려면 지금의 속도로는 최소 5~6년은 더 지나야 하는 셈인데, 이런 측면에서 보면 결국 현재의 부동산 가격 역시 정점은 아니라는 결론을 얻을 수 있다.

그러나 문제는 이러한 주택공급 부족이 완전히 해소되는 향후 10년 후에 있다. 인구구조는 10년 후부터 독립세대의 급격한 감소를 가져오게 되지만 기존에 공급된 주택은 그대로 남게 되어 심각한 문제가 발생한다. 굳이 그때가 아니더라도 불과 몇 년 후면 지금과는 달리 한 쌍의 부모에게서 겨우 1.2~1.3명의 자녀가 독립하게 되고 이때부터는 한 해 결혼하는 세 쌍의 부부 중에서 최소 두 쌍이 각자의 부모에게서 집을 물려받게 된다.

다시 말하면 새로 결혼한 부부 다섯 쌍 가운데 세 쌍은 두 채의 집을 물려받게 되어 새로 집을 사지 않더라도 오히려 한 채의 집을 처분해야 하는 상황에 몰리게 된다는 것이다. 이렇게 되면 현재 기존의 주택 가운데 절반은 슬럼화되거나 빈집으로 남게 되고 새로 지어지는 주택은 그것이 10만 호든 20만 호든 간에 그만큼의 기존 주택의 빈집 효과를 유발하게 된다.

더구나 인구가 고령화하고 생산시설을 운영할 청년층이 감소하면, 남북통일이 되지 않는 한 기존의 생산시설 역시 더욱 감축되거나 인력이 풍부한 해외로 이전하게 될 것이다. 그러면 주택뿐 아니라 공장부지의 수요마저도 급격히 위축되면서 전체적인 부동산의 부가가치가 급락하는 양상으로 전개될 것이다.

또한 기존 세대의 자산이 급속히 연금화 혹은 기금화되어 금융 자산이 증가하는 만큼 부동산 자산의 비중이 빠른 속도로 줄어들 것이다. 이는 4차 산업, 즉 투자금융산업이 급팽창하는 결과를 초 래하게 된다. 이것은 산업의 속성상 다시 인력이나 토지 이용의 필 요성을 감소시키는 악순환으로 이어질 것이다.

우리는 이미 이러한 산업구조와 인구구조의 변화의 중심에 서 있다. 따라서 우리나라는 지금부터 출산율을 맹렬히 높인다 하더 라도 최소 30년간은 생산 인구의 감소와 노령 인구의 증가에 따른 사회문제에 시달릴 것이므로, 당신이 만약 이러한 변화에 수긍하 지 않고 토지나 인력에 의존하는 기존의 시스템에 투자한다면 그 결과는 참담할 수 있다.

금융지식에 따라 부가가치가 분배된다

앞으로는 부동산과 같은 실물자산의 가치보다는 금융자산의 가치에 주목해야 한다. 이때 가장 중요한 것은 금리에 대한 이해다.

현재 노후를 대비한 연금과 보험가입액이 급격하게 증가하고 있는 데서 알 수 있듯이 개인의 자산은 이미 금융자산 위주로 재편되고 있으며, 퇴직연금·국민연금·공적자금 등 공공부문의 금융투자 마저 본격화될 것이다. 그렇게 되면 국내 운용만으로는 그동안 쌓 인 금융자본을 감당하기 어려워져 자연히 해외투자로 눈을 돌리게 될 것이다.

미래의 산업자본들은 국내에서 공장을 짓기보다는 해외에 생산시설을 짓거나 해외공장에 지분을 참여하는 방식으로 투자를 전개할 공산이 크다. 미국의 사례를 통해 이러한 사실을 확인할 수 있다. 미국은 이미 기초 산업시설이 거의 초토화되고 엄청난 무역적자와 재정적자를 껴안음으로써 겉으로는 마치 중병이 든 거인처럼 보이지만, 기업들이 전세계적으로 보유하고 있는 지분가치만으로 엄청난 양의 산업시설을 유지하고 있다(우리나라만 해도 대부분의 우량회사 최대주주는 국내 자본이 아니라 사실상 미국 자본이다). 이러한 현상은 산업구조의 변화에 따른 필연적인 과정이며, 이것이 바로 진정한 세계화(Globalization)의 사례라는 점을 이해할 필요가 있다.

우리나라도 이런 변화의 중심에 서 있다. 따라서 이제는 부동산과 같은 실물자산의 가치보다는 금융자산의 가치를 주목하고 금융자산에 대해 이해하는 것이 중요하다. 이때 가장 먼저 해야 할 일은 금리에 대한 이해다.

땅의 가격을 결정하는 데 가장 중요한 요인이 그 땅이 가지는 부가가치라면 금리 역시 그 돈이 가진 부가가치의 가능성에 비례한다. 예를 들어 사람들이 돈을 빌려서 사업을 벌였을 때 대출 이자를 갚고도 평균적으로 이익을 낼 수 있는 경제구조라면 금리는 상승하고, 돈을 빌려서 사업을 벌였을 때 자칫하면 손해를 보기 쉬운 경제상황이라면 금리는 하락한다.

하지만 지금까지 인류 역사가 진보해온 것처럼 앞으로도 인류는 진보할 것이고 이 진보의 양만큼 어디에서든 부가가치가 늘어나게 마련인데, 우리는 그것을 인플레라고 부른다. 반복되는 얘기지만 야생과일을 따먹다가 농사를 짓는 단계에서는 땅에 부가가치가 집중되고 집값이 오르는 시기에는 주택에 부가가치가 몰린다. 반면 돈을 굴려서 이익을 얻는 구조에서 부가가치는 돈 자체를 매개로 움직인다. 다시 말해 고작 종잇조각에 불과한 돈(화폐) 그 자체를 놓고 이익 다툼이 벌어지는 것이다.

돈을 굴려서 이익을 얻는 단계에서는 권리 투쟁이 시작된다. 즉, 땅을 놓고 이익을 다툴 때는 열심히 농사를 짓거나 생산시설을 유지하는 사람에게만 이익이 돌아가지만, 돈을 굴려서 돈을 버는 상황에서는 노동력이나 생산물이 아닌 금융에 대한 이해와 금융을 다루는 능력에 따라 부가가치가 분배된다.

예를 들어 10억 원의 자산을 가지고 금고에 넣어두는 사람은 금리(돈으로 할 수 있는 부가가치 창출 가능성의 크기)만큼의 기회비용을

●●● 복리의 힘

1626년 인디언들은 이주민들에게 단돈 24달러에 오늘날 전세계 금융계의 중심이 될 맨해튼을 팔았다. 흔히 역사 속 어리석은 결정으로 언급되는 이 사례를 월스트리트의 전설적인 투자자 존 템플턴은 다음과 같이 복리의 관점으로 바라봤다.

"24달러를 받은 인디언이 매년 8퍼센트 복리수익률을 올렸다면 지금 맨해튼을 사고 로스앤젤레스를 두 번 사고도 돈이 남는다."

24달러를 매년 8퍼센트 복리로 투자하면 2003년에는 95조 달러이며, 원화로는 11경 원이다. 하지만 원금에만 이자를 지급하는 단리로 계산하면 9,771달러밖에 되지 않는다.

부자들일수록 1퍼센트의 금리에 민감하다. 그 이유는 이들이 복리의 힘을 누구보다 잘 알고 있고 복리의 힘으로 부자가 된 사람들이기 때문이다.

상실하는 것이지만, 3퍼센트의 금리로 돈을 빌려 10퍼센트의 이익을 낼 경우 그는 7퍼센트의 이익을 얻는 것이고, 그 돈을 빌려준 사람은 3퍼센트의 이익을 거두는 것이다.

이를 다시 금리와 상호관계에 있는 (거의 비슷한) 물가와 관련지어 생각하면, 이자를 받고 다른 사람에게 돈을 빌려주는 사람은 자산이 약간 늘어나고, 금고에 넣은 사람은 손해를 보게 되며, 7퍼센트의 이익을 올린 사람 역시 사실은 4퍼센트의 수익을 올린 것에 불과하다. 이렇듯 사회적 자산의 증가는 쉽지 않다.

그렇다고 해서 금리를 만만하게 보아서는 곤란하다. 미국이나 우리나라나 지난 100년간 100만 원을 투자해서 가장 큰 수익률을 올려준 투자수단은 복리예금, 채권, 부동산, 주식의 순이다. 우리의 상식과는 다른 결과다.

우리나라에서 가장 좋은 돈벌이는 부동산이고, 요즘 같아서는 주식이 최고인 것 같다. 하지만 20년간의 누적 수익률을 기준으로 평가하면 결과는 예상밖이다. 돈을 빌려서 투자하는 행위란 곧 그만큼의 위험을 안게 된다는 것이고, 3퍼센트의 금리로 돈을 빌려서 10퍼센트의 이익을 지속적으로 내기란 그야말로 말처럼 쉽지 않다. 따라서 물가상승률을 소폭 웃도는 금리에 대한 투자는 언제나 안전한 투자로서 조금이나마 지속적인 복리 이익을 가져다주는 것이다.

금리지식이 부자를 만든다

금리는 바로 매 순간 자산가치의 가능성을 수치화해서 보여주는
잣대이며 시간을 사고파는 결과다. 즉, 시간이란 곧 돈이다.

앞서 말한 대로 금리란 시간에 대한 기회비용이다. 따라서 조금 철
학적으로 이야기한다면 사회적 자산이란 시간이 흐를수록 저절로
증식하는 것이고, 자산 보유자는 그것을 이용해서 자산을 더욱 늘
려나가므로 역사 발전의 측면에서 본다면 그러한 행위는 미덕이며
합목적적이다. 그런 관점에서 보면 애덤 스미스의 '보이지 않는
손'처럼 누가 봐도 부자인 사람들이 이미 충분한 자산을 보유하고
있음에도 더 많은 돈을 벌기 위해 끊임없이 애를 쓰는 것은 지극히
당연하고 때로는 아름답기까지 한 것이다.

자산은 인류의 발전과 더불어 지속적으로 확대되고 증식되어왔
다. 원시시대에는 자산이라고 해봐야 굶주리지 않을 만큼의 사냥
감과 열매, 그리고 작은 동굴 정도가 전부였지만, 시간이 흐르면
서 인류의 자산가치는 기하급수적으로 증가하기 시작한다. 처음
에는 농지를 통해 농산물을, 용지를 통해 공산품을 만들어냈지만,
그 과정에서 수많은 도로와 빌딩, 교량, 공장, 철도, 정보통신망
등을 건설했고 이것은 고스란히 자산으로 남았다. 즉, 인류의 자
산가치는 역사 이래 끊임없이 증가하는 우상향 곡선을 그려왔다.
다시 말해 시간은 늘 인류의 자산을 키우는 쪽으로 작용해왔다는
것이며, 언젠가 인류의 자산이 더 이상 증가하지 않고 감소하는 순
간이 온다면 그것은 바로 현생 인류의 내리막이 시작되는 순간이
될 것이다.

금리는 바로 이것을 매 순간 자산가치의 가능성으로 수치화해서 보여주는 잣대이며 시간을 사고파는 결과다. 시간이란 곧 돈이다.

따라서 인류의 역사가 계속되는 한 실물자산을 보유하고 있으면 장기적으로 그 가치는 항상 증가하는 반면, 종잇조각에 불과한 화폐의 가치는 이 실물자산의 가치 증가분만큼 하락하게 되는데 이것이 곧 인플레다.

때문에 당신이 마르크스주의자가 아닌 이상 자산은 잘 굴려야 하고, 또 그것을 잘 굴리는 것은 기본적으로 사회에 옳은 일이다.

그런데 문제는 자산을 굴린다고 해서 그 결과가 꼭 성공한다는 보장이 없다는 것이다. 예를 들어 금이나 다이아몬드 등의 실물자산을 소유하고 있으면 장기적으로는 그 평균 가치가 반드시 증가하지만, 막상 돈을 굴릴 때는 평균 이상으로 크게 벌거나 평균 이하로 큰 손해를 볼 수도 있다. 즉, 내가 가진 것으로 다른 저평가되어 있는 무엇인가를 교환해서 그것이 고평가되었을 때 다시 다른 것과 교환하는 방식이 재테크라면, 만약 그 판단을 거꾸로 했을 때는 비록 돈을 굴리는 목적성에는 부합한다 하더라도 재테크의 결과는 실패인 것이다.

때문에 자산을 가치의 평균 증가분 이상으로 좀더 많이 혹은 더 빨리 불릴 안목과 능력이 있는 사람은 남에게 돈을 빌려서라도 투자에 나서려고 한다. 반대로 돈을 자산가치의 평균 증가분 이상으로 늘릴 자신이 없는 사람은 차라리 그 돈을 능력 있는 사람에게 빌려줌으로써 최소한 평균 수준의 자산 증식을 보장받으려고 한다. 이것이 바로 대부업이라는 제도가 생겨나게 된 배경이다(돈을 마냥 가지고 있으면 인플레로 인해 언젠가는 종잇조각이 되어버리므로).

즉, 돈이란 가두면 가치가 떨어지고 흐르면 가치가 증가하지만 잘못 흐르면 전부 잃을 수도 있고 잘 활용하면 기하급수적으로 늘려나갈 수 있다. 이것이 바로 돈이 가진 치명적인 매력이다.

그런데 이자율이 건전하게 자산의 가치를 보호하거나 부가가치를 늘리는 산업에 투자되지 않고, 절박한 처지에 빠져 있는 사람에게 고리의 이자율로 대부되는 경우가 있는데(이때 돈을 빌리는 사람은 금리 이상의 부가가치를 생산하는 것이 아니라 우선 당장의 생존을 위한 수단으로 이용한다), 이것은 이미 이자율을 중심으로 만들어진 긍정적인 금융 시스템을 벗어난 것이고 자본의 착취에 해당한다.

유사 이래 인류가 위기를 겪거나 혁명을 초래한 격변의 이면에는 항상 이런 최악의 착취 상황이 존재했다. 때문에 부는 항상 정상적인 범주에서 허용된 수단으로 이루어져야 하고 건강하고 합리적인 철학의 기반 위에 존재해야 하는 것이다. 어쨌든 이자율은 자본주의 사회에서 좀더 빠른 발전 수단을 제시한다. 중세와 근대 사회주의의 발전이 더뎠던 가장 큰 이유는 바로 이 이자율을 죄악시했기 때문이고, 자본주의의 발달은 곧 이자율이라는 수단을 경제의 중심 축으로 활용해왔기 때문이다.

따라서 이자는 인류 역사에서 가장 논쟁적이고, 철학적이며 심오한 발명의 하나다. 그래서 한 사회의 경제 행위는 모두 이자율이 결정한다고 해도 과언이 아니다. 굳이 미국 FOMC(연방공개시장위원회)의 이자율 결정에 전세계가 일희일비하는 것을 사례로 들지 않더라도, 이자율은 자본주의 사회에서 자산가치를 늘리려는 인간의 행동양식을 규정하는 유일한 수단이다. 특히 부자들은 이자율에 대한 기본적인 철학을 가지고 있다. 그래서 지금 부자가 아닌 사람들도 이자율을 중심으로 경제 현상을 바라보려고 노력해야 한다.

앞서 부자란 더 이상 돈을 벌 생각이 없는 사람, 가난한 사람은 돈을 더 벌려는 사람이라고 규정했다면, 이쯤에서 한발 더 나아가 '부자란 이자율을 기준으로 경제 현상을 바라보는 사람', '부자가 아닌 사람은 경제적 결정에서 이자율보다 더 중요한 고려 사항이 있는 사람'이라고 규정해도 별 무리가 없다.

산업구조는 부가가치의 크기에 따라 변화해왔다. 오늘날은 1, 2, 3차 산업에서 4차 산업, 즉 투자금융산업이 급팽창하고 있다. 앞으로 부는 바로 이 투자금융산업에 몰릴 것이다. 땅을 놓고 이익을 다툴 때는 열심히 농사를 짓거나 생산시설을 유지하는 사람에게 이익이 돌아가지만 돈을 굴려서 돈을 버는 상황에서는 노동력이나 생산물이 아닌 금융에 대한 이해와 금융을 다루는 능력에 따라 부가가치가 분배될 것이다.

3

부자들은
어떻게 투자하는가

부자와 부자가 아닌 자의 차이는

한마디로 지키려는 자와 쌓으려는 자의 입장 차이다.

세계 최고의 부자 빌 게이츠는 "큰 위험감수 없이는 고수익도 없다."고

강조하지만 실제로 부자들은 지지 않는 싸움을 하길 원한다.

부자의 논리, 빈자의 논리 1 :
세상을 곁눈질하는 욕심

누가 주식으로 대박이 났다는 이야기를 들으면 우리는 잠시 잊고 있던
부자에 대한 갈망이 솟구치는 것을 느낀다.

부자란 기본적으로 허상(虛相)을 충족하는 것이다. 원래 내가 '나'
라고 믿는 생각 덩어리들은 기본적으로 욕심 덩어리들이다. 이 욕
심 덩어리들은 끊임없이 세상을 곁눈질하고 나를 괴롭힌다. '자
아'는 절대적 빈곤의 상태에서는 어떻게든 현 상황을 벗어나려는
갈망을, 상대적 빈곤의 상황에서는 타인의 밥그릇에 대한 시기와
질투를 멈추지 않는다.

　대개 사람은 다른 사람의 영역을 훔쳐볼 때 스스로 빈곤하다고
느낀다. 사실 이 문제는 본질적이다. 우리는 자신의 빈곤감, 혹은
부자에 대한 갈망이 평생 우리를 괴롭힐 것을 알면서도 그것을 통
제하지 못한다. 그래서 매일 TV와 영화에서 보여주는 허상을 대할
때, 압구정동 로데오 거리에 주차된 값비싼 외제차를 볼 때, 혹은
직장 동료가 부모에게서 재산을 물려받았거나(혹은 그의 부모가 행
정수도가 들어서는 충청도에 땅을 소유했거나) 누군가 주식으로 대박
을 터뜨렸다는 이야기를 들을 때면 잠시 잊고 있던 부자에 대한 갈

망이 더욱 솟구치는 것을 느낀다.

그러고 보면 로또에 대한 감정도 다분히 이중적이다. 나 혼자만의 대박을 기대하며 여섯 개의 숫자를 고르지만, 막상 나는 허탕을 쳤는데 누군가 이름 모를 단 한 명의 당첨자가 수백억 원을 손에 쥐었다는 이야기를 들으면 묘한 박탈감을 느끼게 된다. 더구나 그 행운의 주인공이 내가 아는 사람이라면 그 박탈감은 100배가 된다. 차라리 1등 당첨자가 많이 나와서 당첨금이 10억 원 가량에 그쳤다는 소식을 접하면, 로또를 사느라 날려버린 만 원이 그리 아깝게 여겨지지 않는다. 이것은 결국 기대이익에 대한 생각의 차이에서 비롯된다. 어차피 다른 사람이 당첨되었어도 온 나라가 들썩거릴 만큼 큰돈은 아니었으니 낙첨되었어도 그리 아쉽지 않다는 보상심리가 신포도 우화처럼 나를 위로하는 것이다.

투자자들의 이런 보상심리 행태는 모든 종류의 재테크에서 유감없이 발휘된다.

부자의 논리, 빈자의 논리 2 : 끝까지 지키지 못하는 평상심

머니게임의 속성을 이해하지 못한 투자자들이 마지막 불꽃의 화려한 유혹에 못 이겨 뒤늦게 뛰어드는 순간, 머니게임은 끝난다.

대개 보통 사람들이 재테크를 할 때 보이는 공통점이 있다.

건강한 상식을 지닌 사람이라면 일단 평소에는 재테크에 대해서 평상심을 유지한다. 어지간해서는 남의 말에 귀를 기울이지 않고,

설령 솔깃하더라도 쉽게 움직이지 않는다. 이들은 평소에 노동과 저축의 가치를 충분히 느끼며 살기 때문에 재테크에 관심은 많지만 실제로 실행하는 데는 어려움이 있다.

더욱이 이런 사람들은 대부분 냉소적이다. 어느 정도 자신감이 있고, 세상 흐름도 웬만큼 꿰고 있다고 생각한다. 따라서 이들은 주식시장이 움직이면 투기로 매도하고, 부동산이 움직이면 거품을 이야기한다. 이들이 보기에 채권은 항상 상투를 치고 있고, 금리는 언제나 우호적이다.

그러나 내심으로는 주변의 상황 변화에 민감하고 지속적으로 스트레스를 받는다. 예를 들어 자고로 재테크는 저축이 최고라는 신념을 가지고 살았던 평범한 샐러리맨이, 주변에서 부동산으로 재미를 보았다는 사람들이 하나둘씩 늘어가고, 부동산투자의 무용담들이 뉴스를 장식하기 시작하면 마음이 점점 초조해진다.

결국 이들은 마지막 순간에 평상심을 지키지 못하고 재테크에 뛰어들고 만다. 차라리 끝까지 소신을 지켰더라면 적어도 돈을 잃지는 않았을 테지만 그들은 언제나 투기가 상당히 진행되어 머니게임의 마지막 불꽃이 타오를 때 재테크를 시작한다. 이들은 재테크라는 것이 결국은 밀려왔다 밀려가는 파도처럼 국면이 있고, 그것이 순환한다는 이치를 깨닫지 못한 채 눈앞의 논리에만 사로잡혀 있다.

그래서 그들이 뛰어들었을 때 게임은 이미 저가에 매집한 주도세력과 게임의 초기에 편승한 재능 있는 투자자, 막바지에 편승한 부화뇌동 투자자까지 한 사이클이 모두 지나가버린 상황임을 알지 못한다. 그들은 대개 게임이 시작될 때는 끝을 두려워하고 늘 시세의 마지막을 경계하지만 막상 예상보다 게임이 빠른 속도로 진행되면 가장 흥분한다.

결국 게임의 속성을 이해하지 못한 투자자들이 황진이에게 무너진 지족선사처럼 마지막 불꽃의 화려한 유혹에 못 이겨 뒤늦게 뛰어드는 순간 머니게임은 끝난다. 그러나 무엇보다 이 유형의 가장 큰 문제는 게임의 마지막에 뛰어들어서 실패를 한 그 자체가 아니라(한 번 실수는 병가지상사다), 그 상황을 받아들이지 못한다는 데 있다.

부자의 논리, 빈자의 논리 3 : 하락에 익숙한 사고

게임이 끝나가는 시기에 게임을 배운 패자들은 게임이 시작되는 논리를 이해하지 못할 뿐 아니라 하락에 익숙해지고 만다.

많은 사람들이 재테크에 관심을 갖고, 실제로 뛰어들지만 대부분 대응이 느리고, 사고가 경직되어 있다. 그들은 자신을 지적이라고 생각하거나 최소한 보통 수준 이상의 소양을 가지고 있다고 여긴다. 하지만 이는 엄청난 착각이다. 중·고등학교 시절 대부분의 아이들이 자신은 IQ가 나쁘지 않은데 노력이 부족할 뿐이라고 말한다. 그런데 사실은 그 '노력하는 부지런함'이 실제 손에 잡히지 않는 IQ보다 더 커다란 능력임을 인정해야 한다. 재테크에서도 마찬가지다.

이러한 사고 그룹의 재테크 게임은 대개 위험하다(우리나라 사람의 약 70퍼센트가 여기에 해당한다). 잘못을 저지르고서도 그 잘못의 원인을 모르는 사람의 실패는 참담하다. 다들 게임의 마지막에 뛰어들어서 불꽃이 사그라지고 나면 그제야 게임을 이해하려고 든다. 상황이 명확하지 않으면 일단 한발 물러서서 살펴야 하는데도 대개는 상황 속에서 상황을 살피려 든다.

물론 그러는 사이에도 그의 귀중한 자산은 휴짓조각이 되어 날아가고, 그들이 땀 흘려 노동해서 벌어들인 소중한 재산은 부자들을 축복하는 제단에 제물로 바쳐진다. 게다가 이 유형들은 대부분 자신의 실패를 운으로 받아들인다(성공하는 것도 운인데 말이다). 그것이 자본주의체제가 던져둔 그물망인데도, 그물에 걸린 물고기들은 갑판으로 끌어올려지는 순간까지도 자신이 어부의 그물에 걸려들었다는 사실을 깨닫지 못한다.

"공교롭게도 내가 시작한 시점이 하필 꼭지였어. 참 운도 없지. 하지만 한번 실패해봤으니 다음 기회에는 반드시 회복할 수 있어. 나도 이제 알 만큼 알게 된 거지. 그때는 참 바보 같았어."라고 자신을 위로해보지만, 그들 대부분은 돌이킬 수 없는 비운의 주인공이 된다.

그리고 이들은 새로운 판에서 벌어지는 게임에서도 이기지 못한다. 왜냐하면 그가 배운, 혹은 알게 된 게임에 대한 지식은 패배의 논리이기 때문이다. 그는 게임이 끝나가는 시기에 게임을 배웠기 때문에 게임이 시작되는 논리를 이해하지 못한다. 게다가 마음 한구석에 숨겨진 일말의 패배감과 두려움이 뒤섞인 어설픈 확신들은 하락에 익숙해진 사고를 수습하지 못하게 한다.

그렇다면 이들에게도 부자가 되는 길이 있을까? 물론이다. 그것은 하루 빨리 자신의 논리가 아닌 부자의 논리로 세상을 바라보는 것이다. 부자가 되기를 원하면서 자기의 논리로 세상을 바라본다면 그가 보는 세상은, 자본주의가 사람들을 유혹하기 위해 잠시 보여주는 신기루에 지나지 않는다.

부자와 반대로 행동하고 판단하라
부자의 눈으로 보는 것도, 그렇다고 빈자의 논리로 바라보는 것도
어렵다면 우리는 어떤 눈으로 시장을 바라보아야 할까?

기본적으로 부(富)란 자기 발전적이고, 자기 팽창적이며, 자기 방어적이다. 또 부는 원심력이 아닌 구심력을 발휘해서 주변의 재화를 빨아들이고, 불가사리처럼 팽창한다. 이것은 우리가 그토록 훔쳐보고 싶어하는 부자의 투자 습관이나 안목, 부자만의 특별한 투자 논리가 있어서가 아니라 부의 속성이 그런 것이다. 우리가 생각하듯 부자만의 투자 논리나 기발한 투자 기법, 혹은 세상을 바라보는 부자만의 특별한 프리즘 따위는 존재하지 않는다.

부란 그 자체가 커지면 커질수록 마치 매트릭스를 조종하는 중앙컴퓨터처럼 스스로가 살아 움직이는 생명체가 되고 스스로가 주인이 된다. 그리고 그것을 소유했다고 착각하는 소위 '부자'들을 조종해서 프로그램이 절대 무너지지 않도록 스스로를 지키고 방어한다.

사람이 개의 목에 기다란 끈을 매고 산책을 한다고 생각해보자. 개는 주인을 앞서가기도 혹은 뒤처지기도 하면서 이리저리 뛰어다닐 것이다. 이때 개는 자신이 주인을 이끌고 간다고 생각할지 모르지만 사실은 개줄을 쥔 주인이 조종하는 방향으로 갈 뿐이다. 이처럼 부 역시 사람이 쌓아가는 것처럼 보이지만 어느 정도 수준에 이르면 사실은 부가 사람을 이리저리 조종하는 것인지도 모른다. 그런 면에서 부란 통제되지 않는 암세포와도 같다. 암세포 역시 주인인 인간의 몸에서 태어나서 자신이 똬리를 튼 몸의 영양을 훔쳐 먹고 산다. 하지만 암세포는 마치 몸의 주인인 양 끊임없이 몸을 갉아먹기만 하다가 결국 숙주인 주인의 죽음과 함께 생명의 종언을 고하게 된다. 그렇지 않고서야 소유함으로써 더 불행해지는 수많은 사람들, 또 예전에는 멀쩡하던 사람들이 돈만 가지면 윤리와 도덕이 마비되고 협잡과 착취에만 몰두하는 현상을 설명할 길이 없다.

어쨌든 앞서 말한 대로 부자가 관심을 기울이는 것은 이미 축적한 부를 지키는 것이다. 이때 부자가 가장 민감할 수밖에 없는 것이 정부의 정책과 금리다. 부자는 정부의 정책으로 자신의 재산이 손해를 보거나 반대로 수혜를 입을 가능성을 지속적으로 타진하고, 금리의 변동(혹은 인플레)으로 인해 자산가치가 떨어지거나 혹은 증가할 가능성을 항상 가늠한다. 그래서 부자는 금리 변화에 따라 자산을 움직이기도 하고 정부의 정책에 따라 민감하게 움직이기도 한다.

다시 말하면 부자들은 최고의 수익률을 위해 공격적으로 투자하는 것이 아니라 적절한 이익만 보장된다면 최대한 방어적으로 움직인다. 하지만 반대로 부자가 되려는 이들은 금리 인하의 막바지 국면에는 채권으로(상황이 악화되면 안전자산으로), 금리 인상 국면에는 주식으로(상황이 호전되면 위험자산으로) 이동하면서 팽창적으로 움직인다. 이것이 부자는 더 부자가 되고, 가난한 사람은 더 가난해지는 이유다.

때문에 우리가 이른바 '부자 되기'의 관점에서 재테크를 꼼꼼히 살펴보면 철학적으로 상당히 어려운 문제에 부딪힌다. 먼저 부자처럼 지키려고 하기에는 지킬 재산이 눈곱만큼이다. 그렇다고 그것을 무작정 늘리려고 들면 창공을 향해 이륙하려는 자동차처럼 무모한 도전으로 끝나버리기 십상이다.

그렇다면 우리는 대체 어떻게 해야 할까? 부자의 눈으로 보는 것도 어렵고 그렇다고 빈자의 논리로 바라보는 것도 어렵다면 우리는 어떤 눈으로 시장을 바라보아야 할까? 그것은 바로 부자의 행동양식을 이해하되 부자처럼 행동하지 않고, 부자처럼 사고하되 부자와는 다른 판단을 내리는 것이다.

다만 대개의 경우 이런 주장에 동의한다 하더라도, 이렇게 추상적이고 개념적인 말로만 끝난다면 실제로 아무런 이익이 없다. 그렇다면 부자의 눈으로 바라보는 실체적 방법이란 과연 존재할까? 혹은 부자의 양식을 이해하고 인수분해 공식처럼 계량적으로 분석하는 방법론은 실제로 가능한 것일까?

부자들의 행동양식

부자는 불필요한 비용을 지출하지 않는다. 따라서 이들은 리스크를 감내하거나
이익을 확률적으로 보장하는 투자방식은 철저히 배척한다.

부자와 부자가 아닌 사람의 차이는 한마디로 지키려는 자와 쌓으려는 자의 입장 차이다. 부자(자신이 부자라는 데 동의하는 사람)에게 부란 세대를 이어 지켜야 할 가문의 전통 또는 영광과 같은 것이며, 자신들만의 제국으로 들어가는 황금열쇠와 같은 것이다.

3대 부자는 없다는 옛말이 있다. 보통 이 말은 부자가 3대를 이어가는 동안 자손들이 나태해져서 자산을 잃어버리게 된다는 의미로 쓰이지만, 나는 조금 다른 의미에서 이 말에 동의한다.

앞서 말한 대로 상속이 3대에 걸쳐 진행되다보면 자산 규모가 줄어들어 결국 처음의 부를 유지할 수 없게 된다. 그래서 재벌가가 분화하면 그들은 각자 다시 필사적으로 사업을 일으키고 투자를 늘려 선대 규모의 부를 회복하기 위해 노력하는 것이다. 어떤 면에서 이들은 바로 이 순간부터 부자의 행동양식을 벗어났다고도 볼 수 있다.

이렇듯 '부'란 내가 그것을 지키고자 하는 갈망이 클 때 '부'라는 호칭을 가지게 되는 것이며, 아직 그것을 더 획득하려는 갈망이 지키려는 욕망을 넘어설 때 그것의 절대량과는 상관없이 '부'라는 호칭으로 불리기 어려운 것이다.

그렇다면 이렇게 자산을 늘리기보다 지키는 데 관심이 많은 소위 부자들의 행동양식은 어떻게 다를까?

인내심이 강하며 곁눈질하지 않는다

첫째, 부자는 인내심이 강하다. 그들은 다른 사람들이 상대적으로 많은 부를 획득하는 것에 초연하다. 즉, 주식시장의 광풍이 몰아쳐도, 부동산시장의 투기열풍이 전국을 휩쓸어도 그들은 부화뇌동하지 않는다. 그들은 자신이 적정 수준 이상의 수익을 확보했다고 판단되면 미련 없이 시장에서 발을 빼고, 다른 사람들이 그 시장에서 얼마나 큰 수익률을 올렸는지에 대해서는 철저히 무관심하다.

그러나 부자가 되려는 사람들은 자신이 얼마를 벌었는지와는 상관없이 다른 사람이 얼마나 벌었는지를 더 의식하고 비교하려고 한다. 점심시간 때 직장 동료들이 주식으로, 혹은 부동산으로 재미를 보았다는 이야기를 들으면서 그들은 상대적인 박탈감을 느낀다.

그래서 그들도 마음이 동해 무엇인가에 투자하려고 한다. 하지만 그 순간 이미 시장은 성숙기에 진입해 있거나 아니면 곧 퇴조하기 직전의 마지막 활황기일 때가 많다.

불필요한 비용으로 인한 손실을 싫어한다

둘째, 부자는 불필요한 비용을 지출하지 않는다. 그들은 자본의 속성을 본능적으로 알고 있고, 설령 오판으로 어쩔 수 없이 큰 손해를 보는 것은 감수하더라도, 불필요하게 작은 손실을 입는 것은 끔찍이 싫어한다. 따라서 이들의 투자방식은 리스크를 감내하거나 이익을 확률적으로 보장하는 투자는 철저히 배척한다.

원래 가치 혹은 가격이란 히말라야에서 굴러 내리는 눈덩이처럼 크게 부풀었다가 다시 흔적도 없이 녹아내리는 것이다. 뒤에 다시 설명하겠지만 가치란 '거래'의 결과물이며, 자산가치의 기준이 되는 '거래행위'에는 항상 '거래비용'이 발생하게 된다. 주식거래가 활발해지고, 거래 회전율이 높아지면 증권 거래세와, 증권거래 수수료, 중개인의 운용료 등이 기하급수적으로 늘어나고, 단순히 '주식거래'라는 행위 안에서 가격을 주고받고 있다고 생각하는 투자자들은 어느새 그들의 주머니에서 원금을 상회하는 금액이 거래비용으로 지출되었음을 잊어버리게 된다. 따라서 주식투자에서 이익을 확보하는 가장 좋은 방식은 가능한 한 거래 횟수를 줄이고 매입한 가격보다 오를 때까지 석 달이든 1년이든 버티는 것이다.

부동산거래도 마찬가지다. 부동산은 주식시장보다 환금성이 떨어지고 거래의 빈도가 낮은 반면 부동산시장의 세제적 흡수 요인과 거래비용의 비율은 주식시장에 못지않은 수준이다. 그래서 어떤 땅이 열 번 정도 손바꿈을 하면서 매번 10퍼센트씩의 차익으로 땅값이 2배가 올랐다면, 실제 거품비용이 포함된 부동산 시세는 거래비용을 누적시켜서 볼 때는 최소 3배 이상의 유동성을 흡수한 상태가 되는 것이다. 다시 말해 부동산거래세나 보유세가 늘어나고 정부 정책이 압력을 가할 때, 얼핏 생각하면 가격이 그만큼 더 오르면 그만이지만 실제 부동산시장 주변에 서성이는 유동자금은 급속도로 소진된다. 즉, 주식이든 부동산이든 시세가 2배 혹은 3배가 되면 실제 그 시세가 흡수한 유동성은 겉으로 보이는 것보다 훨씬 규모가 커지는 셈이 된다. 부자는 이런 논리를 본능적으로 이해하고 있다.

부자가 장기투자를 하는 이유는 여유가 많아서가 아니다. 그들은 현재의 '부'의 가치를 '유지'하는데 최선이라고 생각하는 투자 방식을 선택하지만 그들의 선택이 늘 옳은 것은 아니다. 하지만 그들은 잘못된 선택의 결과에 따른 손실은 감내할 수 있지만, 거래에 따르는 불필요한 비용은 피하려 들기 때문에 늘 장기투자를 하게 되는 것이다.

시골의사의 투자 노트

우리가 그토록 훔쳐보고 싶어하는 부자의 투자 습관이나 안목, 부자만의 특별한 투자 논리란 사실 존재하지 않는다. 부자들이 관심을 기울이는 것은 이미 축적한 부를 지키는 것이다. 그렇다면 자산을 늘리기보다 지키는 데 관심이 많은 소위 부자들의 행동양식은 어떻게 다른가? 첫째, 주식시장에 광풍이 몰아쳐도, 부동산시장의 투기열풍이 전국을 휩쓸어도 부화뇌동하지 않는다. 둘째, 불필요한 비용을 지출하지 않는다. 따라서 리스크를 감내하거나 이익을 확률적으로 보장하는 투자는 철저히 배척한다. 부자가 되려면 먼저 부자의 이러한 행동양식을 이해해야 한다.

제 2부

부자경제학의 기본 원리

우리가 재테크를 이야기할 때, 금리나 인플레를 제대로 이해하지 못하고
단순히 하나의 화폐단위의 시각에서만 바라본다면
그것은 지극히 지엽적이고 편협한 생각이다.
주식투자든 부동산투자든 당신이 재테크를 통해 부자가 되고 싶다면
금리와 인플레를 비롯해 자산가격의 형성 원리 등
투자에 필요한 경제학의 기본 원리를 깨우쳐야 한다.

4

투자의 두 축
금리와 인플레이션

당신이 무엇인가에 투자하려고 한다면 그 여부를 결정하는 것이 바로 금리다.

또한 투자에서 금리와 마찬가지로 도외시하면 큰코다치는 것이 바로 인플레다.

이 장에서는 재테크의 기본 지식인 금리와 인플레에 대해 알아보자.

금리와 인플레는 재테크 또는 투자를 시작하기 전에 반드시 알아두어야 할 절대적 지식이다. 앞에서 부자들은 금리를 기준으로 경제 현상을 바라본다고 했다. 부자들이 경제 현상을 바라보는 목적이 투자에 있다고 할 때 금리는 부자들이 투자를 결정하는 데 어떤 영향을 미칠까? 왜 부자일수록 이자율이 중요한 가치이며 부자가 아닐수록 그 중요도가 떨어지는지를 살펴보자.

코스톨라니의 달걀 모델 : 금리와 투자 결정

부자들은 금리에 따라 투자처를 결정한다. 금리에 따라 자금이 언제 예금에서 주식시장으로 이동하는지 코스톨라니의 달걀 모델에 적용해볼 수 있다.

앙드레 코스톨라니라는 전설적인 투자자는 '코스톨라니의 달걀'이라는 주식투자 모델을 제안했는데, 이것은 사람들이 왜 주가가 정점에 있을 때 주식을 사들이고, 주가가 바닥에 이르면 주식을 파는지를 설명하고 있다. 그럼 코스톨라니의 달걀 모델을 금리에 적용하면 금리에 따라 투자 결정이 어떻게 달라지는지 살펴보도록 하자.

먼저 금리가 과열 단계를 넘어 A국면에 이르면(서서히 경기 연착

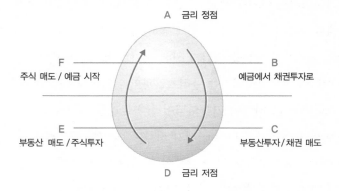

그림 1 코스톨라니의 달걀 모델

A 금리 정점

F
주식 매도 / 예금 시작

B
예금에서 채권투자로

E
부동산 매도 / 주식투자

C
부동산투자 / 채권 매도

D 금리 저점

류, 경착륙에 대한 논쟁이 붙기 시작하고 장기 금리가 하락하게 된다) 통화당국은 금리 인하를 고려하기 시작하지만, 이때 예금에 투자된 자금들은 세상에서 가장 안전한 투자처를 잃어버린다.

그저 은행에 돈을 맡기기만 하면 많은 이자를 지급하는 고금리 환경은 돈을 벌기보다 지키는 데 익숙한 부자들에게는 가장 매력적인 구간이다. 이때 은행 예금은 예금자들에게 절대 손실을 입지 않고 돈을 불릴 수 있는 최고의 환경을 제공한다. 그러나 막상 금리가 하락하기 시작하면 문제가 달라진다. 그동안 보장받았던 안전 수익(금리 수익)이 쪼그라들면서 자산가치가 하락하기 시작한다. 이렇게 되면 부자들은 다른 안전자산을 찾아 나선다. 그 결과 B국면에서는 예금보다는 약간 불안하지만 그래도 비교적 안전하고 금리 인하에 영향을 받지 않는 확정금리(채권)에 투자하게 된다.

이때 채권은 표면금리만큼의 이자율을 보장하기 때문에 금리가 하락하더라도 이자를 챙길 수 있고 시중금리가 하락하게 되면 채권수익률(채권의 확정 이자율−현재 금리)이 급증하게 된다. 부자들은 금리 하락기에 자산을 지키기 위해 투자한 채권투자에서 표면금리뿐 아니라 시세차익이라는 플러스알파의 이익까지 올리게 된다.

그러나 금리 하락이 가속화되어 균형금리를 지나 금리가 C국면의 바닥에 접근하면 다시 문제가 생긴다. 중간에 채권을 되팔아 시세차익을 챙기든 만기가 도래해서 이자를 받든 아무튼 다시 주머니에 들어온 돈을 투자할 데가 마땅하지 않은 것이다.

금리 바닥을 인식한 채권시장에서 채권수익률은 서서히 마이너스로 돌아서기 시작하고, 그렇다고 낮은 금리에 예금을 맡기는 것도 세금이나 인플레를 감안하면 이익은커녕 오히려 손해를 볼 공산이 커진다. 이때 부자들의 선택은 부동산으로 이동한다. 굳이 부동산투자에서 시세차익을 얻으려는 것이 아니라 부동산 임대수익률이 이자율보다 현저하게 높기 때문이다. 채권투자나 은행 금리로는 내 재산을 지킬 수 없는 환경에서 10억 원짜리 건물을 사서 매달 1,000만 원의 월세를 받을 수 있다는 것은 확실히 매력적이다.

이때부터 부자들의 자금은 임대수익률을 겨냥하고 경기침체로 인해 가격이 떨어져 있던 부동산시장에 몰린다. 그 결과 임대가 잘되는 쓸 만한 건물들은 속속 부자들의 소유가 되고, 이로 인해 부동산 가격은 상승한다. 그렇게 건물에서 시작한 부동산투자는 아파트, 토지시장으로 이동하면서 부동산시장에 거품을 불러일으킨다.

그러나 D를 지나 E국면이 되면 부동산투자에 대한 부자들의 고

민이 시작된다. 10억 원짜리 건물에서 나오는 1,000만 원의 월세
는 세금을 감안해도 임대수익률이 금리보다 3배나 높지만, 건물이
30억 원으로 올랐을 때는 이야기가 달라진다. 이제 부자들은 그동
안 매수한 부동산을 시장에 내놓고 그동안의 임대소득 외에도 상
당한 규모의 시세차익을 거둔다.

하지만 막상 부동산거래로 돈을 벌어보려는 사람들은 이때를 부
동산투자의 적기라고 판단하고 부자들의 매물을 사들인다. 경기는
다시 바닥을 치며 반등을 시작하고 통화당국은 추가적인 금리 인
하보다는 부동산 가격과 물가를 고려한 금리 인상에 대한 논의를
시작한다. 이때부터는 시장의 실세금리가 오르고, 부동산에서 수
익을 올린 부자들의 고민이 다시 시작된다. 아직 금리는 낮고, 부
동산은 상당히 올라서 이미 수익을 내고 빠져나온 상태이며, 채권
투자는 바보짓이다. E국면에서 부자들은 고민 끝에 주식시장으로
이동하기 시작한다.

사실 부자들의 속성에 가장 맞지 않는 것이 주식시장이다. 부자
들은 얼마나 더 버느냐보다는 자신의 자산을 얼마나 안전하게 지
키는가가 중요하기 때문이다. 그래서 그들이 선택하는 주식은 삼
성전자, 포항제철, 국민은행, 현대차, 한국전력 등 결코 망하지 않
을 것 같은 초우량기업이나 배당수익률을 충분히 보장하는 주식으
로 제한된다. 그래서 부자들의 자금이나 법인들의 뭉칫돈이 시장
에 들어오면 우량주의 상승이 이루어진다. 부자들이 부동산에 투
자할 동안 주식시장에서 수익을 올린 개인투자자들은 그들에게 적
당한 중소형 종목이나 변동성이 큰 종목에 투자하는 데 익숙해 있

다가 이렇게 변화된 환경에 적응하지 못하고 당황한다.

그러나 부자들의 자금이 주식시장에 유입되면서 본격적인 상승이 시작되고 개인투자자들이 그 사실을 깨달았을 때는 이미 상당한 수준으로 오르고 난 뒤다. 주가가 오르고 부의 효과로 시중에 돈이 풀리면 경기는 과열되고 각종 경제지표들은 장밋빛 일색으로 바뀐다. 이때쯤이면 금융당국의 금리 인상은 막바지에 이르고, 너도나도 주식투자 열기에 휩싸여 있다.

이 국면이 F국면이다. 부자들은 다시 주식을 팔고 안전한 예금으로 갈아탄다. 이제는 굳이 위험한 주식시장에 자산을 맡겨두지 않고 은행에 예치하면 자산을 지킬 수 있을 만큼 금리가 만족스럽다. 부자들의 자금은 서서히 예금으로 이동하고 개인들의 자금은 예금에서 주식시장으로 본격적으로 이동한다.

그리고 주식시장은 파국을 맞고, 부자들의 투자 사이클은 앞서와 같이 다시 반복되고 개인투자자들의 뒤늦은 가세는 여전히 부자들의 매물을 받아내는 식이다. 이렇게 해서 부는 부를 부르고 가난은 가난을 부르게 된다. 물론 시장이 이렇게 단순하지만은 않겠지만, 이로써 금리가 얼마나 큰 영향을 미치는지, 부자들의 판단에 얼마나 많은 기여를 하는지 충분히 알았을 것이다. 그래서 당신이 무엇인가에 투자하려고 한다면 먼저 금리를 눈여겨보아야 할 것이다.

투자에서 금리와 마찬가지로 도외시하면 큰코다치는 것이 바로 인플레다. 인플레를 고려하지 않으면 앞으로 남고 뒤로 손해 보는 일이 발생한다. 인플레가 투자에 어떤 영향을 끼치는지도 함께 알아보자.

자산가치를 위협하는 인플레이션

재테크는 생산수단이 없는 노동자들이 화폐로 지급받은 임금을 어떻게 하면
인플레로부터 지킬 수 있을 것인가에서 출발한다.

인플레란 화폐가치의 하락을 의미하는 것이므로 비록 재테크로 재산이 늘어났다 하더라도 인플레가 그보다 높다면 실제 그 돈으로 구매할 수 있는 힘은 감소한다. 그래서 기본적으로 여유자산 운용이 아닌 일반적인 재테크는 생산수단이 없는 노동자들(사용자에 대비한 개념)이 화폐로 지급받은 임금을 어떻게 하면 인플레로부터 지킬 수 있을 것인가에서 출발한다. 이 과정에서 급여로 받은 돈으로 인플레 이상의 수익을 올리면 과외소득이 발생하는 것이고, 인플레 이하의 수익을 내면 손해 보는 것이며, 아예 손실을 입으면 재산 손실과 더불어 화폐가치 하락이라는 이중고를 맞게 되는 것이다.

이것은 적게 이기면 손해고 많이 이겨야 이익이며, 본전을 해도 손해라는 뜻이니 재테크란 시작부터가 불리한 게임이 되는 셈이다. 사회주의자들이 자본주의를 공격하는 핵심적인 이유도 바로 여기에 있다. 그러나 이 점도 한번 생각해보자. 사용자는 공장과 생산수단을 가지고 있다. 그리고 이 실물자산은 인플레의 영향을 받지 않는다. 그러나 잘 생각해보면 생산수단의 가치는 감가상각을 통해 떨어지고(시설의 노후화), 자본가 역시 은행에서 빌린 돈을 투입해서 감가상각과 금리를 보탠 금액 이상의 수익을 내지 못하면 손해를 보게 된다. 그래서 자본주의가 획일적으로 특정 계급에만 불리하게 작용하는 제도는 아니다.

다만 사용자는 본원적으로 자동화를 통해서 생산성을 향상시킴
으로써 생산물의 가격 경쟁력을 유지하려고 한다. 그러려면 생산은
늘리고 생산비용(임금)은 낮춰야 한다. 그러나 이것은 노동자들의
입장에서는 기계와 경쟁을 해야 하는 상황에 빠지게 되는 것이다.
사용자는 자동화를 통해서 임금 총액을 줄이고, 노동자는 그로 인
해 일자리를 잃는다. 이것은 다시 사회 전체의 유동성을 감소시키
는 결과를 부르고 구매력을 떨어뜨려 경기침체를 유발한다. 그리고
사용자가 만든 생산물이 팔리지 않게 된다. 이렇게 사용자와 노동
자의 관계는 대립과 공존을 반복하는 묘한 순환구조를 가지고 있다.
　　이 과정에서 임금은 경기에 대립적으로 작용한다. 그러나 이렇
게 경기가 침체하면 정부는 가공의 화폐(채권)를 발행해서 공공사
업을 시작하고 다수의 노동자들에게 임금을 지급한다. 이것은 다
시 구매력을 높이고 늘어난 구매력은 상품 가격을 상승시켜 인플
레를 유발하지만 이 인플레로 인해 노동자들이 받은 임금의 구매
가치는 다시 하락한다. 그러나 그 결과 만들어진 댐과 고속도로,
다리, 간척지 등은 사회적 자산으로 남게 된다. 이렇게 사회의 자
산은 지속적이고 누적적으로 증가하며 고용과 소비는 인플레에 영
향을 미친다.
　　이렇게 단순한 사례만 들어도 인플레란 필요악이며, 사회의 유지
를 위해 일정 부분 필요한 것이다. 하지만 문제는 앞서 말한 대로
인플레는 노동자들의 자산가치에 위협을 가한다는 것이다. 2002년
이후 전세계는 무려 15년 만에 부동산과 주식, 그리고 금과 은, 석
유 등의 원자재까지 전체 자산의 동반상승 국면을 맞고 있다.

이는 물론 세계적인 통화위기 이후 각국에서 강력한 구조조정을 실시했기 때문이다. 이때 구조조정이란 가능한 한 투자를 하지 않는다는 뜻이고, 이것은 곧 예금자산에 적당한 금리의 이자가 붙지 않았다는 뜻이다. 이런 저금리 환경에서 생산시설의 투자에 나서지 못한 많은 자금이 실물자산으로 움직이기 시작했다. 하지만 대개는 이 시점부터 인플레가 시작되는 것이 보통이다. 즉, 노동자들이 받은 임금은 점점 쌓이지만 그 돈을 빌려서 투자할 사람이 없어서 이자가 낮아지면, 결국 그 돈은 수익률을 찾아서 돈 놓고 돈 먹기를 하는 상황, 즉 머니게임에 뛰어들게 된다. 이렇게 유동성이 늘어나서 부동산, 주식 등의 자산가치가 늘어나면 부자가 된 듯한 착각에 빠진 사람들의 소비가 증가한다. 즉, 부의 효과가 생기게 되는 것이다. 이것은 다시 생산과 투자를 늘리고 물가가 상승하면서 인플레를 유발하게 된다. 그러면 다시 금리가 상승하고 투자가 움츠러들어야 정상이다.

하지만 WTO 체제와 FTA와 같은 자유무역주의가 대세가 되면서 물가상승 요인을 흡수했다. 예전 같으면 유동성이 늘어나서 부의 효과가 발생하면 돈이 풀리고 수요 증가로 상품 가격이 올라야 하지만, 요즘은 농산물이나 필수 소비재와 같은 제품들이 저임금 국가에서 싸게 들어오고, 공산품들은 생산성 향상을 통해서 가격 인상 요인을 흡수하게 된다. 그 결과 자산가치가 증가함에도 인플레는 계속 낮은 수준을 유지할 수 있게 되었으며, 이로 인해 각국의 중앙은행들은 여전히 저금리 기조를 유지했다. 이 때문에 자산가격이 상당히 올랐음에도 여전히 예금에 매력을 느끼지 못하는 사람들은 계속 투자에 열중할 수밖에 없다. 이것이 바로 인플레 없는 성장, 즉 골디락스(Goldilocks)라고 불리는 환경이다.

그렇지만 이것은 그리 머지않아 심각한 사회문제에 부딪히게 된다. 대부분의 사람들이 예금으로 공평한 수익을 낼 때는 큰 문제가 없지만, 금리가 낮은 상태에서 자산 가격만 계속 상승하면 주식이나 부동산투자에 나선 사람과 여전히 금리에 투자하는 사람 사이에는 자산평가액의 격차가 벌어지게 된다. 이러한 상황이 지속되면 부동산이나 주식 같은 자산에 투자하는 사람은 시간이 지날수록 재산이 점점 늘어나고 사회적 양극화는 점점 더 심해진다. 그 결과 자산시장에는 거품이 발생하고 잔뜩 부풀려진 거품은 언젠가는 꺼지게 되는 것이다.

이때 사람들은 둘 중 하나를 선택해야 한다. 지금이라도 자산시장에 뛰어들 것인가, 아니면 더디긴 하지만 앞으로 금리가 오르는 상황을 바라고 금리투자를 할 것인가. 사실 이 두 가지는 모두 옳으면서 모두 틀리다.

먼저 자산시장은 앞으로도 상당 기간은 좋아 보이지만 언젠가는 하락하게 될 것이다. 금리투자도 이제는 그럭저럭 견딜 만한 수준이지만 그렇다고 인플레 대비 큰 매력이 있는 것은 아니다. 하지만 금리투자는 무엇보다 리스크가 없다. 따라서 당신이 보수적인 투자자라서 지금 금리투자를 한다고 해도 그 선택이 크게 잘못된 것은 아니다. 반면 당신이 자산 운용에 자신이 있어서 지금이라도 주식이나 부동산투자에 나선다고 해도 그 역시 잘못은 아니다. 이제는 바야흐로 자산 운용에 있어서 백화제방(百花齊放)의 시대가 열린 것이다. 다만 이때 문제가 되는 사람은 돈만 들고 아무것도 하지 않으면서 인플레만큼의 자산가치를 까먹고 있는 사람이다.

결국엔 본전, 가만히 있을걸
지난 20년간 한국 사회에서 가장 유용했던 재테크 수단은 일반의 예상과는 달리 복리예금, 채권투자, 부동산투자, 주식투자의 순이다.

> 지난달 수신금리는 떨어진 반면 대출금리는 올라 예대 금리 차가 28개월 만에 가장 크게 벌어졌다. 한국은행은 29일 "지난달 은행들의 저축성 예금 수신금리가 평균 연 3.90퍼센트로 2월보다 0.12퍼센트 포인트가 떨어져 2개월째 하락세를 지속했다."고 밝혔다. 수신금리가 3퍼센트대로 내려간 것은 지난해 11월 이후 4개월 만에 처음이다. 그러나 평균 대출금리는 6.12퍼센트로 2월의 6.09퍼센트보다 0.03퍼센트 포인트가 올라 한 달 만에 상승세로 돌아섰다.

2004년 4월 초 〈문화일보〉에 실린 기사의 일부다. 기사를 읽으면서 어떤 생각이 들었는가?

• "그동안 사업자금으로 빌린 돈을 확정금리로 바꿔야겠어. 어제 보험회사 직원과 약속했던 연금보험은 좀 미뤘다 가입해도 될 걸 그랬어." – 당신은 그럭저럭 세상 돌아가는 데 민감하다.

- "내수가 불황인데 대출금리까지 오르면 부동산 가격이 하락하지 않을까? 아파트 상가 한 채 있는 거 얼른 팔아버려야겠어." **– 당신은 낙제다.**
- "주가도 너무 올랐고, 어제 종합주가지수도 급락하는 게 어째 영 불안해. 여윳돈을 공격형에서 안정형 펀드로 갈아타야겠어." **– 빵점이다.**

같은 시기에 등장한 두번째 기사를 보자.

3년 만기 회사채 금리는 여전히 하향세를 보이고 있는데, 이것은 한은에서 당분간 콜금리를 인상할 계획이 없다고 밝힌 데 힘입은 것으로 보인다. 그러나 국고채 수익률이 하향곡선을 그리고 있는 점은 특이할 만하다.

이 기사를 읽고는 어떤 생각이 들었는가?

- "아무 생각 없다." **– 당신은 정상이다.**
- "무슨 말인지 이해가 된다." **– 당신은 이 책을 더 이상 읽을 필요가 없다.**

인류가 만들어낸 제도 중에 가장 악질적인 제도가 바로 이자라는 말이 있을 정도로 대부와 이자, 즉 금리에 관한 이야기는 오래된 것이다. 특히 금리에 대한 이해 없이 재테크 혹은 자산 운용을 말한다는 것은 대단히 무모하다.

앞서도 말했지만 지난 20년간 한국 사회에서 가장 유용했던 재테크 수단은 일반의 예상과는 달리 (1) 복리예금, (2) 채권투자, (3) 부동산투자, (4) 주식투자의 순이다.

이것은 우리가 무엇인가를 하려고 애쓰면서 재테크 책을 사보고, 경제신문을 읽고, 별짓을 다 해도, 대개는 재테크의 '재'자도 모르고 고지식하게 적금을 꼬박꼬박 들면서 가만있는 것보다 못한 결과를 낳았다는 뜻이다(전국의 왕서방이 알부자인 이유가 여기에 있다). 다시 말해 가만있으면 50점인데 뭔가 작용을 하면 할수록 결과가 참담했다는 뜻이다. 즉, 이것은 재테크를 해보려고 덤비면 처음에는 버는 듯하지만 최종적으로는 본전 건지면 그나마 다행이라는 뜻이다. 여기에 숨은 비밀이 바로 이자율이다.

이자율 투자는 지지 않는 싸움?

이자율에 투자한다는 것은 명목이자와 인플레, 세금 등 제비용의 합이 0보다 크기만 하면 어떤 경우에도, 크든 작든 무조건 이기는 게임이다.

이제부터라도 복리예금을 들면 가장 이상적인 재테크가 될까? '아니야, 그건 지난 이야기지. 지금은 워낙 저금리 시대니까 이자율에서 인플레를 빼고 다시 세금까지 제하고 나면? 맙소사, 이건 아냐. 어쨌든 당장 부동산을 사든, 주식을 사든 재테크의 시대에 뒤쳐질 순 없어. 요새 부동산이 좋다는데 일단 업자를 만나서 적당한 매물

하나 골라달라고 하자.'라고 생각한다면 오산이다.

왜냐하면 이자율의 강점은 평균의 힘이기 때문이다. 다시 말해 우리가 투자에서 실패하는 가장 큰 원인은 최대한의 기대이익만 생각하고, 기대손실은 등한시하기 때문이다. 하지만 실제 대부분의 투자행위에서 전체 투자자의 5퍼센트는 큰 이익을, 25퍼센트는 작은 이익을(리스크 비용을 생각하면 사실 본전에 가깝다), 20퍼센트는 본전을(이 경우는 리스크 비용을 생각하면 손실이다), 50퍼센트는 손실을 본다(이들에 대해서는 노코멘트다).

그런데 이자율에 투자한다는 것은 명목이자와 인플레, 세금 등의 제비용의 합이 0보다 크기만 하면 어떤 경우에도, 크든 작든 무조건 이기는 게임이다. 즉, 최소한 재테크의 치열한 전선에서는 금융투기의 활황기에는 다른 수단에 비해 이익이 작지만, 만약 금융시장의 변동성이 커지면서 하락하거나 상황이 악화될 경우에는(부동산이 급락하거나 주식이 하락하면) 본의 아니게 가만있어도 석차 기준으로 최상위권의 수익률을 올리는 것과 같아진다는 의미다.

그래서 주식투자로 돈 번 사람 별로 없고, 부동산투자 오래 해서 방 두 칸 늘린 사람 거의 없다는 말이 나오는 것이다(또 번 사람은 자랑하고 잃은 사람은 입을 닫기 때문에 주변에 돈 번 사람이 천지로 널린 것처럼 보이지만 입 다물고 있는 잃은 자의 속내를 어떻게 짐작이나 하겠는가).

하지만 나는 이자율에 몸을 맡기고 있는데 남이 주식투자로 10배 벌고, 재개발 단지 사서 5배 벌었다는 이야기를 들으면 몸이 달고,

상대적 박탈감에 엉덩이가 들썩거린다. 그래서 원래 돈은 궁둥이 무거운 사람이 굳힌 만큼 제 몫을 챙기는 것이다.

당신은 아는가? 다른 사람이 망하는데 혼자 안 망하는 기쁨을. 시장이 폭락하는데 현금만 보유하고 있을 때의 기쁨이 내가 보유한 주식만 오르고 다른 사람이 보유한 주식은 오르지 않을 때의 기쁨보다 10배쯤 된다는 것이 투자의 본질이라는 것을.

그런데 어쨌거나 거창하게 재테크 이야기를 주제로 잡고는 기껏해야 그저 은행예금으로 끝내버리면 뭔가 서운하고 허전하다. 그러니 이제부터 돈 되는 이자율의 세계를 탐험해보자.

인플레는 복리로, 금리는 단리로 움직인다

복리에는 재투자기간의 마술이 숨어 있다. 만기가 같더라도 재투자 단위에 따라 수익이 크게 달라지는데, 투자기간이 길수록 단리와 복리의 차이는 상상을 초월한다.

이자율에 대한 투자는 기본적으로는 안전하다고 말했다. 하지만 이 말은 "이자율에 대한 투자는 수익이 적다."는 의미이기도 하다. 투자수익률이란 고위험/고수익, 저위험/저수익이라는 측면에서 보면 당연한 이야기이고, 실제 이자율이 인플레와 가지는 역의 상관관계를 놓고 생각한다면 '평균 이자율'은 궁극적으로는 인플레와 함께 앞서거니 뒤서거니 하면서 자산가치를 키운다고 볼 수 있다. 그런데 여기서 '평균 이자율'이라는 용어에 주목할 필요가 있다. 이자율에 대한 투자는(적금, 예금, 채권 등) 그 크기가 얼마든 분명히 재산을 늘려준다. 그러나 여기에는 인플레의 함정이 있다. 이것은 열 번을 새겨들어도 모자라는 핵심 개념이다.

금리투자는 인플레 이상의 수익을 보장하는가

그렇다면 현재 상황에서 금리에 투자하면 무조건 인플레 이상의 수익을 보장받을 수 있는가(즉, 나의 자산가치를 항상 늘려줄 수 있는가), 요즘 홈쇼핑에서 광고하는 복리로 연 4.5퍼센트의 이자를 만기에 지급한다는 보험저축은 내 자산을 늘려줄 수 있나 하는 의문을 가져보자.

먼저 이것은 맞기도 하고 틀리기도 하다. 좀더 쉽게 이해하기 위해 단순하게 생각해보자. 예를 들어 당신이 가입한 100만 원짜리 2년 만기 정기예금의 이율이 10퍼센트라고 하자. 2년 후 100만 원은 120만 원(100만 원＋100만 원×10퍼센트×2년)이 된다. 하지만 이때 인플레도 10퍼센트라면 화폐가치는 121만 원(100만 원＋첫해의 인플레 10만 원＋첫해의 인플레에 대한 인플레 1만 원＋둘째 해의 인플레 10만 원)이 된다. 또 3년째가 되면 전자의 경우에는 130만 원이지만, 인플레는 133만 1,000원이 된다. 즉, 이율과 인플레가 같다면 무려 33만 1,000원의 자산이 공중 분해되는 것과 같은 결과다.

이렇게 섬뜩한 계산 결과가 나오는 이유는 인플레는 복리로, 금리는 단리로 움직이기 때문이다.

그렇다면 우리는 여기에서 위기와 기회의 양면을 발견할 수 있을 것이다. 세금에 인플레의 복리 효과까지 감안할 경우에는 비록 금리가 인플레보다 높다 하더라도 금리투자가 항상 수익을 안겨주는 것만은 아니라는 점과 대신 복리 효과를 누리도록 설계할 수 있

다면 금리투자는 애써 모은 재산을 절대 갉아먹지 않을 투자수단
이라는 점이다.

단리와 복리의 차이

그럼 단리와 복리의 차이는 무엇일까? 단리는 말 그대로 이자에
대한 재투자 없이 정해진 기간만큼 정해진 이율로 이자를 지급하
는 것이다. 반면 복리는 발생한 이자를 재투자하고 그것에 대한 이
자를 다시 지급하는 방식이므로 인플레와 같은 구조를 가진다. 하
지만 서운하게도 그것도 꼭 그렇지만은 않다. 인플레는 실시간 살
아 움직인다. 그것은 편의상 연간으로 계산할 뿐 사실 화폐가치의
하락은 장기적으로는 지속적이고 꾸준하다. 즉, 복리 효과는 기간
별로 늘기도 하고 줄기도 하겠지만 전체 추세로 본다면 비록
0.0001퍼센트일망정 매일 실시간으로 가중된다. 따라서 연간 복리
이자는 인플레와 구조가 같다는 말은 맞기도 하고 틀리기도 하다.
또 같은 관점에서 '세후 복리 이율'이 인플레 이상일 경우의 복리
예금은 반드시 자산가치를 보전해준다는 것 역시 맞지만 틀린 말
이다. 왜냐하면 복리의 경우에는 재투자기간의 마술이 숨어 있기
때문이다.

　복리는 기간이 길면 길수록, 재투자기간이 짧으면 짧을수록 원
금이 커진다. 여기서 말하는 재투자란 원금에서 발생하는 이자를
3개월, 6개월, 12개월 단위로 지급받아 그것을 재투자하는 것인
데, 이때 수익은 당연히 3, 6, 12개월의 순으로 커질 것이다. 예를
들어 100만 원을 10퍼센트 이율로 3, 6, 12개월 단위로 재투자하

면 1년 후 그 가치는 각각 110만 3,813원, 110만 2,500원, 110만 원으로 차이가 나게 된다.

즉, 만기가 같더라도 재투자 단위가 어떻게 되느냐에 따라 수익 금액이 크게 달라지므로 만약 실제 투자기간이 10년이나 30년이라면 그 차이는 상상을 초월하는 수준으로 벌어지게 된다. 그래서 앞서 복리이자 4.5퍼센트의 확정지급형 보험저축을 가입할 경우 3개월 재투자냐, 6개월이냐, 아니면 연간이냐에 따라 인플레와 세금을 감안할 경우 이익이 날 수도 있고 그렇지 않을 수도 있다고 한 것이다.

이것이 바로 복리의 마술이다.

미래가치와 현재가치

약간 골치 아픈 얘기지만 한 가지만 더 짚고 넘어가자. 바로 미래가치와 현재가치다. 앞서 말한 복리이자의 계산, 즉 '얼마의 자산을 얼마의 이율로 얼마의 재투자기간을 정해, 얼마의 기간 동안' 투자하느냐에 따른 계산은 곧 현재 자산의 미래가치다. 거꾸로 내가 미래에 타게 될 1억 원짜리 적금이 현재 기준으로 얼마의 가치를 지니는지를 따져보는 것은 현재가치다.

당신이 재테크에 대해 아는 사람이라면 당신이 가입한 적금이 3년 만기 때 100만 원을 받는다고 했을 때 3년 후 그 100만 원의 가치는 현재 기준으로 어느 정도의 가치를 지니는지 알고 싶을 것이다. 이것은 미래가치를 거꾸로 역산하여 구할 수 있는데, 이 경우 인플레율을 5퍼센트라고 가정하면 그 가치는 86만 3,800원으로 줄어든다.

때문에 20년간 일정액을 납입하고 20년 후 사망 시 1억 원을 지급해주는 보험상품에 가입할 경우 당장 계산기를 두드려서 그것의 미래가치가 얼마인지부터 알아봐야 할 것이다.

그리고 미래가치와 현재가치라는 개념은 채권투자에서 할인율을 결정하고 채권 가격을 결정하는 중요한 개념이므로 공식까지는 몰라도 최소한 개념은 이해해둘 필요가 있다.

이자율의 움직임

예대마진이 커진다는 것은 조만간 투자율이 슬슬 높아지면서,
기업가정신이 살아나거나 자산 투기적 상황이 서서히 일어나는 초기 단계임을 뜻한다.

다시 주제를 가볍게 해보자. 지금까지 당신이 일단 이자율이 안전하고 크든 작든 돈이 되는 재테크 수단이라는 점에 동의한다면 (물론 복리냐 단리냐, 이율은 어느 정도냐에 따라 달라지지만), 이자율의 움직임이 바로 '보유 자산의 안전성을 추구하는 보수적인 재력가들의 움직임을 알려주는 잣대가 된다.'는 전제를 인정해야 할 것이다.

즉, 안정적 자산가들의 여유자금이 다른 투자수단에서 어지간히 위험을 느낀다면 그들은 예금에 머물려 할 것이고, 예금에 머물려 하는 사람이 많을수록 예금 금리는 하락한다. 아울러 금리가 낮다는 사실은 우리나라의 거액 자산가들이 아직은 섣불리 무언가 새로운 사업을 시작하거나 확장할 때가 아니라고 생각한다는 뜻이

다. 반대로 위험부담을 무릅쓰면서까지 돈을 빌려 뭔가를 해보려는 사람이 많아지면 대출 이자율이 높아진다.

이렇게 예대마진이 커질 때가 바로 이자 변동성이 커지는 상황이고, 이것은 조만간 투자율이 슬슬 높아지면서, 기업가정신이 살아나거나 자산 투기적 상황이 서서히 일어나는 초기 단계임을 뜻한다. 게다가 이 시기는 재주는 곰이 부리고 돈은 되놈이 번다는 옛말처럼 은행의 예대마진이 커지면서(예금 이자는 낮고 대출 이자는 높으므로) 은행의 수익이 급증하게 되는데, 경기 반전으로 주식시장이 상승 초동기에 돌입할 때 은행주가 급등하는 원리가 여기에 있다(따라서 은행 수익을 눈여겨봐야 한다. 은행 수익이 증가하기 시작하면서 예대마진이 커지면 경기 회복과 주가 상승으로 이어진다).

그러면 이제 장단기 금리에 대해 살펴보자.

단기금리

먼저 단기금리는 한국은행에서 은행에 빌려주는 콜금리를 말한다. 은행의 대출 자금은 고객이 맡긴 예금과 한은에서 빌린 돈에서 나오는 것인데, 보통 한은에서 빌려주는 돈은 경기상황에 따라 이자율이 결정된다. 즉, 경기가 나빠지면 한은은 콜금리를 낮추고 경기가 좋아지면 콜금리를 높인다.

경기 호조로 한은이 빌려주는 이자율이 높아지면 → 은행이 기업이나 개인에게 빌려주는 이자가 높아지고 → 그렇게 되면 기업이나 개인은 돈을 빌리려 하지 않아 → 투자가 감소하며 → 경기가 후퇴하게 된다. 반대로 콜금리를 낮추면 → 싼 이자에 돈을 빌릴 수 있어 → 투자하거나 소비하고 → 경기가 과열된다.

우리가 흔히 실세금리라 부르는 실질이자율 역시 단기금리다. 실질이자율은 3년 만기 회사채 금리를 기준으로 하는데(이것을 흔히 시중금리라고 부른다) 신용도 AA급의 3년 만기 회사채의 표면금리를 실제 시장에서 통용되는 실제 이자율이라고 하며, 이것은 대개 콜금리보다 높다(기업의 신용도에 따라서도 차이가 난다).

여기서 회사채는 기업이 은행에서 빌려 쓰는 것은 한계가 있으므로, 기업들이 아예 개인들에게 차용증을 써주고 돈을 빌리는 것을 말한다. 그러면 개인 입장에서는 은행보다 이자를 더 받아서 좋고, 회사는 은행 눈치 안 보고 돈을 많이 빌릴 수 있어서 좋은 것인데, 만약 회사가 튼튼하지 못하면 망할 가능성이 금리에 반영되어 이자가 아주 비쌀 것이고(표면금리가 높다), 회사가 튼튼하면 비교적 쌀 것이다(표면금리가 낮다). 따라서 이자율에 의한 투자는 안목을 가지고 튼튼한 회사의 회사채를 사들이면 정기적금보다 더 수익이 날 수 있는데, 이것은 주식이나 부동산보다는 낮고 예금보다는 약간 높은 위험비용을 지급하고 수익률을 높이는 효율적인 투자수단이다.

그러나 보통 회사채 수익률과 이자율은 다른 개념이다. 그 채권을 가지고 있으면 회사가 망하지 않는 한 만기에 원금과 이자가 보장되는데, 이것을 이자율이라고 한다면, 그 채권을 만기까지 소유하지 않고 중간에 사고파는 과정에서 발생하는 이익을 수익률이라고 할 수 있다.

그러면 잘 생각해보자. 이자율이 높은 시절에 발행된 채권의 표면금리가 10퍼센트라고 하자. 그런데 경기침체로 현재 실세금리가 5퍼센트라면, 이 채권은 가만히 앉아서 원래 5퍼센트의 이자에 보너스로 5퍼센트의 이자를 더 받고 있는 것이다. 따라서 이것을 중간에 판다면(장당 1만 원짜리 3년 만기 채권이 만기가 1년 남았다고 가정하고 이자율 10퍼센트라면) 1년 후 이 채권은 저절로 1만 1,000원짜리가 되므로(대개의 채권은 보유자에게 1년마다 중간에 이자를 준다) 현재는 대개 1만 300원 수준에 거래될 것이다. 즉, 1만 원을 은행에 넣어두면 1년 후 고작 1만 500원이 되지만, 이 채권을 가지고 있으면 1년 후에는 1만 1,000원이 되므로 현재 1만 원짜리 채권 가격은 1만 300원 수준이 될 것이다. 이 경우 채권 보유자는 지난 2년간 2,000원의 이자뿐 아니라 매도 시 차액 300원까지 더해서 2,300원의 이익을 보게 되고, 만기까지 1년을 더 보유하면 총 3,000원의 이익을 낼 것이다. 이것이 채권수익률이다.

반대로 이자율이 상승해서 금리가 10퍼센트가 된다고 치자. 그러면 1만 원짜리 채권 값은 9,900원이 된다. 왜냐하면 은행에 맡겨도 같은 10퍼센트인데, 회사가 망하면 그저 종잇조각이 될 위험이 있는 채권을 누가 보유하려 들겠는가? 결국 채권은 위험비용을 감안해서 오히려 액면가보다 하락하게 되는 것이다. 따라서 금리 하락기에 채권에 투자하면 이익이 나지만, 금리 상승기에는 채권투자의 결과가 좋지 않은 경우가 많다.

이쯤에서 한번 정리하자면 일단 이자율에 대한 투자는 은행 예금금리뿐만이 아니라 은행 이자율보다 높은 수익을 올릴 수 있는 투자수단으로 채권이 있다는 사실을 기억하자.

이번에는 다음의 사례를 한번 생각해보자. 과거 엘지카드의 회사채는 표면금리 9퍼센트였지만(그래서 카드사의 현금 수수료가 비싼 것이다. 돈을 빌리는 조달 금리가 9퍼센트라면, 카드회사 입장에서는 빌려주고 떼이는 것을 감안해 최소 15퍼센트는 받고 고객에게 빌려줘야 이익이 나는 것이다) 엘지카드가 망할지도 모르는 시점에서는 이자는 고사하고 원금 보장도 희박해지면서 한때 반값 이하로 폭락했다.

즉, 1만 원짜리 엘지카드 채권을 보유하면 3년 만기 때 13,000원을 받을 수 있지만(이것은 중간 이자 정산 없이 만기일에 이자를 한꺼번에 주는 채권이다) 회사가 망할까봐 불안해진 사람들이 9,000원, 8,000원, 7,000원, 결국 4,000원 이하의 가격으로 투매를 해버린 것이다. 그러나 이때 엘지카드가 망하면 나라가 망한다며 느긋하게 채권을 4,000원에 산 사람들은 만기일에 원금 1만 원에 이자 3,000원까지 보태서 3배 이상의 수익을 올리게 된다.

결국 채권은 주식과 달리 만기까지만 망하지 않으면 된다. 때문에 엘지카드는 만기가 다가올수록 가치가 점점 5,000, 6,000, 7,000…… 1만, 1만 1,000, 1만 2,000원까지 오를 것이고, 만기 일주일 전에는 1만 2,900원에 도달할 것이다(이것은 주가가 100원이든 1만 원이든 상관이 없다). 이것을 시간가치라고 부른다. 이것도 반드시 기억해두자.

장기금리

이번에는 장기금리에 대해 알아보자.

단기금리, 실세금리, 장기금리 중에서 장기금리는 만기가 5년에서 10년짜리를 말하는데, 일단 국내 회사채 시장에는 장기채가 거의 없다. 1년 앞도 모르는 세상에서 10년 만기 채권을 발행하면 아무도 사지 않을 것이기 때문이다. 그래서 장기채는(교과서적으로는 10년) 대부분 국공채에 몰려 있다. 다시 말해 5년, 7년, 10년 만기 국공채의 표면금리를 장기금리라고 한다. 대부분의 채권은 3개월마다 이자를 수령하거나 발생하는 이자를 누적해서 복리로 계산해 주는데 이는 발행조건에 명시되어 있다.

채권을 사고파는 것은 명동 구둣방에서도 가능하고, 명동 사채업자 사무실에서도 가능하지만 만약 본격적으로 채권투자를 하고 싶다면, 증권회사 창구에 가서 사면 된다. 다만 직접투자의 경우 10억 원 이하의 금액으로는 매입하기 어렵다. 그것은 실제 채권 거래의 단위가 크기 때문인데, 그만큼 채권시장은 우리나라의 최고 큰손들이 노는 물이다. 일례로 전직 대통령 아들이 결혼 축의금 15억 원으로 채권시장에서 10배 이상 키웠다고 할 정도로 규모가 큰 시장이다.

따라서 10억 원 이하의 소액투자자는 채권형 펀드에 가입하는 방식으로 간접투자를 할 수 있다. 다만 이때 소위 안정형 혹은 채권형이라고 말하는 펀드에 가입할 때는 은행이나 증권사에 가서 창구에서 추천하는 대로 무조건 가입하기보다는 이 펀드에 어떤 종류의 채권이 편입되어 있는지 확인할 필요가 있다. 예를 들어 정크본드라고 불리는 언제 망할지 모르는 회사의 회사채들이 펀드에 가득하면 과거 경제위기 때처럼 수익률은 높겠지만, 자칫하면 원금 손실을 크게 볼 수도 있기 때문이다.

이제 금리투자에 대해서 대강 정리해보면 예금은 '표면금리-인플레-세금'이 0보다 클 때는 손해를 보지 않지만, 인플레를 고려하지 않고 단순히 이자율만 생각하면 자산이 늘어나는 것처럼 착각할 수도 있다. 또한 이자율에 투자하는 것은 예금뿐 아니라 채권투자도 있지만 채권에 대한 투자는 경기 전망에 대한 상당한 이해를 필요로 한다는 것을 염두에 두자.

채권은 금리와 경기를 예측해서 사고파는 상품

투자에 앞서 가장 먼저 할 일은 채권시장의 동향을 주의 깊게 살핀 후
경기 전망을 판단하고, 부자들이 향후 경기를 어떻게 생각하고 있는지 체크하는 것이다.

채권 보유자 입장에서는 금리가 오르면 손해고, 금리가 떨어지면 이익이다. 채권은 실세금리보다 약간 비싼 고정 이자율로 산 것이므로 채권을 매수한 다음 시중금리가 올라버리면 손해가 날 수 있다. 이렇듯 채권은 금리와 경기를 예측해서 사고파는 것이다. 금리가 오를 것 같으면 채권을 매도하고, 금리가 오르면 고점에 이를 때 다시 사둔다. 그리고 금리가 내리기 시작하면, 되파는 방식으로 운용을 한다.

이렇게 움직이는 채권시장에서는 만기가 짧으면(만기일이 얼마 남지 않았으면) 채권을 매입해서 손해 볼 위험이 적어진다. 반면 장기채 보유자는(만기일이 오래 남았으면) 투자기간 중 금리가 상승하여 원금 손실을 볼 가능성이 커진다. 이것은 투자자들이 금리를 전망할 때 단기적인 금리를 예측하기는 비교적 쉽지만 몇 년 후의 상

황까지 예측하기는 어렵기 때문이다. 따라서 장기채는 위험 프리미엄만큼 금리가 높아진다.

그런데 만약 이 장기채의 금리가 낮게 형성된다면 이것은 어떻게 된 것일까? 예를 들어 단기채와 장기채의 금리 차이가 별로 나지 않고 경우에 따라서는 오히려 장기채의 금리가 낮아진다면 그것은 무엇을 의미하는 것일까? 혹은 반대로 단기채의 금리는 아주 낮은 상태에서 움직이지 않는데 장기채의 금리만 점점 높아진다면 이것은 무엇을 의미하는 것일까?

전자는 바로 현재의 경기 상황은 그럭저럭 견딜 만하지만 장기적으로는 경기를 낙관할 수 없다는 의미이기도 하고, 후자의 경우는 반대로 지금 경기는 상당히 나쁘지만 장기적으로는 경기가 좋아질 것으로 시장이 판단한다는 의미이기도 하다. 이렇게 장단기 금리의 차이를 살피는 것은 향후 경기의 판단이나 자산에 대한 중장기 투자를 하기에 앞서 반드시 점검해야 할 포인트이기도 한데, 시장에서는 이것을 장단기 금리 스프레드라고 부른다.

하지만 미래 경기에 대한 전망은 장단기 금리 차뿐만 아니라, 채권의 채무불이행 위험이나(부도 등으로 인한 발행자의 지급 불능 가능성), 회사의 신용등급 차이에 대해 시장이 위험 프리미엄을 얼마나 반영하는지도 꼭 체크해야 한다. 이것은 일반적으로 부도 가능성이 없는 국고채와 부도 가능성이 있는 회사채 간(만기가 동일한)의 금리 차이로 평가할 수 있다. 즉, 향후 경기 전망이 낙관적일수록 기업들이 부도가 날 가능성이 적으므로, 회사채에 대한 프리미엄은 상대적으로 낮아진다. 따라서 이때에는 국고채와 회사채에 대한 가격 차이(프리미엄의 차이)가 줄어들 것이다. 한편 미래의 경기 전망이 어두울수록 회사채에 대한 리스크 프리미엄은 상대적으로 높아져서 국고채와 회사채 간의 금리 차이는 커지고, 두 채권 사이에는 가격의 차이(스프레드)가 커질 것이다. 시장에서는 이것을 장단기 금리 스프레드처럼 신용 스프레드라고 부른다.

결국 정리해보자면 경기 전망이 어두울수록 신용 스프레드는 증가하고, 장단기 금리 스프레드는 낮아지며, 자산가격은 하락할 가능성이 크고 반대의 경우에는 상승할 가능성이 크다. 따라서 당신이 새로 사업을 시작하거나 주식이나 부동산을 매입하기 전에 가장 먼저 할 일은 주식이나 부동산, 채권 그 자체가 아니라 채권시장의 동향을 주의 깊게 살핀 후 나름대로 경기 전망을 판단하고, 국내의 금융 메이저들은(부자들은) 향후 경기를 어떻게 생각하고 있는지 체크해야 한다. 당신이 무엇에 투자하든 상관없이 말이다.

채권시장이 주는 교훈

당신이 투자자라면 매일 아침마다 거울 앞에 서서 스스로에게
"나는 지금 금리 이상의 수익을 올릴 자신이 있는가?"를 질문해야 할 것이다.

당신에게 투자의 목적은 무엇인가?

평범한 월급쟁이 생활만으로는 절대로 모을 수 없는 큰돈을 벌기 위해서? 지금의 자산을 조금이라도 불려서 노후를 편안하게 보내겠다는 소박한 마음에서? 좀더 전문적으로 자산가치 하락을 방어하기 위해서?

물론 당신이 택할 수 있는 선택은 다양하다. 만약 당신이 큰돈을 벌고 싶다면 수익률이 변변찮은 금리나 채권 등은 아예 쳐다보지도 말아야 한다고 생각하는가? 그것은 단지 재테크 목표가 소박하거나 방어를 위해 투자하는 느긋한 사람들의 몫이라고 생각하는가? 또 채권투자를 한다고 해도 어차피 가진 돈이라곤 몇천만 원이 전부인 개인투자자로서 채권의 속성이나 종류까지 줄줄 꿸 이유가 없다고 생각하는가? 채권에 투자하고 싶으면 채권형 펀드에 가입하고, 좀더 높은 수익률을 기대한다면 주식혼합형 펀드나 하이일드펀드에 가입하면 그만인데, 직접투자를 하지 않을 개인투자자에게 그것은 과잉 정보라고 생각하는가? 하지만 절대로 그렇지 않다. 오히려 백번을 강조해도 모자람이 없다.

주식, 부동산, 채권, 어디에 투자하든 자산이란 그때마다의 배분이 중요하고 그것은 또 시장 환경에 따라 달라진다는 사실에 동의한다면 앞서 설명한 내용들은 당신에게 반드시 유용한 개념이될 것이다. 왜냐하면 돈이란 기본적으로 금리에서 출발하는 개념이고 그 밖의 기타 수단은 금리 이상/이하 수익률의 가능성에 따라 선택되는 것들이기 때문이다.

금리, 즉 돈의 흐름을 꿰뚫지 못한다면 지금 당신이 하고 있는 모든 투자행위는 사상누각에 지나지 않는다. 당신이 투자자라면 매일 아침마다 거울 앞에 서서 스스로에게 질문해야 할 것이다. "나는 지금 금리 이상의 수익을 올릴 자신이 있는가?"라고 말이다.

●●● 채권의 종류

채권은 발행시장과 발행기관에 따라 분류하는데 발행시장에 따라서는 살 사람을 미리 정해두고 발행하는 사모채와 아무나 살 수 있는 공모채 두 가지로 나누어진다. 발행기관에 따라서는 국채, 지방채, 특수채 등으로 나뉘는데 여기서는 그 중 중요한 것들을 중심으로 설명하겠다.

(1) 국채 : 국가가 보증을 서는 채권
• 국민주택 1종
• 국민주택 2종
• 국고채 : 정부에서 돈이 필요하면 발행하는데(추경예산 따위나 재해지역 선포, 대북지원 자금 같은 미리 예산을 잡지 못한 데에 돈이 들어가야 할 때 국고채를 발행한다), 다만 발행기관이 정부이므로 망할 우려가 적어서 대개는 은행 금리와 큰 차이가 없다. 쉽게 말해 신용도가 크기 때문에 금리 수익이 높지 않다는 뜻이다.
• 외평채 : 국가에서 원화가치를 조절하고 싶거나 나라에 돈이 필요한데 외국에서 달러로 빌리고 싶으면 외국을 상대로 국채를 발행한다. 그러면 외국인이 달러로 우리 국채를 사게 되는데(발행한 만큼 달러가 국내로 유입되고 달러가치 하락, 원화가치 상승, 만기에는 반대의 경우도 성립되므로 환율 조절 기능도 있다), 이때 그들이 보기에 우리나라가 망할 가능성이 적으면 금리가 약간 낮아도 리보(LIBOR : 런던은행 간 금리로 콜금리와 비슷하다)보다 높기만 하면 한국물 외평채를 쉽게 산다. 하지만 북핵이 부각되거나 우리나라 정세가 어지러워지면, 행여 어떻게 되어 돈을 날릴까봐 사는 외국인이 적어진다. 이때는 도리 없이 금리를 높여서 제시해야 외국인이 우리 국채를 살 것이다(이것이 바로 신문에 자주 등장하는 외평채 가산금리다).
• 양곡증권

(2) 지방채(공채) : 지방자치단체장이 보증을 서는 채권
• 서울시 도시철도 공채
• 지역개발채권
• 부산·대구교통채권 등이 있는데 차를 사고팔 때 흔히 접할 수 있다. 이 채권은 보통 그 자리에서 할인해서 파는데, 만기에 환매하는 것이 훨씬 유리하다. 차를

살 때 이 채권을 쉽게 할인하는 사람들은 원숭이처럼 조삼모사에 속는 것이다. 우선 당장 채권은 할인액만 내니까 그러기 쉽다. 예를 들어 3년 만기 금리 8퍼센트짜리 채권을 500만 원어치 사면, 그 자리에서 사채업자가 400만 원에 되사주니까 채권 값으로 100만 원 정도만 내는 걸로 착각한다. 하지만 처음 몇백이라 생각하지만, 그것을 전부 실제 채권을 실보유해야 한다고 생각하면 생각보다 차를 바꾸기가 쉽지 않고(특히 비싼 차) 또 실제 바꾸더라도 만기에 목돈 만지는 재미가 있다. 다시 말하지만 재테크하려면 마인드부터 바꿔야 한다.

(3) 특수채
- 토지개발채권
- 예금보험공사채권 : 정부가 금융기관의 엄청난 손실을 막아주는 데 바로 이 채권을 발행한 돈을 사용했다. 즉 세금으로 막아주었다는 것인데, 소위 공적 자금이란 것이다. 나중에 이 채권 만기가 도래하면 채권 소유자에게 나라에서 채워주는데 결국 세금으로 부실금융기관(곧 부실기업)을 살리는 셈이다.
- 한국전력공사채권 · 도로공사채권. · 수자원공사채권 · 가스공사채권

(4) 금융채
- 산업금융채권
- 중소기업금융채권
- 수출입은행채권

(5) 기타 금융채권
- 국민금융채권
- 주택은행채권
- 증권채 : 요새는 거의 발행되지 않는다.
- 카드채 : 이 채권이 바로 지난 카드 위기의 핵심이다. 쉽게 말해 카드회사가 돈놀이를 하려면 원금이 있어야 하는데, 그 원금을 채권을 발행해서 만든다(표면금리 8~9퍼센트). 그러고는 카드 발급을 남발해서 현금서비스를 받도록 부추기고, 이자는 20퍼센트씩 물리니 처음에는 카드회사가 잘나갔다.
  그런데 하나둘씩 문제가 생겼다. 3년 전에 발행했던 회사채 만기가 작년부터 올해까지 돌아온 것이다. 불과 1년 새 카드빚 갚지 못하는 사람들이 늘어나면서 채권을 상환할 돈이 없어져버린 것이다.

이것이 소위 카드채 위기다(유독 엘지카드, 삼성카드만 문제가 생긴 것은 이들은 수신 기능이 없기 때문이다. 즉, 은행계 카드는 예금으로 카드 사업을 했지만, 엘지·삼성카드는 금융기관이 아니라서 카드채로 빌린 돈으로 사업을 한 것이다. 따라서 은행권 카드의 부실은 은행 실적만 줄어들지만, 카드회사의 부실은 채권시장에 부도라는 직격탄이 되는 것이다).

아무튼 그로 인해 이 카드채를 산 개인과 카드채를 수조 원씩 사서 보유한 투신사 등의 금융기관이 줄줄이 돈을 떼이고, 투신사의 펀드마다 거의 편입되어 있는 카드채가 떼일까봐 불안한 투자자들이 투신사에 몰려가서 채권형 펀드를 물어내라며(펀드 안에 카드채가 10퍼센트만 있어도 자산이 90퍼센트로 줄어들기 때문에) 해약한다고 소동을 부린다.

그러니 투신사에서는 전체 펀드에서 각 펀드마다 카드채가 일부씩은 편입되어 있을 것이고, 결국 펀드 종류별로는 다 들어 있는 셈이니, 모든 펀드가 해산하면 갑자기 수십조씩 펀드 환매자금이 필요하게 되고, 결국은 소위 금융부도에 금융대란이 일어나는 것이다.

- 리스채 : 카드채와 같은 관점에서 대란이 일어났었다(채권으로 돈을 만들어서 리스 장사하는데, 리스 가져간 사람들이 부도를 낸 것이다).
- 종금채 : 종금채 역시 함부로 발행하면 문제가 발생하기 쉬운 채권이다.
- 할부금융채 : 더 말할 필요도 없다.

(6) 특수한 권리에 의한 채권

- 전환사채(CB) : 채권으로 발행되지만, 채권자의 청구에 따라 정해진 기간에 주식으로 교환 가능한 채권.

  CB는 한때 신흥부자 양산 통로였다. 즉, 벤처기업 하나가 채권을 발행한다(당연히 이자를 높게 줄 돈도 없다). 게다가 벤처기업이라 언제 망할지 몰라서, 굳이 회사채를 발행하면 이자율이 100퍼센트는 돼야 할 판이다.

  이때 이자율은 10퍼센트로 하는 대신 3년 후 5,000원에 주식으로 바꿔준다는 조건을 붙인다. 즉, 이 회사 주가가 대개 5,000원이라고 한다면, 투자자 입장에서는 벤처가 대박 나서 주가가 몇 배 오르면 그때 얼른 주식으로 전환해 떼돈을 벌 수 있으므로, 금리가 낮아도 채권을 사게 된다.

- 신주인수권부 사채(BW) : 좀 어렵지만, 잘 알아두면 유익하다. 이 채권 역시 표면금리는 싸다. CB는 채권 자체가 주식으로 바뀌므로 나중에 주가가 오르면 주식으로 전환받는 건 좋은데 투자자 입장에서는 돈이 필요하면 그 회사 주식

이 더 오를 것 같아도 주식으로 전환해서 팔아서 써야 한다.

그래서 나온 제도가 만기가 되면 일단 채권은 정해진 이자율대로 돈을 돌려받기로 하고, 아울러 채권 소유자는 그 회사 주식을 미리 정해진 값에 살 권리를 주는 것이다(채권이 주식으로 바뀌는 게 아니라, 주식은 새로 돈 주고 사거나 아니면 일단 채권을 돈으로 돌려받고, 그 돈으로 되사든지 그것은 자유다).

- 교환사채(EB) : 이건 머리가 아픈 개념이다. 채권을 발행할 때, 발행회사가 보유한 주식을 제3의 금융기관에 예치한 다음, 만기에 바꾸는 것이다. 이것은 약간 담보를 제공한다는 의미도 있고(채권발행가만큼 회사가 자산으로 보유하고 있는 유가증권을 맡기고, 만기에 찾아서 준다는 의미에서), 자본금 증가가 없다는 장점이 있다는 정도만 알아두자. 이건 여러분들에게 팔지도 않고, 살 수도 없는 그들만의 게임이기 때문이다.

시골의사의 투자 노트

사람들이 은행예금처럼 안전한 투자처를 마다하고 주식이나 부동산에 뛰어드는 것은 '저금리 시대에 이자율에서 인플레를 빼고 세금까지 빼면 오히려 손해'라는 생각 때문이다. 그렇지만 이자율에 투자한다는 것은 명목이자와 인플레, 세금 등의 제비용의 합이 0보다 크기만 하면 어떤 경우에도, 크든 작든 무조건 이기는 게임이다. 활황기에는 다른 수단에 비해 이익이 작지만, 만약 금융시장의 변동성이 커지면서 상황이 악화될 경우에는 본의 아니게 가만있어도 석차 기준으로 최상위권의 수익률을 올리는 것과 같아진다. 이자율의 힘을 무시해선 안 된다.

5

당신은 투자자인가,
투기자인가

당신은 투자의 철학이 있고 기회를 놓치지 않고 투자할 줄 아는 사람인가,

아니면 왜 투자를 하는지 이유를 모르면서 아무 때나 투자하는 사람인가?

이 질문에 대한 답이 당신이 투자자인지 투기자인지를 가른다.

투자는 건강하고, 투기는 탐욕스러운 것?

투자자란 스스로 투자의 철학이 있고 기회를 놓치지 않고 투자할 줄 아는 사람,
투기꾼은 왜 투자하는지 이유를 모르면서 아무 때나 투자하는 사람이다.

대부분의 사람들이 투자란 말은 건강하고 당당하며 성공적인 개념
으로 받아들이는 데 비해 투기는 민망하고 탐욕스러운 느낌을 가
질 것이다. 그렇다면 냉정하게 질문을 던져보겠다.

> **질문1** "당신은 여윳돈을 어떻게 하고 있습니까?"

- **많은 사람들은 이렇게 이야기한다.** – "적당히 여기저기 투자하고
  있습니다."
- **소수의 사람들은 이렇게 말한다.** – "요새 부동산(또는 주식)투자가
  유행이라 좀 투자를 하고 있습니다."
- **또 일부는 이렇게 말한다.** – "당장 먹고살 돈도 없습니다."

당신이 첫번째 적당히 여기저기 투자하는 사람에 속한다면 다시
질문을 해보자.

질문 2 "지금 어디에 투자하고 있습니까?"

- **당신이 보수적이라면** – "정기예금 약간 하고 변액연금과 저축형 보험에 묻어뒀습니다. 예금은 은행에 5,000만 원씩 나눠서 넣었고요."
- **당신이 순발력이 있다면** – "증권사 지수펀드에 조금, 그리고 재건축 아파트 한 채 사뒀습니다."
- **당신이 진취적이라면** – "신흥시장 펀드에 일부, 벤처캐피털에 엔젤투자로 약간, 운용사의 사모펀드에 약간, 부동산 리츠에 약간 투자했습니다."

대개 두번째 정도가 평균이라고 가정한다면 여기서 다시 한 번 물어보자.

질문 3 "요즘 뭐 하십니까?"

- **당신이 재테크에 민감하다면** – "집사람은 처제, 처남, 동생까지 동원해서 주상복합 아파트 분양 신청하느라 정신이 없고, 저는 증권사 공모주 때문에 점심시간마다 좀 바쁩니다."
- **당신이 소위 고수라면** – "아산에 땅 사둔 거 팔아서, 요새 민통선 쪽 그린벨트를 좀 사들이는 중이고, 강북 재개발지역 빌라 경매 물건 찾기 위해 법원에 들락거리느라고 좀 바쁘지요. 주식은 1300포인트가 무너지면, 대한항공 같은 옐로칩이나 요

새 시끄러운 현대차 같은 종목으로 크게 한번 들어갈까 했는데, 아직 기회가 안 오네요."

여기서 누가 투자자이고 누가 투기꾼인가?

여러분은 대개 〈질문 2〉의 세번째에 해당하는 진취적인 사람을 투기꾼, 첫번째의 보수적인 사람을 투자자라고 말할 것이다. 그러나 나는 〈질문 2〉의 두번째를 투자자로 칭한다. 그 이유는 나의 기준으로 투자자란 '스스로 투자의 철학이 있고 기회를 놓치지 않고 투자할 줄 아는 사람'이고, 투기꾼은 '왜 투자를 하는지 이유를 모르면서 아무 때나 투자를 하는 사람'이라고 생각하기 때문이다.

예를 들어 1998년에서 2000년 사이에 반포의 재건축 아파트 분양권을 사들인 사람은 10채를 사들였어도 투기가 아닌 투자자일 수 있다. 더구나 그 이유가 "IMF를 거치면서 아파트 공급이 떨어졌기 때문에 이러한 수급 불균형이 필연적으로 부동산 가격 상승을 불러올 것이다."라는 것이었다면 그야말로 진정한 투자자라 할 수 있다.

그러나 당신이 어느 날 부동산 중개사 사무실을 지나다가 아는 중개인이 지금 아파트를 사두면 돈이 된다고 권해서 사뒀는데 정말 대박을 맞았다면 당신은 명백한 투기자다. 아울러 당신은 이번에 돈을 번 것과 똑같은 방식으로 그동안 번 돈의 10배를 잃어버릴 개연성이 있다. 또 1999년 주식시장에 거품이 일어, 비이성적인 급등을 거듭할 때, 다들 코스닥 주식으로 돈을 번다는 소리를 듣고 당신도 코스닥 주식을 사들였다면 당신은 돈을 벌었건 잃었건 투기자지만, 1999년에 주가수익률이 100을 넘는 종목이 수두룩하다는 이유로 가지고 있던 주식을 모두 팔고, 채권에 투자했다면 당시 주식으로 큰돈을 벌 기회를 놓쳤다 하더라도 당신은 훌륭한 투자자다. 그리고 앞으로 부자가 될 소질이 다분히 있다.

이때를 다시 살펴보면 1999년은 주가 급등기를 맞아, 그동안 부채비율이 300~200퍼센트에 가깝던 기업들이 대규모 유상증자를 하면서 주식시장의 유통주식 수가 급증했다. 따라서 더 많은 금액의 유동성이 유입되지 않는 한 수급 불균형에 의한 급락은 예고된 것이었다.

● ● ● 유상증자

기업이 자금을 조달하는 방식으로는 은행에서 빌리거나 채권을 발행하는 방법이 있는데, 두 가지 모두 반드시 갚아야 할 부채에 속한다. 따라서 기업의 입장에서는 주식을 추가로 발행해서 투자자들에게 파는 것이 훨씬 더 매력적이다. 이것을 유상증자라고 한다.

하지만 유상증자는 마음대로 할 수 없다. 주식이 추가로 발행되는 만큼 기존 주식의 가치가 희석되기 때문이다. 즉, 대주주도 증자에 같이 참여하지 않는 한 대주주의 지분이 희석되므로 대주주 지분이 충분하거나 대주주도 같이 참여하는 경우에 증자를 하게 된다. 또 증자는 주식시장이 상승할 때 하게 되면 자본 이익이 크지만, 반대의 경우에는 필요 자본을 마련하는 데 증자의 규모가 커지게 된다.

따라서 기업의 증자가 러시를 이루면, 기업들이 스스로 자사주가 적당하거나 비싸다고 생각하는 것이고, 또한 이것은 과잉 투자와 주가 하락, 경기침체의 전조가 되기도 한다. 반대로 기업들이 이익을 내 자사주를 되사들이기 시작하면, 기업 스스로 현금흐름에 자신이 있다는 의미이고, 현재 자사주가 가치에 비해 싸다고 생각한다는 의미다.

이와는 반대로, 2002년부터는 과거 구조조정 과정에서 부채비율을 낮춘 기업들이 이익이 날 때마다 현금을 쌓아두기에 급급했고, 오히려 그 돈으로 배당을 하거나 자기회사 주식을 사들이기 시작했다(자사주 매입). 이것은 주식시장의 유통주식 수를 줄임으로써, 수요공급의 논리로 볼 때 수요 초과/공급 부족의 상황, 즉 1999년 말과는 반대의 상황이 된 것이다. 당연히 2003년부터 주가는 다시 급등한다.

물론 주식시장의 상승/하락의 요인은 밤하늘의 별처럼 많지만 당신이 최소한 자기 논리로 강남 재건축 아파트와 주식시장의 수급 불균형에 대한 문제의식을 가지고 있었다면, 당신은 그 어느 전문가보다 탁월한 안목의 소유자이며, 또 훌륭한 투자자다.

주식이나 부동산이 오르고 내리는 데는 경기와 실적, 금리 등의 다양한 변수들이 작용하지만 수많은 정보의 홍수 속에서 수요/공급이라는 가장 중요한 경제 원리의 중심축을 놓치지 않고 있었다면 아파트 10채를 사든, 100채를 사든 당신은 그만한 자격을 가진 사람이다.

다시 말해 모든 경제는 수요공급의 원리에 의해 움직인다. 따라서 수요와 공급의 원리를 정확히 읽고, 그것이 보내는 신호에 따라 움직이면 투자가 되고, 원리를 이해하지 못한 채 남이 한다고 나도 거름을 지고 장에 가면 투기가 되는 것이다.

금리 철학이 투자자와 투기자를 가른다

이자율이 7퍼센트, 물가상승률이 3퍼센트 이내인 상황에서 가장 현명한 재테크 수단은
예금이다. 이때 예금자는 투자자이며, 주식이나 채권에 투자하는 사람은 투기자다.

실패하지 않는 재테크의 본질은 금리 기준 그 이상도 이하도 아니다. 첫째도 금리, 둘째도 금리다.

예를 들어, 만약 당신이 건물을 사고 싶다면 건물에서 얻을 수 있는 임대수익을 계산해보라. 그리고 시중 실세금리와 비교해보라. 실세금리가 현재 약 4.5퍼센트 수준인데, 임대수익이 7퍼센트가 나오지 않으면 세금을 감안할 때 그 부동산은 거품이다. 만약 사려는 부동산의 시가 대비 임대수익률이 그 이하라면 현재 부동산 가격은 거품이며, 투기거래 요인이 숨어 있다. 따라서 이때 건물 투자를 포기했다면, 그것은 투자행위라고 볼 수 있다.

또 당신이 아무리 고금리를 찾아 운용해도 금리에서 수익률이 연 6~7퍼센트가 나오지 않으면 일단 금리를 통한 재테크를 포기하고 대체 투자수단을 찾아라. 그 이유는 인플레와 세금을 감안할 때 그 정도의 수익이 되지 않으면 그것은 곧 자산가치의 하락을 의미하기 때문이다. 이 경우에는 안전한 금리투자를 하기 위해 열심히 뛰어다니는 일이 오히려 당신을 아무런 철학이 없는 투기자로 만들어버린다.

이 때문에 재테크 혹은 투자란 반드시 금리와 인플레 두 가지 지표를 축으로 움직여야 한다. 인플레가 연 5퍼센트 이상인데 은행에 돈을 묻어두고 이자를 받기로 한다면, 그것은 제살 파먹는 것이다. 반대로 이자율이 7퍼센트를 넘어서고 물가상승률이 3퍼센트

이내로 이자율과 인플레 갭이 커지는 상황이라면 가장 현명한 재테크 수단은 바로 예금이다. 이때 예금자는 투자자이며, 주식이나 채권에 투자하는 사람은 투기자다.

결국 당신의 금리 철학이 당신을 좋은 투자자로 만들기도 하고 무모한 투기자로 만들기도 한다는 것을 기억해야 한다.

주식시장이나 부동산이 오르고 내리는 데는 경기와 실적, 금리 등의 다양한 변수들이 작용하지만 수많은 정보의 홍수 속에서 수요/공급이라는 가장 중요한 경제 원리의 중심축을 놓치지 않고 있었다면 아파트 10채를 사든, 100채를 사든 당신은 그만한 자격을 갖춘 사람이다. 다시 말해 모든 경제는 수요공급의 원리에 의해 움직인다. 따라서 수요공급의 원리를 정확히 읽고, 그것이 보내는 신호에 따라 움직이면 투자가 되고, 원리를 이해하지 못한 채 남이 한다고 나도 거름을 지고 장에 가면 투기가 되는 것이다.

6

'싸다'와 '비싸다'는 어떻게 결정되는가

아파트를 사고 싶은데 앞으로 더 오를 것 같아서 구매를 결정한다면

그것은 곧 현재가가 '싸다'는 전제에서 이루어지는 것이며,

향후 값이 떨어질 것으로 예상된다면 '비싸다'는 느낌을 받았다는 것이다.

그럼 이 '싸다'와 '비싸다'는 어떤 관점에서 평가되는 것일까?

투자의 기본 원리, 시세

투자는 '비싸다'고 생각하면서도 물건을 사는 소비행위와는 다르다. 매수자는
무조건 싸다고 생각해야 사고, 매도자는 비싸다고 생각해야 판다.

아파트를 사든 주식을 사든 구매자 입장에서는 '싸다'라는 판단이
서야 매수행위가 이루어진다. 하지만 자동차나 가구를 살 때는
'비싸다'는 생각이 들면서도 사게 되는 경우가 있다. 아니 오히려
비싸야 사게 되는 경우도 드물지 않다. 이렇듯 투자는 '비싸다'고
생각하면서도 물건을 사는 소비행위와는 다르다.

즉, 소비란 그야말로 돈을 씀으로써 대체 만족을 구하는 것이기
때문에 그 결과 얻어지는 이익은 사람마다 다르다. 예를 들어 누군
가가 30만 원짜리 〈노틀담의 곱추〉 VIP석 티켓을 구매하고, 또 누
군가는 단 한 번의 프러포즈를 위해 100만 원을 내고 통째로 식당
을 빌렸다면 이 두 사람의 구매행위는 '싸다'와 '비싸다'의 관점에
서 말할 수 없다.

하지만 그것이 투자행위일 경우에 정답은 단순하고도 명료하다.
매수자는 무조건 싸다고 생각해야 사고, 매도자는 비싸다고 생각
해야 판다. 그외의 경우는 급전이 필요하거나 돈이 너무 많아서 부
담스러운 사람들이다.

투자의 기본 원리는 시세를 이해하는 것이다. 따라서 당신이 아파트를 사고 싶은데 앞으로 더 오를 것 같아서 구매를 결정한다면 그것은 곧 현재가가 '싸다'라는 전제에서 이루어지는 것이며, 향후 값이 떨어질 것으로 예상된다면 '현재가가 비싸다'는 느낌을 받았다는 것이다. 그럼 이 '싸다'와 '비싸다'는 어떤 관점에서 평가되는 것일까?

예를 들어보자. 같은 동네 같은 단지의 아파트가 하나는 1억 원인데 다른 하나가 1억 1,000만 원이라면 당연히 둘 중 하나가 1,000만 원이 비싸거나 1,000만 원 싼 것이다. 두 아파트의 차이가 무엇인지에 따라 어느 것이 싸고 어느 것이 비싼지를 가늠할 수 있을 것이다. 이때 비교 기준은 주변의 다른 아파트의 시세가 될 것이다.

그런데 다시 크게 보면 주변의 아파트 값이 1억 원일 경우 같은 단지 내에서는 1억 원짜리 아파트가 싼 것이지만, 만약 다른 동네의 비슷한 여건의 아파트가 평균 시세 9,000만 원에 거래된다면, 얘기가 달라질 것이다. 이 경우 1억짜리 아파트는 싼 것인가, 비싼 것인가?

또다시 시야를 넓히면 하나의 단지가 싸다, 비싸다는 결국 같은 지역과 더 확대해서 같은 도시, 더 크게는 전국 시세까지 확장되는 것이므로, 결국 우리가 싸다 혹은 비싸다고 생각하는 개념도 알고 보면 기준이 모호하다는 사실을 발견하게 된다.

관점을 달리해보자. 거시적으로 전국의 아파트 혹은 부동산 가격이 싼지 비싼지, 다시 말해 부동산 경기가 상승할 것인지 하락할 것인지를 생각해보자. 전국 평균 시세가 50퍼센트 정도 올랐다면, 막연히 올랐기 때문에 비싼 것인가, 아니면 아직 더 오를 것으로 보이기 때문에 싼 것인가?

이때는 과거의 가격을 기준으로 삼게 된다.

과거 10년간 평균 가격은 평당 50만 원, 최고가는 90만 원, 최저가는 30만 원이었고, 지금이 80만 원이라면, 지난 10년간의 가격 변동에서 최고가에 근접해 있으므로 더 이상은 오르기 힘들겠다는 판단이 설 수 있다. 그러나 다른 의견도 있을 수 있다. 10년간 인플레를 생각하고 금리를 가산하면, 현시세의 가치는 10년 전의 평균가 50만 원 정도밖에 되지 않으므로, 이번 고점은 90만 원이 아니라 최소 150만 원은 되어야 한다고 생각할 수 있다.

또 한편으로는 한 해에 증가하는 단독 세대가 독립가구 기준으로 50만 세대인데, 아파트 공급이 아직 그 수준에 미치지 못하므로, 앞으로도 오를 것이라는 수요공급 논리를 판단의 근거로 삼을 수도 있다. 또 혹자는 내가 사려는 부동산은 향후 개발이 예정되어 있고, 조만간 전철이 들어오면 유동인구가 늘어나므로, 전체 부동산 시세와 무관하게 더 오를 것이기 때문에 재료가치를 봐야 한다고 말한다. 이에 대한 반론도 있다. 이미 현재 가격에는 그러한 사실이 반영되어 있으므로 "개발이 이미 시세에 선반영된 것을 모르고 개발에 기대어 사는 것은 바보"라는 주장이다.

가격에는 심리적 불균형이 반영된다

가격에서는 언제나 현시세가 적정가지만, 적정가라는 가격 자체는
매수자와 매도자의 심리적 불균형까지 반영된 것이다.

이것이 시세의 속성이다. 시세의 속성은 모든 논리나 논거를 정당
화한다. 심지어 시세가 오르면 오르는 대로, 내리면 내리는 대로
나름의 이유와 논리가 존재하므로, 그 중 어떤 기준을 선택해서 시
세의 높낮이를 판정하고 가격이 결정되더라도 그것이 솔로몬의 선
택인지 아닌지는 결과를 봐야 아는 것이다.

따라서 시세가 싸다, 비싸다고 하는 개념은 원래 존재하지 않는
것이며, 항상 시세는 현재의 여건을 반영하고, 시세 판단은 언제나
현시세가 적정가라고 생각해야 한다. 다시 말해 가격에서는 언제
나 현시세가 적정가지만, 적정가라는 가격 자체는 매수자와 매도
자의 심리적 불균형까지 반영한 것이라는 점을 기억하자. 다만 여
기서 심리적 불균형을 제외한 가격을 내재가치라고 볼 수 있는데,
이것은 플라톤의 이데아처럼 어디까지나 가상 속에서만 존재하는
가격이다.

즉, 그림처럼 내재가치란 아파트를 기준으로 건축 원가만으로
계산할 수도 없고, 주식처럼 주당 순자산 가치만으로 계산할 수도
없는 개념이다. 그것은 가상 속에서만 존재하는 것일 뿐, 우리는
그것의 실체를 한 번도 본 적도 인식한 적도 없다. 다만 내재가치
라는 가상의 가격은 수많은 거래 중 A, B, C, D의 국면에서 한 번
은 스쳐가겠지만 우리는 당시에는 그것이 적정가격인지 내재가치
인지를 구별할 수 없다. 왜냐하면 어떤 국면에서도 참여하는 모든

그림 2 가격 형성 과정

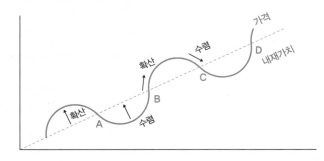

사람의 심리가 완전히 균형을 이룰 수는 없기 때문이다. 결국 가격이란 존재하지만 실체가 없는 '내재가치'를 중심으로 등락하면서 심리적 흥분과 공포 그리고 균형을 반복하는 과정일 뿐이다.

이 점은 주식시장에서도 마찬가지다. 주식이 비싸다고 생각하면서 사는 사람은 없다. 주식을 산다는 것은 그 주식이 싸다는 전제하에서 가능하다. 다시 말해 앞으로 더 오를 것이라고 기대하기 때문에 매수하는 것이다. 이때 주식이 '더 오를 것이다', 혹은 '내릴 것이다'라는 전제는 어디에서 출발하는가?

예를 들어 삼성전자의 주가가 70만 원을 돌파했을 때, 삼성전자의 주가수익률이 인텔의 절반이라는 이유로 미국 기업과 비교할 때는 100만 원도 싸다고 할 수 있고, 삼성전자의 지난 10년간 평균 주가가 30만 원이라는 것을 감안한다면 이미 시세의 한계점까지 올랐다는 주장도 나올 수 있다. 따라서 우리는 어떤 주식을 살 경우, 그 주가가 싼지 비싼지를 알려면 동일 업종의 비슷한 회사와

비교하고, 다시 그 업종을 다른 업종과 비교해보다가 최종적으로
는 다른 나라의 주식 가격과 비교하면서, 앞서 말한 부동산 시세의
평가 과정과 같은 절차를 거친다.

시세를 평가하는 두 가지 기준

유사 이래 행해온 상거래에서 매매가 이루어지는 순간은 항상 '싸다'와 '비싸다' 간의
충돌이며, 그 순간 둘 중 하나는 분명히 손해 보는 거래를 한 것이다.

정리하면 시세가 대체 어떤 것이든 간에 시세를 평가하는 기준에
는 두 가지가 있다.

기본적 분석

첫째는 기본적 분석이다. 앞서 설명한 대로 아파트든 주식이든 가
격에는 내재가치라는 기준, 즉 이데아가 있다고 상정하는 것이다.
주식에는 주식의 이데아, 아파트에는 아파트의 이데아가 있다. 그
리고 그것에 대해 싸다와 비싸다를 판단하는 것이다.

예를 들어 평당 임대수익이 금리 대비 낮은가 높은가를 40퍼센
트, 연간 아파트 건설 동향을 따져 수요공급의 차이를 30퍼센트,
지난 10년간의 평균 시세와 비교했을 때의 현재 가격 수준을 30퍼
센트로 정한 다음 각각의 항목에 점수를 매겨 고평가와 저평가라
는 기준을 만드는 것이다. 만약 그 대상이 주식이라면 다음의 항목
을 기준으로 삼을 수 있다.

한 주당 이익을 표시하는 주가수익률(PER)을 기준으로 PER가

높은지 낮은지를 따져보고, 기업의 자산이 얼마인지를 계산해서 총 주식 수로 나눈 주당자산가치(PBR)를 체크하는 것이다. PBR가 1 미만인 종목은 당장 회사를 청산해도 현재 주식 가격보다 많이 받을 수 있으므로 자산가치에 비해 주가가 저평가되어 있다고 말할 수 있고, 1 이상인 종목은 자산가치에 비해 주가가 고평가되어 있다고 말할 수 있다.

하지만 과연 우리는 이것을 가격의 기준으로 삼는 데 동의할 수 있을까? PER가 높다, 낮다는 것은 그 중간의 기준을 정할 수 없고, 회사 자산을 말해주는 장부가치는 실제 그 회사를 청산했을 때 실제 가치와는 절대로 같지 않을 것이기 때문이다. 더욱이 회사의 가치를 사람을 배제하고 장부가치로만 평가할 수는 더더욱 없는 일이므로 이것 역시 분석을 위한 분석에 지나지 않으며 오히려 이런 수많은 분석수단과 정보들은 현명한 판단을 내리는 데 걸림돌이 되기도 한다. 다시 말해 우리가 판단을 내리기 위해서 만들어낸 수많은 기준들 중에 어느 것을 선택할지가 더 어려운 문제가 되어버린 것이다.

그렇다면 이쯤에서 "인간의 판단능력은 지난 30만 년 동안 얼마나 진보하였을까?"라는 질문을 한번 던져보자.

처음 인간이 원시적 형태로 동물을 사냥하고 동굴에서 살던 시절에 비해 우리는 얼마나 진화를 해왔을까? 또 우리가 소위 지식이라 부르는 엄청난 양의 정보는 과연 인류 진화의 결과일까? 아니면 그동안 누적된 지식들이 쌓인 결과물일까? 오히려 2,500~3,000년 전의 중국과 고대 그리스에서, 그리고 갠지스 강가에서 발원한 정신문명에 비해 지금 인류는 얼마나 더 진보하였을까? 꼬리에 꼬리를 물고 이와 같은 질문들이 이어진다.

무려 5,000년 전에 쓰인 《주역》과 2,500년 전의 공자 어록인 《논어》, 그리고 붓다의 이야기와 예수에 대한 증언들이 오늘날 과연 얼마나 발전하고 진화하였는가를 생각해보면 인간의 진화란 시간이 지남에 따라 강가에 쌓이는 퇴적물처럼 발전의 누적된 성과물이지 판단과 지적 영감의 진화는 아닐지도 모른다.

결국 우리는 어떤 통찰적 판단을 내리기 위해 과거에는 직관과 영감에 90퍼센트를, 정보와 자료에 10퍼센트를 의존하였다면 지금은 그것을 10 대 90 정도로 비중을 바꾸었을 뿐, 우리가 내리는 수많은 판단의 결과들은 과거보다 조금도 나아진 것이 없을지도 모른다.

기본적 분석의 틀 역시 마찬가지다. 과거 직관과 영감에 의한 판단으로 형성되던 가격을 수많은 정보와 자료들로 대치해서 좀더 효율적으로 통제하려 하지만, 우리는 사실 모순적이고 대립적인 무수한 정보의 바다에 빠져서 허우적거리는 가련한 존재에 지나지 않는다는 뜻이다.

기술적 분석

시세를 분석하는 두번째 수단은 바로 기술적 분석이다. 기술적 분석이란 주식투자자들이 컴퓨터에 호가 창을 띄워놓고 차트에 추세선이라 불리는 작대기를 죽죽 그어가면서 지지선, 저항선 따위를 논하는 것을 가리킬 수도 있고, 아니면 모 증권사처럼 수천 달러의 사용료를 물어가며 들여온 미국의 복잡한 로직(logic)에 마치 이차 방정식처럼 수치를 대입해서 매수/매도 신호를 찾아내는 것을 그렇게 부를 수도 있다. 실제 기술적 분석은 대개 1980년대 말 PC가 등장하고 최소 286이나 386SX 수준의 CPU가 장착되면서 그동안 시장에서 축적된 거래 자료들을 데이터베이스화하는 데 성공하고, 그것을 다시 로직을 갖춘 프로그램으로 만들어낸 시점을 기준으로 삼는다.

그러나 우리가 기술적 분석이라 부르는 주가 차트, 부동산 그래프는 단지 시스템 분석 혹은 함수 분석이라고 불러야 옳다. 실제 가격에 대한 기술적 분석은 시세라는 개념이 형성될 때부터 있어 왔고, 근대적인 의미에서 보더라도 700년 전의 개성과 300년 전의 일본에도 이미 존재했다. 상업이 발달하면서 사람들이 가장 알고 싶어했던 것은 바로 이 가격이 '싼가, 비싼가'였다. 즉, 과거부터 싼가, 비싼가에 대한 고민이 가격으로 나타나고, 매수자는 싸다는 생각으로 매도자는 비싸다는 생각으로 만나는 접점이 '거래'라는 것이었다.

가격이 싸다고 생각되는데 팔아버리는 행위나 비싸다고 생각되는데 사들이는 행위는 정상적인 상황에서는 일어날 수 없다. 가격이란 항상 비싸다와 싸다 간의 충돌의 결과로 형성되는 것이다. 다시 말해 인간이 유사 이래 행해온 상거래에서 매매가 이루어지는 순간은 항상 '싸다'와 '비싸다' 간의 충돌이며, 그 순간 둘 중 하나는 분명히 손해 보는 거래를 하게 된다. 훌륭한 상인은 싸다고 생각한 물건을 사서 다시 비싸다고 생각되는 가격에 파는 사람이고,

무능한 상인은 싸다고 생각되는 가격에 사서 다시 싸다고 생각되는 가격에 파는 사람이다. 기술적 분석이란 이 '비싸다'와 '싸다'라는 직관적 판단을 계량화하려는 인간의 끊임없는 노력의 결과로 나타난 것이다.

그 중 하나가 일본의 혼마 무네히사의 사례다. 그는 소위 사케다 오법이라는 거래의 원칙을 만들어냈다. 예를 들어 '세 번 연속 상승하면 조정한다(삼법)', '시세는 항상 세 개의 봉우리를 만든다(삼존)', '하락의 골은 세 개로 이루어진다(삼천)' 등이 있다. 이것은 매우 초기 형태의 기준이기는 하지만 그는 문서로 알려진 기술적 분석가의 원조라고 해도 지나친 말이 아니다(물론 고려시대 개성상인들이 인삼밭을 매점매석할 때 3수라는 방식을 택했다고 하는데 이것은 아마 밭의 지력이 떨어지는 시기와 맞물린 듯하므로 거래상으로는 큰 의미가 없다).

어쨌든 에도 시대 때 쌀을 판매하는 거간이었던 혼마 무네히사가 가격을 분석하면서 주목한 것은 사람의 심리였다. 그는 하루 거래든 월간이든 연간이든 간에 왜 쌀 가격에 일정 부분 파동이 일어나는지, 사람들은 왜 이런 패턴으로 거래를 반복하는지 관심을 기울였다. 그동안 쌀 거래의 기본이었던 작황 분석이나 막부의 수요를 알아보는 고전적 방식보다 쌀 가격의 변동성에 주목한 것이다.

이런 사례는 비단 일본에만 있는 것이 아니다. 엘리어트 파동이론으로 유명한 미국의 엘리어트나 심지어 별자리에서 힌트를 얻어 가격 분석방법을 만든 매리맨 혹은 면화 가격의 기울기에 주목한 윌리엄 갠에 이르기까지 많은 사람들이 객관화하기 어려운 본래적 가치보다 가격의 움직임에 주목함으로써 가격을 객관화하는 작업에 관심을 갖기 시작했다.

그러나 이런 가격의 객관화라는 명제는 출발부터 문제가 있었다. 소위 기술적 분석이란 과거의 가격이나 거래량 같은 자료를 바탕으로 미래의 가격을 예측하는 것이므로, 이 분석법에는 기본적으로 과거와 현재, 그리고 미래는 '동일 조건에서는 동일한 결과를 얻는다.'는 전제가 깔려 있다.

예를 들어 쌀농사가 3년 연속 호황이면 쌀은 공급 과잉이 되고, 창고에는 재고가 쌓이게 된다. 그러면 4년째는 쌀값이 일시적으로 떨어지지만, 농부들이 4년째부터는 쌀이 아닌 대체 작물을 키우기 때문에 다음 해 쌀값은 다시 반등한다는 가설이 있다면 그것은 매번 동일 조건에서 반복된다는 전제가 필요하다. 예를 들어 그 가운데 당해연도의 가뭄이나 전쟁 혹은 정변 등이 생길 변수나 기타 예측 불가능한 비계량적 변수들을 배제하고 단지 계량적 조건만으로 변수 값을 설정한 후 항상 그 결과가 같기를 기대한다면, 그것은 어리석은 일일 것이기 때문이다.

그러나 기술적 분석이라는 용어가 정립되고 컴퓨터의 발달과 금융공학이 득세하면서 이러한 변수 값들이 분석에 더욱 세밀하게 반영되기보다는 오히려 배제되는 쪽으로 발전했다.

예를 들어 주식거래에서 일어나는 가격의 움직임, 거래량, 단위 기간당 등락과 심리적 요인 등을 모두 변수 요인으로 입력하는 계산식을 만든다면 아마 그 프로그램은 스스로 다운되거나 아니면 그것을 계산하는 데는 천왕성까지 우주왕복선을 보내는 데나 쓰이는 슈퍼컴퓨터가 필요할지도 모르기 때문이다.

그래서 기술적 분석은 정교하지만 오히려 단순화, 객관화되기 시작했다. 즉, 초기의 기술적 분석은 가격의 패턴을 분석해서 가격이 과거와 비슷한 패턴을 보이는 상황은 같은 수준의 변수 요인을 갖는 것으로 규정했다.

예를 들어 특정 가격이 20일 이동평균 가격을 돌파하고 가격이 크게 오른 뒤 2회 연속 같은 가격대에 머무른다면, 그와 유사한 환경에 놓인 거래는 대부분 같은 결과가 나오리라고 보았다. 가격이 급등한 후에 하락하지 않고 평균 가격을 유지한다면 이 가격에 대해 추가적인 매수세가 있다는 의미로 해석한 것이다. 그래서 기술적 분석은 일단은 가격의 움직임이지만 사실은 수급을 추적하는 방법에 속한다.

가격이란 수요공급에 의해 결정되고 매수자와 매도자 간의 판단 중에 어느 쪽이 오류인가가 추세로 나타난다는 것이 기술적 분석의 출발이라면, 여기에는 패턴을 분석하면 투자자의 심리를 파악할 수 있다는 전제가 깔려 있다. 그러나 일반적으로 기술적 분석이라고 부르는 도구들은 사실 방정식에 의한 계량적 분석에 지나지 않는다. 기술적 분석의 본래 정의는 가격의 움직임을 패턴으로 분류하고 직관으로 해석하는 것이지만, 최근의 기술적 분석 도구들은 수많은 변수들 중에 한두 가지 요인을 공식에 대입해서 나타나는 결과를 그대로 해석해버릴 뿐이다.

기술적 분석은 직관적 영역이지만, 계량적 분석은 객관적 영역이다.

이렇게 가격을 분석하는 도구는 가치 분석 혹은 기본적 분석, 패턴 분석 혹은 기술적 분석, 로직 분석 혹은 계량적 분석의 세 가지로 진화를 거듭했다.

시세가 '싸다'거나 '비싸다'거나 하는 개념은 원래 존재하지 않는 것이며, 시세는 항상 현재의 여건을 반영하고, 시세 판단은 언제나 현시세가 적정가라고 생각해야 한다. 다시 말해 가격에서는 현시세가 언제나 적정가지만, 적정가라는 가격 자체는 매수자와 매도자의 심리적 불균형까지 반영한 것이다. 사람의 심리란 완전히 균형을 이룰 수 없기 때문이다. 때문에 가격이란 존재하지만 실체가 없는 '내재가치'를 중심으로 등락하면서 심리적 흥분과 공포, 그리고 균형을 반복하는 과정이다.

7

이기는 투자를 위해
알아야 할 가격 논리

투자란 자산을 사는 것이고 자산을 살 때 내가 이익을 냈다면

그것은 누군가가 그릇된 판단을 했다는 것이다.

이때 산다와 판다의 기준이 되는 적정가격은 무엇일까?

투자 결정의 핵심, 적정가치의 판단

투자 결정의 대부분은 평균값에 수렴한다. 평균값에서 멀어질수록 그 결정은 오류가 될
가능성이 크고, 평균값에 가까울수록 기대손실과 기대이익의 수준은 낮아진다.

한 인간의 실제 가치는 누구도 알 수 없지만 우리는 언젠가부터 계
좌에 찍히는 숫자로 사람의 가치를 규정지었고, 또 그 가치를 거래
하면서부터는 불평등이 심화되었다. 그러고 보면 가치를 거래하는
순간 인간의 불평등은 시작되는데, 그런 점에서 자신의 가치를 높
이는 수단은 기본적으로 이 거래관계를 이해하고 나에게 유리한
거래를 하는 것이다. 그렇다면 유리한 거래를 하기 위해서는 무엇
이 선행되어야 하는가?

모든 거래는 적정가치를 평가하는 것에서 시작된다. 상거래의
핵심은 내가 산 가격 이상으로 누군가가 사줄 수 있는가 하는 것이
다. 매수자는 항상 내가 산 가격 이상으로 누군가가 사줄 것이라는
생각을 바탕에 깔고 매수할 것이며, 매도자는 특별한 예외가 없는
한 더 비싼 값으로 팔기는 어렵다는 전제하에 팔게 된다. 그러므로
이 둘의 판단에서 가장 실패할 확률이 낮은 가격이 시세로 작용하
고, 서로가 위험을 부담하지 않기 위해서는 둘 다 평균 가격을 의
식하게 된다.

그림 3 평균 가격의 형성

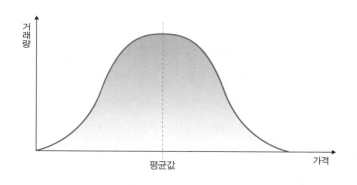

그림에서 보는 것처럼 거래는 평균 가격을 중심으로 정규분포를 보이게 된다. 이때 거래가 중심에 몰려 있는 가장 큰 이유는 중심 부근에서 사거나 팔 경우 손해 볼 가능성이 가장 적기 때문이다. 즉, 지나치게 낮거나 높은 가격에 거래되지 않는다는 뜻이다. 반면 중심에서 멀어질수록 이익(손해)은 커지지만 반대로 그것을 사거나 팔아줄 사람을 만날 확률이 낮아진다.

이런 평균 회귀심리는 비단 거래뿐 아니라 인간의 모든 행동의 바탕에 깔려 있다. 거의 대부분의 결정은 평균값에 수렴한다. 평균값에서 멀어질수록 그 결정은 오류가 될 가능성이 크고, 평균값에 가까울수록 기대손실과 기대이익의 수준은 낮아진다. 따라서 대부분의 보통 사람들은 이렇게 평균에 수렴하는 생각을 함으로써 평균적으로 살아가고, 소수의 사람들은 평균에서 멀어짐으로써 물줄기를 새로운 방향으로 돌리거나 아니면 실패한다.

평균값은 어떻게 변하는가

부자가 되고 싶다면 일탈의 조짐이 보일 때, 그 일탈이 평균으로 회귀하는
단순한 일탈인지 아니면 평균 자체를 돌려세우는 변화의 시작인지 간파할 수 있어야 한다.

부자가 되려면 어떻게 해야 하는가? 그것은 평균이 허용하는 범주
와 그것을 벗어나는 경계를 보는 눈이 있어야 하고, 평균의 범주를
벗어난 움직임이 단순한 일시적 '일탈'인지 평균을 이동시키는
'이탈'인지를 파악하는 안목이 있어야 한다. 그러려면 평균의 범주
가 무엇인지를 늘 파악하고 있어야 한다. 그 다음 평균의 범주를
파악하고 있는 당신의 레이더에 일탈의 조짐이 보일 때, 그 일탈이
조만간 평균으로 회귀하는 단순한 일탈인지 아니면 평균 자체를
돌려세우는 변화의 시작인지를 간파할 수 있어야 한다. 이것은 수
학적으로 이야기한다면 평균과 편차의 개념이 될 것이고, 통계학
적으로는 인간의 행동은 정규분포곡선을 이루고 정규분포에서 편
차는 허용 가능한 범주를 말한다.

예를 들어 보수는 현재의 평균을 지키려는 사람, 수구는 과거의
평균으로 돌아가고 싶은 사람, 진보는 새로운 평균을 만들려는 사
람이다. 이것이 경제적 입장에 투영된다면 가령 클린턴 행정부가
들어서면서 아칸소의 촌뜨기들이 새로운 리더십을 들고 나오는 순
간 기존의 자본가들에게는 재앙적 상황이 도래한 것이었다. 새로
운 리더십은 과거의 리더십이 기반한 곳에 둥지를 틀지 않는다. 신
흥 리더십은 기존의 자본들을 가능한 한 배제하고 새로운 자본의
형성을 지원한다. 따라서 이때는 소위 성장산업이 등장하고 새로
운 산업이 전면에 부상한다. 벤처라는 이름의 신흥 자본들이 득세

하고 이들은 순식간에 기존 자본가들의 아성을 위협한다.

우리나라에서는 국민의 정부와 참여정부가 같은 입장이라고 할수 있다. 이들은 심정적으로 과거의 정적을 지원하던 기성 자본보다는 새로운 자본의 형성을 후원하고 지지한다. 세계적으로 강력한 변화가 시작되고 산업은 급속하게 재편된다. 그러나 미국의 경우에는 부시 정권이 집권하면서 양상이 달라진다. 전통적인 자본가들이 다시 반격의 기회를 잡고 석유, 군수, 유틸리티, 운송과 같은 기존의 자본들이 다시 한 번 활개를 친다. 그리고 직전에 등장했던 화려한 신흥 자본은 강력한 후원자가 사라지면서 스스로의 힘으로 살아남아야 하는 혹독한 시련이 기다린다.

우리나라의 경우에는 SK, 삼성, 두산, 현대차와 같은 전통적인 대기업들이 초토화되고 있다. 수천억 원의 재산을 사회에 헌납하고 여론의 파상 공세에 시달리며 연일 몸을 낮추고 있다. SK 사태가 불거졌을 때 이 사건을 SK그룹만의 일시적인 문제라고 여겼던 재벌그룹들의 오판은 어디에서 비롯된 것이었을까?

그것은 바로 중심이 이동하는 추세의 변화를 일탈로 가볍게 여긴 탓이다. 아직 대다수 힘 있는 사람들의 생각처럼 단지 정권의 문제 혹은 이데올로기의 문제로 파악한 대가를 치르는 것뿐이다. 그것은 누가 누구에게 고통을 주느냐의 문제가 아니라 이제는 누구든지 규칙을 어기면 똑같이 처벌을 받는다는 새로운 규칙을 가볍게 여긴 탓이다.

그렇다면 이때 경제에는 어떤 영향을 미칠까? 만약 평균의 이동이 지금처럼 계속된다면 기존의 질서는 완전히 재편되고 환경, 건강, 복지 쪽으로 질서가 재편될 것이다.

이때 당신은 여전히 가능성만으로 승부를 걸 수 있고, 당신의 능력을 기업과 거래하기보다는 무한대로 능력을 발휘할 수 있는 방법을 찾는 것이 좋다. 당신의 자산관리나 투자도 무작정 돈을 버는 방식보다는 노후를 대비하여 우아하고 소박한 은퇴를 준비하는 쪽으로 방향을 잡는 것이 현명하다. 그러나 만약 반작용으로 평균이 다시 과거의 방향으로 회귀한다면 기업에 당신의 능력을 맡기고 당신이 운영하는 벤처나 당신이 꿈꾸는 사업들은 가능하면 기존의 질서 속으로 편입시키는 것이 좋다. 그리고 당신이 재테크를 통해 꾸는 꿈들은 어쩌면 주식이나 부동산을 통해서 크게 이룰 수 있을지 모르고, 경우에 따라서 그 결과는 상상 이상의 큰 성과를 가져다줄 수도 있다.

시세의 변화에 반응하는 심리
아파트가 평균보다 너무 높은 가격에 거래가 이루어지고 있다.
너무 올랐으니 포기할 것인가, 아니면 지금이라도 매수 대열에 올라탈 것인가?

앞의 내용을 만약 가격 논리에 대입해본다면 어떤 결과를 얻을 수 있을까?

어떤 아파트 단지가 있다. 이 단지의 아파트는 최근 거래가가 1억 원이고 지난 1년간 10퍼센트의 상승률을 보였다. 월별 아파트 가격의 추이는 다음과 같다고 가정하자.

9,000만 원 - 9,200만 원 - 9,500만 원 - 9,200만 원
- 9,400만 원 - 9,500만 원 - 9,600만 원 - 9,400만 원
- 9,500만 원 - 9,700만 원 - 9,800만 원 - 1억 원

아파트의 평균 가격은 9,500만 원이고, 한 달 평균 거래량은 50채라고 하자. 그런데 다음 날 같은 단지에서 아파트 한 채가 1억 2,000만 원에 팔렸다. 이 가격은 해당 아파트 단지의 1년간 상승폭만큼 오른 것이다. 이러한 상황에 대해 당신은 어떤 판단을 내리겠는가?

두 가지 가능성이 있다. 하나는 이 아파트에 숨은 호재가 있어서 누군가가 빨리 선점하고자 한다는 것이다. 그렇지 않고서는 한 달 거래량이 불과 50채였던 아파트가 단숨에 10퍼센트나 오른 가격으로 거래가 이루어질 리 없다. 두번째는 이 지역을 잘 모르고 아파트 가격에 둔감한 사람이 어리석은 거래를 했다는 것이다. 두 가지 가능성 중에서 당신은 어느 쪽을 신뢰하는가?

반대로 어느 날 갑자기 아파트 한 채가 8,000만 원에 거래되었다. 이 경우의 가능성은 두 가지다. 첫번째는 집을 판 사람이 사업이 망했거나 혹은 급전이 필요해서 헐값에 아파트를 판 것이고, 두번째는 주변에 화학공장이나 미군기지가 이전한다는 소식을 먼저 접하고서는 난파선에서 가장 먼저 뛰어내린 것이다.

두 경우에서 사람들은 왜 후자에 점수를 더 주는 것일까? 그것은 두 가지 가격이 모두 평균에서 볼 때 허용 가능한 편차를 벗어난 비정상적인 거래였기 때문이다. 사람들은 어이없는 불행이나

지나친 행운은 믿으려 하지 않는다. 하물며 가격의 거래에서는 더할 나위가 없다.

이번에는 다른 상황을 생각해보자. 비정상 거래가 한 채가 아니라 5채였다면 당신은 어떻게 받아들일까? 만약 1억 2,000만 원에 5채가 한꺼번에 거래되었다고 하면 그때도 어떤 바보가 비싸게 주고 들어왔다고 생각할 것인가? 아니면 '혹시?' 하는 기대에 심장이 콩닥거리면서 다음 거래를 주목하겠는가? 마침 당신이 작년에 이 아파트를 9,000만 원에 사서 입주한 것이라면 지금 당장 무려 30퍼센트의 수익을 올리고 매도하겠는가, 아니면 여유자금을 동원해서 한 채를 더 사두겠는가? 반면 8,000만 원에 5채가 한꺼번에 거래되었다면 당신은 이미 1,000만 원의 평가손을 입은 상태에서 하루 종일 마음이 초조하고 손에 땀을 쥐게 될 것이다. 이때 당신은 추가 하락이 두려워 얼른 팔아버리고 이사를 가려 하겠는가, 아니면 비정상적인 가격으로 거래된 것이라 생각하고 일단 지켜보겠는가?

그리고 한동안 아파트가 다시 1억 원 내외에서 거래되면(이것을 보고 다들 1억 2,000만 원에 매물을 내놓겠지만, 팔리지 않아서 서서히 호가가 떨어질 것이다) 당신은 가격 하락에 대한 걱정을 지우고 다시 안심하게 될 것이다.

그러나 다음 달 아파트 10채가 또 다시 1억 2,000만 원에 거래가 이루어졌다면 당신의 반응은 어떨까? 혹은 8,000만 원에 거래가 이루어졌다면? 또 이 아파트를 구매하기 위해 관망하고 있던 대기 수요자들은 어떻게 반응할까?

그리고 다음에는 아파트가 무려 1억 3,000만 원에 거래가 이루어졌다면 대기 수요자인 당신은 너무 올랐으니 포기할 것인가, 아니면 지금이라도 매수 대열에 올라탈 것인가?

이에 대한 답이 바로 시세의 변화에 반응하는 사람들의 심리이며, 이것을 간파하는 자가 결국 거래를 유리하게 이끌어간다.

가격에 영향을 미치는 정보의 특성

알려진 정보를 바탕으로 투자에 이용한다면 실패하기 쉽지만, 같은 정보를 두고 다른 사람들이 어떻게 예측할지를 생각한다면 당신은 현명한 투자자다.

가격을 결정하는 데 정보를 믿는 사람들은 그 정보의 특성을 잘 이해하지 못한다.

예를 들어 판교 분양에서 당첨이 되면 그것은 평가액에서 당장 로또복권과 같은 수익률을 올려줄 것이라는 명제는 맞다. 그러나 그것이 10년 후 전매가 가능한 시점에서도 그렇다는 확증은 없다. 그럼에도 사람들은 일단 그것이 대박이라는 전제를 믿는다. 과연 지금 모두가 믿어 의심치 않는, 판교는 최소 수억 원짜리 로또라는 판단이 10년 후에 반드시 현실화될 수 있을까?

애석하게도 그것은 아무도 모르는 일이다. 그래서 역설적으로 투자자들은 판교에서 반드시 이익을 볼 것이라는 대중의 판단을 무조건 믿지 않는다. 하지만 투기자는 그것을 철석같이 믿는다.

정보의 네 가지 전제조건

유용한 정보에는 네 가지 전제가 있다.

첫째, 내가 가진 정보는 다른 사람이 가진 정보와 달라야 한다. 둘째, 내가 가진 정보는 다른 사람의 정보보다 정확해야 한다. 셋째, 내가 가진 정보는 좀더 구체적이어야 한다. 넷째, 유용한 정보는 시의성이 있어야 한다.

예를 들어 당신이 KDI(한국개발연구원)에서 경제성장률을 산출하는 일을 맡고 있다고 가정하자. 이때 당신이 가진 정보는 질적, 양적으로 훌륭한 것이지만 실제 주식을 사고파는 데는 전혀 도움이 되지 않는다. 당신의 정보는 직접적이지 않고, 당신의 투자에 실시간 반영되는 정보가 아니므로 시의성이 없다. 그러나 당신이 어떤 기업의 실적을 담당하는 부서의 장이라고 하자. 당신은 당신 회사의 실적에 대한 정보를 타인보다 많이, 정확하게, 직접적으로, 적절한 시점에서 알고 있다. 특정 사안에 대해 당신의 친구와 동생에게 얘기할 수 있으며 이 정보는 대단히 유용하다.

또 당신은 도시계획을 입안하는 사람이다. 내부회의에서 혁신도시의 건설지를 결정했고, 이제 발표만 남아 있다. 이때 당신이 알고 있는 정보로 팔촌에게 땅을 사게 했다면 그것은 타인보다 많고, 정확하고, 직접적이며, 즉각적인 정보다. 물론 이것은 공직자의 윤리에서 벗어나는 일이므로 실제로는 그런 일이 없을 것이다.

정보는 타인의 반응을 예측하는 도구

정보란 이렇게 가치가 달라진다. 따라서 당신이 알고 있는 정보의 양과 질을 평가하는 것이 무엇보다 중요하다. 그런데 만약 당신이 신문에서, 혹은 방송에서, 때로는 인터넷 메신저를 통해 얻은 정보를 두고 어떤 판단을 내렸다면 당신은 현명한 사람이라기보다는 우매한 사람이다. 사실 우리가 접하는 정보는 특별한 경우가 아니라면 대개 후자에 속한다.

그렇다면 우리는 투자할 때 정보를 무시해야 하는 것일까? 일부는 옳고 일부는 틀리다. 누구나 알고 있는 정보를 중심으로 투자에 이용한다면 실패하기 쉽지만, 같은 정보를 두고 다른 사람들이 어떻게 판단하고 있을지를 예측하는 자료로 삼는다면 당신은 대단히 현명한 투자자다.

우리가 거시 경제적 요인이나 기타 정보를 가지고 거래에서 이익을 얻기란 쉽지 않다. 하지만 투자는 상대가 있는 것이기 때문에 다른 사람들이 어떻게 판단하는지를 아는 것은 대단히 중요하다. 우리가 거래할 때 가장 중요한 핵심요소는 가격의 평균치와 타인의 판단을 고려하는 것이다.

다시 말해 앞의 네 가지 요건에 맞지 않는 정보는 당신의 투자 판단에 이용할 것이 아니라 타인이 어떻게 반응할지를 예측하는 도구로 사용해야 한다는 것이다.

예를 들어 2005년 주가지수가 사상 최고치를 갱신했다. 이때의 가격은 지난 몇 년간의 가격 변동치를 볼 때 상당히 괴리가 커져 있다. 합리적인 관점에서 이것은 부정적이다. 하지만 타인의 판단은 어떤 것일까? 어떤 사람들은 지난 수십 년간의 가격 변동치를 살피면서 아직도 더 올라야 한다고 말하고 있다.

그림 4 1995~2005년의 종합주가지수

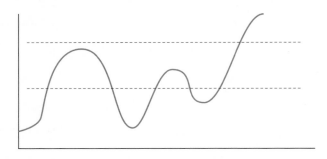

　이때 당신은 어떤 결론을 도출하겠는가? 이것은 1995년에 비교한다면 이제 상승의 초동기지만, 2000년부터 감안하다면 오히려 부담스러운 가격이다. 사람들은 지금 가격 논리와 정보 사이에서 갈피를 잡지 못하고 있는 것이다. 이때 중요한 것은 아직 멀었다는 사람과 괴리가 크다고 여기는 사람들의 간극을 살피는 것이다.

거래의 임계점

같은 가격을 두고 멀었다고 말하는 사람과 괴리가 크다고 말하는 사람의 차이는 앞으로도 거래라는 형태로 나타날 것이다. 두 가지 의견이 어딘가에서 일치하려면 지난 10년간의 가격 평균이 지난 5년간의 가격 평균에 영향을 받게 되는 시간, 즉 최소 5~10년 정도의 시간이 더 필요할 것이다. 하지만 그때 모든 사람이 "정점은 아직 멀었어!"라고 말하면 모두가 매수자로 바뀌었다는 것을 뜻하고, 이것은 역설적으로 아무도 더 이상 아직 멀었다고 말하지 않을 것

그림 5 2000~2005년의 종합주가지수

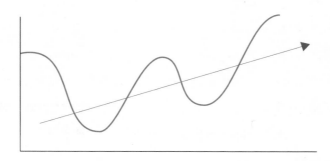

이라는 의미다. 이것이 거래의 임계점이다.

부동산 역시 마찬가지다. 호가가 상승하고, 거래가 부진하면 '팔지 않겠다'는 사람들만 있다는 뜻이다. 이 경우 사겠다는 사람은 초조하고 팔겠다는 사람은 여유롭지만, 가격이 좀더 오르면 사겠다는 사람이 철수하고 팔겠다는 사람이 초조해진다. 이때 누군가가 팔겠다고 나서면 갑자기 시장은 모두 '팔자'로 돌아서고 거래가 급증하면서 가격이 하락한다.

그래서 우리가 어떤 거래에서 가장 중요하게 여겨야 하는 것은 다음 네 가지다.

첫째, 인지부조화 상황을 경계하라. 내가 가장 합리적이고 내 판단이 옳다는 생각을 버려라. 만약 내가 항상 옳다면 나는 지금 굳이 이 거래에 목을 매지 않아도 될 정도의 위치에 있었을 것이기 때문이다.

둘째, 내가 가진 정보를 평가하라. 그 정보의 유용성을 평가해서 그것이 독점적이지 않다면 그 정보는 다른 사람의 입장을 살피는 돋보기로 활용하라.

셋째, 다른 사람의 판단을 주시하라. 항상 다른 사람의 의견을 들어라. 다만 이때 들은 이야기는 상대의 예측을 이해하고 수를 읽는 힌트일 뿐 그것을 보고 따라하는 어리석음을 범해서는 안 된다.

넷째, 거래 자체를 주목하라. 거래란 매도자와 매수자가 존재해야 하고 거래가 많다는 것은 곧 어떤 상황이 크게 변할 수 있는 신호임을 기억하라.

시골의사의 투자노트

모든 거래는 적정가치를 평가하는 것에서 시작한다. 매수자는 내가 산 가격 이상으로 누군가 사줄 것이라는 생각에 사고, 매도자는 더 비싼 값에 팔기 어렵다는 전제하에 판다. 매수자와 매도자 모두 위험을 부담하지 않기 위해서는 평균 가격을 의식하게 되고 거의 대부분의 결정은 평균값에 수렴한다. 평균값에서 멀어질수록 그 결정은 오류가 될 가능성이 크고, 평균값에 가까울수록 기대손실과 기대이익의 수준이 낮아진다. 투자에서 이기기 위해서는 평균의 범주가 무엇인지 파악하고 있어야 하며, 평균의 범주를 벗어난 움직임이 일시적 일탈인지 평균을 이동시키는 이탈인지를 파악하는 안목이 있어야 한다.

8

인플레이션과
자산가치

1년 전 1,000원을 금고에 넣어뒀다면 인플레로 인해 오늘은 그보다

가치가 떨어질 것이고, 은행에 넣어두었다면 이자가 붙어 가치가 늘어날 것이다.

우리가 돈을 금고에 쌓아두지 않고 어딘가에 투자하는 이유는

인플레 이상의 수익을 올려 자산가치가 하락하지 않기를 바라기 때문이다.

특정 자산은 그것이 소멸성이거나 쇠퇴하는 소모성 자산이 아닌 경우 장기적으로는 반드시 자산가치의 증가를 불러오지만 기본적으로는 인플레도 반영하게 된다. 따라서 자산에 대한 투자의 기본 원리는 인플레와 자산의 균형점을 찾는 데 있다.

사실 모든 투자수단은 장기적으로는 인플레 가치를 반영하고 있다고 볼 수 있다. 특히 부동산, 금, 은과 같이 시간이 흘러도 가치가 변하지 않고 그대로인 자산은 인플레를 가장 완벽하게 반영한다. 그러나 소모성 자산, 즉 시간이 지날수록 자산가치가 감소하는 원유나 문화재 같은 기타 자산의 경우에는 이론상 인플레를 초과한 수익률을 거둘 수 있다. 하지만 이 경우에도 대개는 과거의 석탄 가격처럼 가격의 상승이나 대체재의 발견과 같은 요인으로 인해 수요가 감소하면 결국에는 적정가격을 되찾게 되고, 그 적정가격에는 다시 인플레가 수렴된다. 이 같은 관점에서 본다면 끝을 모르고 상승하는 원유가도 결국에는 지나친 가격 상승과 대체 에너지의 개발로 언젠가는 과거 석탄이 걸었던 길을 되밟을 가능성이 크다.

인플레와 자산의 균형점이 다른 주식과 부동산

부동산의 장기 평균 가격은 인플레 이상을 기록하기는 어렵다. 따라서 상식과는
달리 부동산은 10년 정도의 중기투자 대상이지·장기투자 대상은 아니다.

투자자산 중에서 특별한 종류의 몇몇 자산은 각각 성격을 달리한
다. 예를 들어 주식의 경우 미국에서는 지난 70년간은 인플레를 조
금 상회한 이익을 가져다주었고, 지난 100년으로 범위를 넓히면
인플레 수준의 이익을 가져다주었는데, 이 투자에서 가장 큰 위험
은 해당 회사가 사라지는 것이다.

그렇다면 주식투자의 전체 평균 수익률이 인플레와 비슷하다면
(실제로는 약 1퍼센트 정도 상회하지만), 실제 주식투자에서 투자자들
은 인플레와는 비교도 안 되는 상당한 수익을 거두어야 한다. 왜냐
하면 주식의 '평균 수익률'이라는 말 속에는 그동안 망해버린 수많
은 기업의 소멸가치가 빠져 있으므로, 실제 살아남은 회사는 평균
주가지수 기준의 수익률보다는 월등해야 한다(워렌 버핏의 성공 요
인이 바로 이것이다).

쉽게 말하면 인플레는 전체 가격을 대표하지만, 주가지수는 중
간에 생기고 사라진 수많은 기업 중에서 결국 살아남은 기업만의
결과를 말하는 것이므로, 그 중간에 망해버린 기업의 가치가 공중
분해되고 그 회사의 투자자들이 알거지가 되어버린 상황은 수치에
포함되지 않는다는 뜻이다.

따라서 100년 전에 어떤 회사의 주식을 샀는데 아직까지 그 기
업이 존재하고 있다면 그 사실만으로도 그 주가는 평균보다 상승
하고, 인플레를 훨씬 상회하는 수익을 거두는 것이 당연하다. 하지

만 부동산의 경우는 다르다. 그것은 소멸하지 않고 변하지 않는 고정자산이므로 부동산 가격의 장기 수익률은 실제 거래된 부동산의 가격 그 자체이므로 대개 인플레를 넘어서지 못한다. 즉, 부동산투자에서 수익률이란 시간과의 싸움일 뿐, 주식처럼 상황과의 싸움이 아니라는 것이다.

그래서 부동산투자의 철학은 주식과 달리 인플레가 부동산 가격 상승률을 앞서 나가면 서서히 관심을 떼고, 그 격차가 커지면 매수해서 부동산 가격이 인플레를 따라잡고 능가할 때까지 투자한 다음, 그 시점에서 이익을 실현하고 다시는 부동산에 관심을 두지 않는 것이다. 그 결과 부동산은 대개 10년 주기로 매매 사이클이 형성된다. 하지만 부동산의 장기 평균 가격은 인플레 이상을 기록하기는 어렵다. 따라서 상식과는 달리 부동산은 10년 정도의 중기투자 대상이지 그 이상의 장기투자 대상은 아니다.

또 주식은 철학적인 개념에서 살펴보면 통화와 금리의 가치를 정확하게 반영하는 기업 활동을 통해 주가가 결정되므로 이자율보다 높은 주가 상승이 가능하다. 기업은 금리를 주고 돈을 빌려 영업에 투자하여 영업이익을 낸다. 이때 기업이 금리 이하의 수익을 지속하면 파산할 것이고, 금리 이상의 수익을 지속적으로 내면 기업의 가치는 영속적이고 커질 것이다. 따라서 '살아남은 기업'의 주가는 인플레보다 '훨씬' 수익률이 높다.

역사적으로 명멸한 전체 기업들을 모두 포함한 순간가치는 평균적으로 보면 인플레를 거의 정확하게 반영하고 있다. 그러나 이 순간가치가 인플레 수준일 때, 여기서 살아남은 기업의 가치는 인플레를 훨씬 상회한다. 같은 관점에서 현재 국내 종합주가지수가 기업가치의 자산 인플레를 반영하고 있다면 이것은 현재 적자를 내는 부실기업과 성장을 구가하는 삼성전자 등 우량기업이 지닌 가치의 평균을 말하는 것이다. 때문에 과거의 종합주가지수와 현재의 종합주가지수를 동시에 비교할 때는 그동안 문을 닫은 수많은 기업이 존재하던 순간과 삼성이나 LG와 같은 계속기업의 성장가치가 동시에 평가된다.

즉, 10년 전의 주가지수와 지금의 주가를 비교한다면 10년 전의 수치에는 이미 사라져버린 은행이나 대우그룹 방계회사들의 가치가 포함된 것이고, 지금의 종합주가지수는 현재 이 순간 살아 있는 기업들의 가치를 평균한 것이다. 그래서 계속기업인 삼성전자의 주가는 그 어떤 투자수단보다 높아야 정상이며, 여타 계속기업들의 자산가치 역시 동일 기간의 인플레를 상회하는 것이어야 한다. 때문에 우리나라 주식시장은 자산가치의 관점에서 크게 저평가되었다고 할 수 있다.

보이지 않는 가치까지 파악하라

어떤 투자수단을 택할지는 당신의 안목과 능력에 달려 있다. 주식이든 부동산이든
금리 이상의 수익률을 올리려면 최소한 시장 평균 이상의 능력이 있어야 한다.

그런데 여기서 간과한 사실이 있다. 자산 가격이 정말 인플레와 비슷한 추이를 보인다면 실제 투자수익률 역시 그러한가 하는 점이다. 사실 이것이야말로 자산투자에서 가장 결정적이고 매력적인

부분이다.

주식투자의 경우는 이론상 한 가지가 더 유리하다. 그것은 기업의 현재가치는 그동안 배당금으로 주주에게 환원된 가치를 제외한 가격이기 때문이다. 만약 이런 배당금 프리미엄이 없는 시장이라면 투자자는 장기 평균 가격만을 놓고 볼 때 주식시장에 투자할 하등의 이유가 없다.

하지만 주식시장이 인플레보다 더 매력적인 이유는 바로 이 배당금 때문이다. 즉, 주식의 가격은 장기적으로는 인플레 성장률과 흡사하게 증가하지만 사실상 그동안 배당금의 형태로 지급받은 것만큼은 고스란히 과외소득이다.

만약 당신이 KT, KT&G, SK텔레콤처럼 금리 이상의 배당을 받을 수 있고 어지간해서는 망할 가능성이 없는 배당주식에 투자해서 10년 후 그 기업이 망하지 않고 주식의 가격이 인플레와 비슷한 수준으로 올랐다면, 얼핏 생각하기에는 그 돈을 예금에 넣어도 마찬가지 결과로 생각되겠지만 사실은 그렇지 않다. 즉, 당신은 해마다 받은 배당금으로 상당한 추가 수익을 올린 것이며, 만약 배당금을 복리예금에 재투자했다면 연 단위의 추가 복리 수익까지 얻을 수 있었을 것이다.

부동산의 경우라면 좀 복잡하다. 당신이 부동산을 매수해서 거기에 공장을 지어 매년 영업이익을 올렸는데, 10년 후 공장의 땅값이 인플레만큼 상승했다면 이것 역시 실제 당신이 계산하는 수익 이상을 가져다준 것이고, 영업이익을 다시 투자하여 더 많은 이익을 올렸다면 복리 효과까지 거두었을 것이다. 또 만약 당신이 빌딩을 매수해서 10년 만에 동일한 가격 상승이 있었고, 그동안 임대수익을 올렸다면 당신은 감가상각비용과 임대수익을 추가로 얻은 셈이다.

만약 당신이 쓸모없는 임야를 사서 10년 후 땅값이 그만큼 올랐다면, 혹은 벤처기업의 주식을 사서 10년간 배당이 없었다면, 가격이 인플레만큼 상승했다 하더라도 실수익은 상당히 달라진다. 또 한편 당신이 아파트를 산 후 동일한 가격 상승이 있었다면 이 경우에는 오히려 손해를 본 것일 수 있다. 즉, 당신이 아파트에 전세로 살기보다 실제 매수함으로써 들어간 금액의 차이에 해당하는 금리비용은 보유비용이라고 볼 수 있다. 1억짜리 전세를 사는 것과 2억에 매수하는 것은 실제 같은 집에 살면서 1억만큼의 기회비용이나 금리비용을 낭비했다는 의미인데, 만약 아파트 가격이 기껏해야 인플레 수준만큼 올랐다면 당신은 기회비용, 보유세나 거래세를 포함한 금액으로는 상당액의 손해를 본 것이다.

그래서 아파트와 같이 부가가치가 없는 투자수단은 사업용 부동산이나 주식처럼 임대수익이나 배당과 같은 부가가치가 없는 자산에 투자한 것이므로, 이 경우에는 반드시 시세 자체가 인플레보다 훨씬 많이 올라야 한다는 것을 기억해야 한다. 그러나 지난 20년간의 부동산 가격 상승을 보면 안타깝게도 부동산은 인플레 가치를 겨우 반영하고 있을 뿐 초과 수익을 내는 데는 실패하고 있다.

당신이 재테크에 대한 철학이 있다면 이렇게 보이지 않는 가치를 꼭 염두에 두어야 한다.

대개 주가 차익을 노리는 주식투자는 기본적으로 부실기업과 성장기업의 방향성 차이가 가격에 반영되는 것이라 볼 수 있다. 즉, 주식거래의 차익은 기업의 배당과 성장성에 대한 가격 매김인데, 이런 기업에 대한 안목은 짧게 보면 영업이익률이나 주당순이익 등으로 환산될 수 있다.

예를 들어 기업의 영업이익이 증가하고 순이익이 점점 높아지는 경우에는 기업의 성장가치(인플레와 성장 프리미엄)가 큰 것으로 볼 수 있어 주가 상승을 기대하는 것이 타당하다. 반면 기업의 이익이 감소하는 추세라면 현재 그 기업의 가격이 얼마든 향후 기업의 가치가 떨어진다는 가정이 성립할 것이고, 이것은 주식시장 전체에서 평균을 까먹는 요인으로 작용할 것이다.

이것은 기본적으로는 아주 쉬운 발상이다. 만약 시장의 잣대가 이렇게만 규정된다면 주식시장만큼 투자하기 쉬운 시장은 없을 것이다.

그러나 앞서 말했듯이 기업의 영업이익이 3년 연속 2배로 증가했다고 해서 4년째에도 그렇게 성장할지에 대해서는 고개를 갸웃거리게 된다. 또 삼성전자가 2006년 1분기부터 실적이 악화되면서 이익이 낮아졌는데 그렇다면 하반기에도 그럴 것인가라는 질문에도 역시 마찬가지다.

이렇게 투자자들은 무수한 질문에 답해야 하고 그 중의 하나만 판단을 그르쳐도 부비트랩에 걸려들게 된다. 그래서 기업이 생존하는 한 장기투자를 하면 자산가치의 평균 증가액은 챙길 수 있다고 생각하고 긴 안목으로 장기투자를 하는 것이 유리하다.

하지만 이때 장기투자는 구체적으로 언제까지인가? 그것은 10년인가, 아니면 30년인가? 아니면 대를 물려가며 100년을 투자해야 하는 것인가?

역사적으로 한 기업이 100년을 넘기는 사례는 아직까지 드물다. 기업은 실적이 증가하면 영업이익률이라는 레버리지를 활용하기 위해 돈을 빌려서 규모를 키우고 영역을 확대한다. 다시 말해 잘나가면 더 잘나가려고 하는 것이다. 그리고 이때는 대개 수직 계열화나 사업 다각화라는 수사가 붙지만, 많은 경우에는 결국 몸집만 커다랗고 연비는 엄청나게 떨어지는 미제 자동차처럼 되어버리고 만다. 그리고 이 과정에서 기업은 사라지거나 떠오른다.

주식에서 장기투자자의 고민은 여기에 있다. 장기투자는 이익을 낼 확률이 크지만 이때의 전제 조건은 기업이 내가 투자하는 동안 최소한 존속은 해야 한다는 것이다. 기업이 존속하는 한 확률상 실적의 부침 속에서도 인플레 이상의 가치를 유지할 것이고, 배당금을 챙길 수 있기 때문이다.

그래서 자산투자로 얻게 될 기회수익의 크기는 대개 주식, 부동산, 예금 순이지만, 이것 전체를 평균하면 예금, 부동산, 주식의 순이 된다. 즉, 전자의 비중으로 투자하면 수익의 기회는 크지만 실패할 위험성이 높고, 후자의 비중으로 투자하면 수익은 낮지만 망하는 경우는 없으므로 결국 평균하면 그렇다는 의미다.

결국 어떤 투자수단을 택할 것인가는 당신의 안목과 능력에 달려 있다. 다시 말해 당신이 주식이든 부동산이든 예금 이상의 다른 무엇을 하기 위해서는 스스로의 능력이 최소한 시장 평균 이상은 되어야 한다는 뜻이다.

모든 자산의 가격은 수요공급의 원리에 따른다

모든 자산은 놀랍게도 적절한 수요와 공급이 이루어지고 공급의 한계국면에 이르면
대체물을 찾는다는 것을 알 수 있다. 반대로 수요가 한계에 이르면 공급이 줄어든다.

투자 대상이 실물자산이라면 문제가 달라진다. 실물자산에는 부동
산처럼 임대수익률을 보장하는 자산도 있고, 자산가치의 등락 외
에는 부가 수입이 없는 자산도 있다. 또 목화, 면, 밀, 설탕 등과
같이 작황에 따라 수요와 공급의 불균형이 발생하는 곡물을 보면
기본 가치를 측정하기 어렵지만, 이 경우에도 대개는 자연으로부
터 일정량의 수확을 보장받는다. 자연은 때로 극심한 홍수나 가뭄
을 가져다주지만, 조금 길게 보면 결국 모든 생명체들이 번성하고
살 수 있도록 큰 흐름을 유지시켜주기 때문이다. 더구나 여기에
자연을 활용하고 조작하는 인간의 능력까지 보태면 곡물 역시 사
회적 요구만큼 생산량이 증가하면서 수요 불균형을 유발하지는
않는다.

그래서 곡물 생산에 드는 비용과 곡물 재배 면적, 그리고 곡물
수요까지도 놀랍도록 인플레를 잘 반영한다. 다만 이것의 실제 거
래는 저장 등의 문제로 인해 선물거래가 주류를 이루지만 곡물투
자의 기본은 생존을 위한 자연과 인간의 균형 유지능력을 믿는 것
이다.

따라서 자산 인플레가 진행되고 주식과 부동산 원자재 가격이
상승하는 동안 유독 곡물 가격의 상승이 없었다면 이때는 곡물투
자를 위해 다음 해 곡물 작황을 연구하기보다는 오히려 곡물 가격
에 대한 인플레 가치의 반영도를 따지면서 설탕이나 면화를 잔뜩

사들이는 것이 훌륭한 투자가 될 것이다.

이 말에 선뜻 동의하기 어려운가? 그렇다면 그림이나 문화재와 같은 희귀 자산의 경우라면 어떨지 한번 생각해보자.

미술품은 오로지 지구상에 단 하나만 존재하지만(비록 그것이 실크스크린 기법의 무한 복제가 가능한 작품이라 하더라도 미술중개인들은 집요하게 원본에 가격을 매기고 거래를 시도할 것이다) 끊임없이 새로운 작품이 시장에 공급된다. 다시 말해 고흐의 〈해바라기〉는 지구상에 오직 단 하나뿐인 작품이지만, 피카소의 〈게르니카〉가 시장에 등장함으로써 미술시장의 유동성을 분산시킨다.

모든 자산을 장기간 관찰해보면 놀랍게도 적절한 수요와 공급이 이루어지고 공급의 한계국면에 이르면 대체물을 찾는다는 것을 알 수 있다. 반대로 수요가 한계에 이르면 공급이 줄어든다.

미술품 시장의 형성 역시 절묘하다. 미술품의 작품성은 비교 기준이 없음에도 그것의 가치를 절묘하게 유지한다. 미술시장에 진입해서 가격이 매겨지는 소위 '작품'들의 거래량은 사회적 자산가치의 증가에 비례하고, 그에 따라 양과 속도를 스스로 조절한다.

한국 미술작품의 가격이 터무니없다고 생각하면 그것은 그 작품이 그만큼 우월하다기보다는 최근 자산시장의 인플레가 터무니없다는 것이고, 지금 우리나라 자산가치의 팽창과 국부의 증가가 합당하다고 생각하면 현재 매겨지는 한국 작가들의 작품 가격 역시 타당한 것이다.

2004년 5월 피카소의 〈파이프를 든 소년〉이 소더비 경매장에서 1억 4,000만 달러(약 1,400억 원)에 낙찰되었다. 이전의 최고가 낙찰은 8,250만 달러(약 825억 원)로 1990년 크리스티에서 팔린 고흐의 〈가셰 박사의 초상〉이었다.

또 프랑스의 미술품 감정평가기업인 아트프라이스닷컴과 소더비에서 거래된 작품 가격을 지수화한 메이모제 미술품 지수의 분석 결과에 따르면 미술품의 투자수익률이 주식의 투자수익률을 앞선 것으로 나타났다. 미술품의 수익률은 연 11.1퍼센트인데 S&P500지수의 수익률은 10.7퍼센트로 조사되었다. 또 1998년부터 2005년까지 7년간의 수익률은 미술품이 1.8퍼센트 상승한 반면 다우존스지수는 11퍼센트 하락했다. 하지만 그 중에서 회화만을 기준으로 하면 1998년을 100으로 할 때 회화 가격지수는 110인 반면 다우존스지수는 80으로 하락했다(이상 정준모 덕수궁 미술관장의 자료).

미술품 가격은 인플레율과 비슷한 패턴을 그린다
미술품은 금처럼 반영구적인 가치를 지니며 소멸의 위험이 없다.
이러한 리스크 프리미엄은 자산가치에서 일정 부분 유리한 고지를 점한다.

이 점을 가만히 살펴보면 재미있는 결과가 도출된다. 미술품은 대개 주식투자의 수익률을 앞선다. 장기적으로는 미술품이 상당히 앞서지만 일부 구간에서는 주식시장의 상승률이 더 높다. 그리고 특정 작품의 단기 변동성은 미술품이 크지만, 주식시장에서도 특정 종목의 단기 변동성이 크다는 점을 감안하면 그것을 리스크 요인으로 생각할 수 없다. 그리고 미술품의 가격은 인플레율과 거의 비슷하게 일정한 패턴을 그리면서 상승하지만, 주식시장의 등락은 인플레보다 먼저 움직인다.

그 원인은 무엇일까?

미술품은 재화 측면에서는 기본적으로 금과 비슷하다. 금이란 어지간해서는 소멸하지 않는 불변의 금속이기는 하지만 채굴량이 증가함에 따라 시간이 흐를수록 공급량도 적절히 늘어난다. 금의 수요는 지속적으로 증가했지만 그만큼의 공급이 '적절히' 따라줌으로써 그 가치를 유지해올 수 있었던 것이다. 따라서 금 가격의 상승은 인플레보다 우위에 있지만 가격이 상승하면 늦게나마 광산 투자와 채굴이 증가하면서 결국에는 자산 증가의 추세를 정확히 반영한다. 다만 금은 인플레가 생기거나 안전성을 위협받으면 상승하는 특징이 있으므로 안전자산의 프리미엄을 가진다.

미술품 역시 마찬가지다. 이것은 금처럼 반영구적인 가치를 지니며 소멸의 위험이 없다. 이러한 리스크 프리미엄은 자산가치에서 일정 부분 유리한 고지를 점한다.

같은 관점에서 석유를 생각해보자. 석유 역시 한정적인 재화다. 더구나 수요가 증가하면 채굴이 증가하지만 언젠가는 채굴이 불가능해질 것이다. 그러나 그렇다고 석유 자산에 대해 프리미엄을 부여할 수는 없다. 그 이유는 대체자원의 확보가 이루어질 것이기 때문이다.

만약 석유가 고갈되고 석유가가 천정부지가 되면 석유에 투자하는 사람은 부자가 될 것이라고 생각하겠지만, 그렇지 않다. 만약 석유가 그 상황에 이르고 대체재가 확보되지 않으면 문명은 그대로 주저앉을 것이고, 그때는 이미 당신이 어디에 투자하든 아무 소용이 없는 공황 상태가 될 것이기 때문이다.

이 논리는 북쪽의 위협이 두려워 주식이나 채권 대신 부동산에 투자한다는 발상과 같다. 만약 북의 위협이 실체화되면 금과 달러를 제외하고 당신이 보유한 모든 자산은 공중분해될 것이기 때문이다. 이렇게 모든 상품은 스스로 조절 기능을 가진다.

더구나 상품투자가 성립하기 위해서는 이런 조절 기능이 존재해야 한다. 만약 수요/공급의 조절이 불가능한 상품이 존재한다면 그것은 기본적으로 거래가 성립하지 않는다. 거래란 사는 사람과 파는 사람의 대립인데 누가 그것을 팔려고 하겠는가?

그래서 장기적 관점에서 당신이 상품에 투자하겠다는 생각은 대체로 옳다. 그것은 대체로 인플레상의 이익을 보장하고 장기적인 리스크는 주식이나 기타 자산보다 훨씬 적다.

부동산 역시 마찬가지다. 부동산은 소멸 자산이 아니므로 금 등의 상품투자와 흡사한 성격을 가진다. 그러나 부동산 가격은 문명의 발달에 따라 자산가치가 변동한다. 인구가 100억, 200억으로 증가하지 않는 한 부동산 역시 인간이 조절 기능을 발휘하는 기초자산이기 때문이다. 그래서 부동산 역시 인플레를 따른다.

결론을 내리면 부동산투자나 상품투자는 안정성을 담보하지만 인류가 보유한 자산가치의 평균 상승을 그대로 따른다. 그리고 주식은 실제로는 그 이상의 수익을 보장하지만 대신 소멸 리스크가 크다.

결국 우리는 어떤 결과를 얻을 수 있는가?

우선 화폐를 단 하루라도 그대로 보유한다는 것은 세상에서 가장 바보 같은 짓이다. 월가의 속담처럼 화폐는 움직이지 않으면 쓰레기에 지나지 않는다. 그래서 당신이 돈을 금고에 쌓아두지 않고 재테크를 한다면 장기투자에서는 자산가치 증가의 평균 수익을 보장받을 뿐이다. 결국 당신의 자산을 복리예금에 묻어두거나 이러한 자산에 투자하거나 결과는 같다.

그런데도 왜 사람들은 끊임없이 무엇인가에 투자하려는 것일까? 그것이 바로 인간심리의 마술이다.

주식은 통화와 금리의 가치를 정확하게 반영하는 기업 활동을 통해 주가가 결정되므로 인플레보다 훨씬 수익률이 높다. 주식 대신 예금을 해도 마찬가지 결과로 생각되겠지만 주식시장이 인플레보다 더 매력적인 이유는 배당금에 있다. 주가가 인플레 성장률과 흡사하게 증가하면서 금리 수준의 배당금까지 받는다면 그것은 고스란히 과외소득이기 때문이다. 만약 당신이 배당금을 모아 재투자까지 했다면 연단위의 복리 수익까지 얻었을 것이다. 이때의 전제 조건은 기업이 내가 투자하는 동안 존속해야 한다는 것이다. 따라서 주식투자는 수익의 기회는 크지만 실패할 위험성이 높고, 금리투자는 수익은 낮지만 망하는 경우가 없다.

9

장기투자는 무조건
이기는 게임인가

워렌 버핏은 "10년간 보유할 주식이 아니면 10분도 보유하지 말라"고 했다.

인내심을 가지고 장기투자를 하면 무조건 높은 수익을 올릴 수 있을까?

누구나 게임에서 이길 수 있을까?

왜 모두들 장기투자가 유리하다고 말할까? 과연 누구나 장기투자로 돈을 벌 수 있을까? 단기투자자는 정말 손실만 입을까?

오마하의 현인 워렌 버핏 이후 자본시장에서 성공한 많은 투자자들은 장기투자를 해왔다. 이들의 성공은 과연 장기투자라는 시간적 요인 때문이었을까? 그렇다면 장기투자만 하면 무조건 높은 투자수익을 올릴 수 있을까?

장기투자의 최우선순위는 금리투자
토지에 대한 장기투자는 필연적으로 금리 이상의 효율을 얻을 수 없다.
그래서 토지에 대해서는 장기투자를 하지 않는 것이 옳다.

장기투자를 통해 높은 투자수익을 올리기 위해서는 자산가치가 시간가치를 충분히 반영해야 한다. 다시 말해 자본시장은 과학과 산업의 발달과 더불어 멈추지 않고 점점 더 가속도를 붙여간다.

그러나 여기에는 커다란 맹점이 있다. 인류가 보유한 자산이 그동안 수만 배의 증가를 이루었음이 분명하다. 그렇다면 토지 한 평의 가치는 과연 어느 정도나 증가했을까? 만약 2,500년 전 중국의 어느 곳에 땅을 100평 가진 부자가 지금까지 대를 이어 그 땅을 지키고 있다면? 혹은 로마 시내 중심가에 100평을 가진 귀족의 후손이 지금도 여전히 그 땅을 소유하고 있다면 그 땅의 자산가치 증가는 어떻게 평가할 수 있을까?

물론 장소에 따라 가치는 다르겠지만, 차라리 2,500년 전의 땅값을 현금화해서 복리 이자율로 키웠다고 한다면 지금 그 가치는 얼마쯤일까? 또 만약 그 가치를 당시의 가장 유망한 산업에 지속적으로 투자했다면 지금 그 가치는 얼마나 되었을까?

이 질문에 대한 대답은 정해져 있다. 단순히 금고에 현금을 보관하는 것 이상으로 어리석은 것이 바로 토지에 대한 장기투자다. 왜냐하면 토지란 기본적으로 금이나 다이아몬드처럼 추가적으로 생산이 불가능한 한정적 재화라는 점을 제외한다면, 토지는 기본적으로 거주와 생산시설의 기지일 뿐 그 자체가 능동적 가치를 지니는 것은 아니기 때문이다. 그래서 토지에 대해서는 장기투자를 하지 않는 것이 무조건 옳다.

토지에 대한 장기투자는 필연적으로 금리 이상의 효율을 얻을 수 없다. 금리란 유동성의 크기이며, 위험을 부담할 수 있는 용기의 또 다른 표현이다.

앞에서 사람이 무엇인가에 투자할 때 스스로 감당할 수 있는 위험의 크기는 금리로 표현되고, 당시 유동성의 크기 역시 금리로 나타난다고 했다. 하지만 토지는 예부터 유동성을 완충하는 장치일 뿐 그 자체가 유동성을 창출하지는 않는다. 따라서 문명과 기술의 발달이란 일정 부분 위험부담을 지고서 행하는 투자행위의 결과라는 측면에서 볼 때, 투자 대상으로 토지를 선택하는 것은 절대 평균 이상의 결과를 얻을 수 없다. 하지만 대개의 사람들은 그렇게 생각하지 않는다. 부동산 혹은 토지는 쌀 때 사서 10년만 묻어두면 결국은 오른다고 생각한다. 하지만 이 논제는 출발부터 틀렸다. 부동산 역시 쌀 때 사서 비쌀 때 팔 수 있다고 생각한다면 그것은 주식이 내리면 사서 오르면 팔 수 있다는 생각만큼이나 어리석은 것이다. 사람들이 주식보다 부동산시장에서 손해를 덜 보고 이익을 많이 본다고 생각하는 가장 큰 이유는 부동산은 거래의 특성상 본의든 아니든 주식보다 장기투자를 하기 때문이고 장기투자의 효과를 주식보다 누리기 쉬워서일 뿐이다.

하지만 장기투자의 최우선순위는 금리투자를 기준으로 한다. 금리투자는 곧 인류의 자산가치의 평균에 대한 투자이며 가장 적절한 벤치마크 투자수단이다.

벤치마크 투자수단, 금리
금리에 투자한다는 것은 부동산이나 실물자산, 주식 등에 투자하는 것과
달리 모든 가능성의 평균에 투자하는 것이다.

투자란 먼저 벤치마크 수익률(평균 수익률)에 대한 비교우위라는 관점에서 본다면 두말할 필요도 없이 금리에 투자해야 한다. 물론 금리투자 안에서도 다양한 수단이 존재하므로 그 안에서 다시 수익률의 격차가 벌어질 수는 있다.

예를 들어 금리 상승기에는 예금, 금리 하락기에는 채권에 투자하는 사람과 금리 변동과 무관하게 현재 가능한 최고 금리에 예금

하는 사람의 투자 결과는 비교할 필요도 없다.

금리투자는 안전하고 단순하다. 그런데도 장기적으로 보면 우리는 왜 이 단순하고 평범한 벤치마크 투자수단인 금리만큼의 수익률조차 내지 못하는 것일까?

투자기간이 단기든 중기든 장기든 간에 적절한 투자수단은 별처럼 많고, 매순간 최선의 투자를 할 경우에 우리는 분명히 금리와는 비교도 안 되는 최고의 수익을 보장받을 수 있는데도 왜 결국 장기적으로는 평균을 넘어서는 결과를 얻지 못할까? 또 지난 수백 년간, 혹은 최근 20년간의 투자 시뮬레이션에서도 금리투자가 가장 뛰어난 결과를 가져올 수 있었던 이유는 무엇일까?

그것은 바로 위험에 대한 노출도의 차이다. 대부분의 거래행위는 위험을 수반한다. 가격을 형성하는 모든 투자행위에는 50퍼센트의 위험이 따른다. 또 그것이 특별한 능력에 따른 성과물만이 아니라 일부라도 운이 작용하는 것이라면 이 운 부분만큼은 위험이다.

결국 우리는 어떤 투자수단을 선택할 때 재테크에 대한 자신의 능력과 안목의 비중이 사회 평균 대비 최소 상위 49퍼센트 이상을 차지하지 않는다면 그냥 평균을 선택하는 것이 유리하다. 그럼에도 평균(금리)이 아닌 특정한 투자수단(주식, 부동산)을 선택할 경우에는 결국 비싼 거래비용만 지불하게 된다.

부동산에 투자한다고 했을 때, 당신이 도시계획안을 직접 마련하거나 도시계획의 선을 긋는 사람이 피붙이가 아닌 이상 '직관'이나 '안목'이라는 이름의 운에 투자하는 것뿐이다. 그것은 주식투자에서도 다르지 않다. 주식 또한 '경험'이나 '판단' 혹은 '분석'이라고 불리는 운에 투자하는 것이다. 그러나 금리에 투자한다면 그것은 사회적 기회비용의 크기에 투자하는 것이며, 부동산이나 실물자산, 주식 등에 투자하는 것과 달리 현 시점에서 가능한 모든 가능성의 평균에 투자하는 것이 된다.

이것은 대단히 중요하다. 장기투자는 승리할 확률이 높다는 이치는 분명히 맞지만, 그것이 모두에게 적용되지는 않는다.

금리에 대한 장기투자는 반드시 이익이 난다. 하지만 이것도 엄밀하게 이야기한다면 위험을 제거한 가치의 유지에 해당한다. 즉, 기회비용만큼의 수익(시간가치)을 잃지 않았을 뿐 평균에 비해 초과 수익을 올린 것은 아니다. 놀랍게도 금리에 대한 장기 복리투자는 역사적으로도 그 어떤 투자보다도 수익률이 높다. 그 이유는 무엇일까? 그 답은 리스크 관리의 마술에 있다. 이 점을 다시 한 번 생각해보자.

예를 들어 당신이 30년간 복리로 연평균 10퍼센트의 수익을 쌓아간다고 하자. 이때 30년 중에서 10년, 20년, 30년의 단 세 번만 10퍼센트의 손해를 보았다면, 혹은 30년 중에서 단 세 번만 10퍼센트가 아닌 0퍼센트의 수익을 냈다면 그 결과는 예상보다 훨씬 참담하다. 즉, 1억 원을 투자해서 30년간 10퍼센트의 수익을 낸다면 원금은 복리 효과로 인해 무려 17억 5,000만 원으로 불어나게 된다. 하지만 당신이 투자기간 30년 중에서 27년간을 10퍼센트의 수익을 올리고 단 세 해만 0퍼센트의 이익을 냈다 해도 그것은 13억 1,000만 원으로 줄어들고, 그나마 당신이 단 세 해만 10퍼센트의 손실을 입었다면 9억 5,000만 원으로 결과는 무려 2배나 차이가 나게 된다.

이것이 의미하는 바는 무엇일까? 장기투자에서 가장 중요한 것은 수익보다 리스크 관리라는 뜻이다. 우리는 주식으로 한 해에 50퍼센트를 벌 수는 있지만 대신 한 해라도 손해 보지 않기란 여간 어려운 일이 아니다. 하지만 복리예금은 비록 작아 보이지만 단 한 해도 손실을 안겨주지 않고 원금을 차곡차곡 불려준다.

그만큼 투자에서 수익을 확보하기란 어려운 일이다.

그러므로 우리가 만약 예금이 아닌 부동산이나 주식처럼 다른 투자수단을 택한다면 금리에 비해 평균 이상의 수익을 거두고 부자가 되는 길에 다가서기는 하겠지만, 실제로는 그만큼의 리스크를 안고 있으며 자산 손실을 볼 가능성도 덩달아 높아진다는 뜻이기도 하다.

금리 이상의 수익을 낼 자신이 있는가

현재의 부를 더 늘리고 싶거나 투자를 통해서 부자가 되고 싶다면 자신이
이 투자에서 금리 이상의 수익을 거둘 능력이 있는지를 평가해보라.

그렇다면 금리 이상의 초과 수익을 올리려면 어떻게 해야 할까?

자산가치의 획기적인 증식을 이룬 부자들은 모두 자신의 기회를 잘 이용한 사람들이다. 당신이 정말 어떤 경로로든지 개발 예정지를 알고 있다면 자금을 금고에 모셔두거나 금리에 맡김으로써 평균 수익을 내는 어리석음을 범하지 않고 부자가 되는 길을 선택할

수 있다. 즉, 당신은 부동산에 투자해서 금리수익보다 수십 배의 이익을 취할 수 있다.

또한 당신이 무엇인가 특별한 생산 아이디어를 가지고 있어서 어떤 부가가치를 창출할 수 있다면 당신은 그것의 레버리지를 이용해서 부자가 될 수 있다. 예를 들어 1억 원으로 10퍼센트의 영업이익을 낼 수 있다면 그것을 금리에 투자하기보다 오히려 5퍼센트의 금리로 100억 원을 빌려서 단숨에 10억 원을 벌어들일 수도 있다.

따라서 금리 이상의 이익을 통해 부자가 되려는 사람은 반드시 금리 이상의 영업이익을 낼 수 있는 확실한 수단을 확보한 다음 그것의 레버리지를 최대한 키워야 한다.

현재 투자행위로 가장 많은 돈을 벌었다는 워렌 버핏 역시 이것(레버리지)을 잘 이용한 사람 중 하나다. 그는 버크셔 헤더웨이라는 섬유회사를 사들인 뒤 그 회사의 명의로 내셔널 인뎀니티라는 보험사를 사들였다. 그리고 보험사에 유입되는 보험료를 가지고 유가증권과 다른 기업을 사들였다. 사실 지금으로서는 불공정 거래에 가까운 행위다. 예를 들어 삼성생명을 인수한 뒤 삼성생명의 보험계약금으로 주식투자를 하는 것과 같다. 하지만 당시의 제도로서는 탁월한 선택이었다. 버핏은 이자를 주는 차입을 선택하는 대신 보험료를 거둬서 유가증권에 투자했다. 그리고 거기서 발생한 수익으로 보험사의 가치와 지주회사인 버크셔 헤더웨이의 가치를 높여 나갔다. 이것은 일종의 순환출자 구조에 속한다. 하지만 버핏의 입장에서는 이자를 주지 않는 무차입으로 커다란 수익을 얻었고 그것의 레버리지 효과는 그의 재산을 기하급수적으로 불려주었다.

하지만 버핏이 아닌 누군가가 똑같은 방식으로 투자를 했다면 결과는 달라질 것이다. 그는 아마 투자 과정에서 엄청난 파산을 하고 금융범죄를 일으킨 원흉으로 전락해버렸을지도 모른다. 시장은 승자에 관대하고 패자에 가혹하며, 레버리지는 페르세우스의 손에 들린 메두사의 머리처럼 그것을 활용할 능력이 있는 자에게만 허락된 특별한 신탁이기 때문이다.

대개 투자에 실패하는 가장 큰 이유는 자기도취, 즉 나르시시즘 때문이다. 길거리에 널린 수많은 식당과 술집을 보라. 당신이 보기에는 정말 턱없는 위치에 자리잡은 수많은 가게들도 결국 그곳에 문을 연 사람들의 눈에는 목 좋은 곳으로 보였을 것이다. 세상에 어떤 바보가 장사를 하면 망할 자리라고 여기면서 개업하겠는가? 돈이 모자라서 좋은 자리를 얻을 수 없다면 가게를 열기보다 차라리 다른 일을 하는 것이 옳다. 그러나 사람들은 불리한 상황에서도 억지로 희망을 만들어낸다. 열심히 일한다면, 가게 홍보를 잘한다면, 고객에게 최선을 다한다면, 나만한 솜씨라면…… 이런 수많은 핑계들이 결국 당신을 실패로 이끈다. 그렇게 우리는 그릇된 투자 판단을 내리고 좌절하고 실패한다.

파레토의 법칙에 따르면 실제 사람의 투자행위는 20퍼센트만이 성공할 수 있다고 한다. 투자에 나선 80퍼센트의 사람들은 손해를 입는다. 그러나 금리에 투자한 사람들은 자신이 쓰고 모은 원금을 사회적 자산 증가분(금리)만큼의 비율로 축적할 수 있다. 그래서 결과적으로 금리에 투자한 사람들은 실패한 80퍼센트가 아니라는 이유만으로 부자가 된다.

현재의 부를 더 늘리고 싶거나 투자를 통해서 부자가 되고 싶다면 자신을 잘 평가해보아야 한다. 자신이 이 투자에서 금리 이상의 수익을 거둘 능력이 있는지를 평가해보라. 사돈의 팔촌 중에라도 개발계획에 정통한 사람이 있거나, 자신만의 탁월한 기술이 있거나, 다른 사람은 전혀 모르는 재테크의 노하우를 터득했다고 생각하면 투자해도 좋다. 그리고 은행에서 돈을 빌리든 사채이자를 얻어 쓰든 레버리지를 마음껏 활용하라.

그러나 꼭 기억해둘 것이 하나 있다.

그것은 바로 "틈만 나면 자신을 폄하하고 스스로를 끊임없이 얕잡아보라."는 것이다. 자신을 거꾸로 세워 털어보고 스스로를 혹독하게 비판하라. 그래도 금리 이상의 확실한 수익을 낼 자신이 있다면 그제야 당신은 메두사의 머리를 마음껏 흔들면서 당신을 거역하는 모든 존재들을 돌로 만들어버려도 좋다.

경제의 커지는 파이와 동행하는 장기투자

주식투자에서의 장기투자는 그 회사를 효율적으로 대리 경영하는 것이며,
내가 주주로 참여하는 회사의 영업가치와 자산에 주목하는 것이다.

이번에는 리스크가 아닌 기회의 관점에서 장기투자를 생각해보자. 장기투자라고 해서 무조건 돈을 벌어주는 것은 아니다. 장기투자의 강점은 시세가 변동하는 과정에서 최상과 중립, 최악의 국면을 고루 경험할 수 있다는 것과 기간 이익을 공평하게 누릴 가능성이

크다는 것이지 반드시 좋은 투자 결과를 보장하는 것은 아니다.

50년 동안 보유해도 쌀 한 말 값도 나오지 않는 땅이라면 아무리 장기투자를 해도 수익이 나지 않는다. 어쩌다가 그 지역에서 대통령이 나와서 그곳을 위락단지로 개발한다거나 난데없이 뜨거운 온천물이 콸콸 쏟아져 나오지 않는 이상 아무런 가치가 없는 땅이다.

도심 외곽에 땅을 사서 10년간 묻어두었다가 3배의 대박을 낸 사람은 그 기간 동안 복리예금에 맡겨두었어도 그만큼의 수익을 낼 수 있었다. 만약 20년을 묻어두었더라면 오히려 손해일 것이다. 물론 정부 고위층 인사가 청문회에서 조상 묘를 쓰려고 땅을 사뒀는데 우연히 그 땅이 도시계획에 들었다는 얘기는 잠도 충분히 자고 학교 수업만 열심히 들었는데 대입에서 수석을 했다는 말만큼이나 희극적이다. 그래서 부동산에 장기투자하는 사람은 바보다. 부동산은 가격 변동성이 추세를 형성하기 때문에 상식과는 달리 가격이 상승세로 자리 잡은 후 중·단기투자를 하는 것이 적합하다. 부동산에 장기투자를 해서 마냥 기다린다면 결코 부자가 될 수 없다.

그럼 어떻게 해야 장기투자의 효과를 누릴 수 있을까? 그것은 다른 사람의 능력을 빌리는 것이다.

예를 들어 워렌 버핏처럼 수십 년 전부터 자기자본이익률(ROE)이 금리 이상인 회사에 투자를 한다면 그것은 자기자본과 차입금 이상의 수익, 즉 빌린 돈보다 몇 배의 영업이익과 경상이익을, 또 금리보다 높은 순이익을 낼 수 있는 회사에 투자하는 것이다. 그리고 그 회사가 가장 나쁠 때도 최소한 금리만큼의 배당을 주거나 혹은 그만큼 가치가 커지는 한 그 회사에 대한 장기투자는 앞서 설명한 논리대로 사회적 자산증가분에 상당한 레버리지를 더한 수익을 보장해줄 것이다.

이것은 그렇게 어려운 일이 아니다. 당신이 식당을 하고 싶다면 CJ나 풀무원을, 술집을 하고 싶으면 두산을, 도박장을 열고 싶으면 강원랜드를, 제조업을 해보고 싶다면 그에 해당하는 기업을 살펴보라. 당신은 이미 그 사업을 해보고 싶을 만큼 스스로를 과대평가하고 있으므로 이미 그 사업을 영위하는 회사의 가능성을 살피는 일은 그리 어렵지 않을 것이다.

만약 그 회사가 장사가 시원찮고, 금리가치 이상의 수익을 내지 못하거나 레버리지를 보여주지 못하면 냉정하게 포기하라. 그러나 그 회사가 당신이 처음 생각한 조건을 충족시켜준다면 끝까지 그 회사와 동행하라. 그것이 장기투자다. 즉, 주식투자에서의 장기투자는 그 회사를 효율적으로 대리 경영하는 것이며, 내가 주주로 참여하는 회사의 영업가치와 자산에 주목하는 것이다.

주가의 모멘텀을 살피거나 시세에만 지나치게 민감하면 기본적으로 장기투자라고 볼 수 없다. 하지만 단기투자의 관점에서 주식을 한 달 만에 사고파는 사람이 그 회사의 영업이익 증가율이나 자기자본이익률과 배당을 열심히 살피는 것도 난센스다. 단기투자는 어디까지나 가격의 변동성에 주목하고 수요공급과 투자자 심리를 기준으로 판단하는 직관이 필요하다.

결국 장기투자는 경제의 커지는 파이와 동행하는 것이고, 이 경우에 장기투자는 플러스섬 게임이다. 그러나 줄을 잘못 서면 마이너스 게임이 될 수도 있다.

장기투자는 자산가치의 증가를 다른 사람들과 공동으로 누릴 수 있으므로 모든 투자자가 동시에 이익을 취할 수도 있다. 사회적 자산가치가 10배 증가하면 유용한 수단에 투자한 장기투자자는 30배의 이익을 올리고, 그렇지 못한 장기투자자는 2배의 수익을 올릴지언정 어떤 경우에도 장기투자의 강점은 있을 것이다.

그러나 단기투자의 경우에는 문제가 다르다. 그것은 성장의 파이를 나누는 것이 아니라 가격의 유동성에 관심을 가지는 것이다. 따라서 단기투자는 파이를 키울 수 없고 그 성과는 이긴 자에게만 돌아간다. 결국 단기투자에서는 승리한 소수를 제외하고는 결과적으로 폭탄 돌리기가 될 것이다.

물론 당신은 그 폭탄의 주인공이 아니라고 믿을 테지만 애석하게도 그 폭탄은 다른 사람보다 당신 손에서 터질 가능성이 더 높

●●● 모멘텀

가격에서 일종의 가속도 원리를 도입하여 부르는 용어. 물리학에서는 F=ma, 즉 힘은 질량과 가속도에 비례하는데 이것은 결국 가속도가 빠를수록 힘이 강하다는 뜻이다. 이것을 가격에 치환하여 생각하면, 가격 역시 단기간에 빠르게 상승하면 가격의 힘이 큰 것이라는 전제하에 한번 강하게 형성된 가격은 당분간 같은 방향으로 움직인다고 보는 관점이다. 때문에 가격은 한번 오르기 시작하면 계속 오르고, 내리기 시작하면 계속 내리는 지속적인 성향을 보이는데 이런 속성을 이용한 투자를 모멘텀 투자라고 부른다.

다. 더구나 장기투자에서는 부동산과 주식 어느 쪽을 택하더라도 최소한 브로커에게 수수료를 이익보다 더 자주 지불할 우려는 없다. 장기투자는 플러스섬이고 단기투자는 마이너스섬이다. 장기투자는 모두가 이길 수 있지만 단기투자는 모두 질 수도 있다.

시골의사의 투자 노트

장기투자는 확실히 승리할 확률이 높다. 하지만 장기투자의 최우선순위는 금리투자를 기준으로 해야 한다. 장기투자에서 가장 중요한 것은 수익보다 리스크 관리이기 때문이다. 주식으로 한 해에 50퍼센트를 벌 수는 있지만 대신 한 해라도 손해 보지 않기란 여간 어려운 일이 아니다. 하지만 복리예금은 비록 작아 보이지만 단 한 해도 손실을 안겨주지 않고 원금을 차곡차곡 불려준다. 만약 당신이 금리 이상의 이익을 통해 부자가 되려고 한다면 반드시 금리 이상의 영업이익을 낼 수 있는 확실한 수단을 확보한 다음 그것의 레버리지를 최대한 키워야 한다.

10

단기투자가
실패하는 이유

얼마 전 한 설문조사에 따르면 78.6퍼센트의 부모들이

자신은 단기투자를 해도 자녀들에게는 장기투자를 권유하겠다고 한다.

단기투자 방식으로는 성공하지 못할 것이라는 사실을 알기 때문인데

그러면서도 이들은 왜 단기투자를 거듭하는 것일까?

거래비용의 악몽

모텔에서 포커판을 벌였다면 돈을 번 사람은 누구일까? 바로 모텔 주인이다. 재테크도
카드게임과 같다. 부동산에 투자하면 부동산 중개인과 세금을 부과하는 정부만 이익을 본다.

당신이 친구들과 모텔에 모여앉아 카드놀이를 한다고 가정해보자.
5명이 각자 10만 원씩 가지고 게임을 했는데 4명이 모두 잃었다면
나머지 한 사람이 40만 원의 수익을 내야 마땅하다. 그러나 모두
자리를 털고 일어날 즈음 그는 고작 20만 원을 땄을 뿐 판돈 중 나
머지 20만 원은 증발한다.

그가 개평을 주기 싫어서 딴소리를 하는 것일까? 그렇지 않다.
판돈 중의 거의 절반은 모텔 주인의 호주머니에 들어가 있다. 당신
들이 게임을 하기 위해 빌린 모텔비와 중간중간에 주문해서 마신
맥주와 음료수 등의 간식비로 증발한 것이다.

우리가 하는 재테크라는 머니게임은 곧 이런 카드게임을 하는
것과 같다. 부동산투자로 돈을 버는 것은 부동산 중개인과 세금을
부과하는 정부다. 당신이 아파트에 투자를 하는데, 1가구 1주택자
라면 제아무리 아파트 값이 올라도 결국 평가액만 변하는 것이고,
1가구 2주택자라면 정부와 동업하는 것이며, 1가구 3주택자라면
이때의 수익구조는 정부가 대주주인 셈이다. 더구나 부동산거래와

관련해서 매도자와 매수자가 지불하는 비용과 거래세, 그리고 양도차익에 부과하는 세금 등을 감안하면 부동산거래가 잦을수록 투자자의 파이는 작아질 수밖에 없다. 다시 말해 거래가 많을수록 투자자의 돈은 점점 모텔 주인의 호주머니로 들어간다는 뜻이다.

그렇다면 주식은 어떤가? 주식을 거래하기 위해 지불하는 최소 비용은 대개 거래당 1퍼센트 수준으로 부동산과 비교하면 훨씬 적다. 그러나 주식은 거래가 간편하기 때문에 거래의 빈도는 부동산과 비교할 수 없을 만큼 잦다. 따라서 투자자가 거래하는 주식의 막대한 거래비용은 증권거래세라는 이름으로 세수 부족에 시달리는 정부의 곳간을 채우고, 여의도 스카이라인을 장식하고 있는 증권사들의 사옥과 5만 명에 이르는 증권사 직원과 관련 기관의 직원들을 먹여 살린다. 물론 사람들의 거래가 잦으면 잦을수록 이들의 성과급은 올라가고 지점 수는 늘어난다.

그에 비해 거래의 결과는 어떠한가? 대수의 법칙에 따라 가격이 오르면 유동성은 기하급수적으로 증가한다. 1주당 3만 원이던 삼성전자가 60만 원이 되면 같은 삼성전자를 1주 거래하는 데 들어가는 비용은 57만 원이라는 단순 차액과 더불어, 거래비용 역시 급증한다. 3만 원의 삼성전자를 거래할 때는 300원이 거래비용으로 나갔지만 60만 원이 되면 6,000원이 지출된다.

이 거래량이 같은 10만 주라고 가정하면 총 필요 유동성은 30억 원에서 600억 원으로 급증하고 거래비용은 3,000만 원에서 6억 원으로 급증한다. 다시 말해 삼성전자 한 군데서 하루 6억 원이 시장 밖으로 새어나가게 되고, 같은 거래량에 무려 20배의 유동성이 필요해진다.

이런 식으로 주가가 계속 오르면 어떻게 될까? 주식 가격이 2배 오르기 위해서 필요한 유동성은 국면에 따라 기하급수적으로 늘어난다. 주가지수 250에서 500으로 2배가 될 때 필요한 유동성보다 1000에서 2000으로 2배 오르기 위해 필요한 유동성은 10배나 더 크다. 더구나 여기에 거래비용으로 새어나가는 돈까지 합치면 그야말로 홍수에 구멍 난 댐처럼 필요한 유동성이 부풀려진다.

따라서 가격이 오르면 오를수록 시중의 유동성은 한계에 이르게 된다. 가격이 두세 배 급등하는 동안 시중의 유동성은 빠른 속도로 시장으로 흡수되고 마지막 남은 아이들 돼지저금통까지 배를 갈라 시장에 나오고 나면 더 이상 유입될 자금이 없어진다.

이때쯤이면 돈을 빌려서 투자하는 사람으로 인해 금리는 점점 인상되고 시장이 만들어준 부의 효과 때문에 룸살롱은 흥청거리지만, 어느 누구도 내일의 시장이 더 오를 것이라는 점을 의심하지 않는다.

가격이 정점에 이르면 가격 상승이 둔화되지만 중요한 것은 거래량의 급증이다. 더 이상 시장에 풀릴 자금이 바닥나면 기존의 자금들이 폭탄 돌리기를 시작하는 것이다. A를 팔아 B를 사고, C를 팔아 D를 사거나, A를 팔아 다시 A를 사는 일이 빈번해진다.

이쯤 되면 자금 회전율이 급증한다. 시장의 매수 자금은 신규 자금이 아니라 기존 자금의 폭탄 돌리기로 이루어지고, 손 바뀜이 빠르게 일어난다. 즉, 들어오는 자금은 중단되고 기존 자금은 거래비용으로 빠르게 소진되어간다. 부동산시장에서도 시장을 중개하는 브로커들이 돈을 벌어 땅 사고 집 살 때쯤이면 이미 파국이 임박한 것이다.

그나마 주식시장은 사정이 나은 편이다. 주식시장은 거래 빈도를 짐작할 수 있는 자료들이나 기준들이 많지만, 부동산의 경우는 당장 눈앞에서 심지에 불이 붙은 폭탄이 돌아가는데도 전혀 눈치채지 못한다. 거래량 증가가 신규 자금의 유입인지 회전율의 증가인지를 판단하기 어렵기 때문이다.

결론적으로 당신이 행하는 모든 투자행위의 종말은 대수의 법칙을 따른다.

기업 실적을 기준으로 주식을 산다고 가정해도 기업의 주당순이익이 100원에서 200원, 400원, 800원, 1,600원, 3,200원으로 계속 오를 수는 없는 것이다. 그리고 정점은 항상 모두가 추가 상승을 믿어 의심치 않는 지점에 있다는 것을 명심하라.

주당순이익이 늘어나면 기업은 앞서 설명한 레버리지 효과로 인해 새로운 사업을 벌이거나 아니면 설비를 증설할 것이고, 거기에 소요되는 자금은 증자를 통해 조달할 것이다. 그렇게 되면 주식 수가 늘어나고 자본금이 증가하며, 주당순이익은 다시 떨어지겠지만 그 과정에서 실제 주식을 거래하는 데 필요한 유동성은 빠른 속도로 설비자금으로 전환되어버린다. 이것은 주식시장의 선순환 논리지만 가격 논리에서 본다면 악몽이다.

단기투자자가 실패하는 이유는 여기에 있다. 단기투자자들의 게임은 하우스에 매 게임 판돈을 뜯기는 게임이고, 장기투자자들의 게임은 판돈에 손을 대는 어깨들이 없다. 그래서 단기투자자들은 상대를 죽여야 내가 사는 것이고, 장기투자자들은 파이가 커지는 국면까지 기다려서 파이가 커지면 여유 있게 나눠 가질 수 있다는 차이가 있다. 물론 장기투자에서도 파이가 줄어드는 국면에 판을 떠나면 어쩔 수 없는 일이다.

초심자의 행운이 불운으로 다가올 수 있다

초기에 성공한 사람들이 자신의 행운에 도취되어 그것을 실력이라고
믿기 시작하면 행운의 여신은 어느새 사라지고 파국이 기다리고 있다.

모든 개인투자자는 투자 시점을 경기 고조기에 선택하게 된다. 기본적으로 경기가 하강하고, 자산가치가 떨어질 때 투자에 뛰어들 개인투자자는 없다. 부동산 가격이 지나치게 하락했다고 부동산을 사들이거나, 주식시장이 고점 대비 급락했다고 주식을 사들이는 사람들은 기존에 투자를 하고 있던 올드멤버들이다.

처음 투자에 뛰어드는 사람들은 대개 주변 사람들의 흥분에 전염되어 시작한다. 최근 급격히 증가한 적립식 펀드나 은퇴자금 모으기 등은 자산을 운영하는 보험사나 운용사들의 전략에 기인한 바가 크다. 그들이 전파하는 부의 논리는 항상 마음을 조급하게 한다. 특히 부동산이든 주식이든 투자에서 성공한 사람들의 이야기는 우리를 흥분시키고 새로운 모험에 대한 기대로 들뜨게 할 만큼 매력적이다.

그래서 투자자가 최초 투자를 결심하는 것은 대개 경기가 고조되고 시장의 흥분이 한껏 부풀어 오를 때다. 또 그 때문에 처음에 자

산투자를 시작하는 투자자들은 거의 대부분 초기이익을 내게 된다.

생각해보라. 대한민국 주식시장이 지난 3년간 계속 오르다가 하필이면 당신이 주식시장에 뛰어드는 순간부터 하락할 확률이 얼마나 되겠는가? 또 전국의 아파트 가격이 천정부지로 오르는데 당신이 아파트를 산 다음 날부터 갑자기 아파트 값이 하락세로 돌아선다면 당신은 확률적으로 선택받은 사람일지 모른다. 그런 불운의 확률이 있는 사람은 역설적으로 로또에 당첨될 행운의 확률도 있을지 모른다.

살다 보면 예기치 못한 불운이 있을 수 있다. 그러나 사실 그것은 불운이 아니라 행운이다. 당신이 한 번도 주식투자를 해본 적이 없고, 땅이나 아파트도 사본 적이 없다가 처음으로 시작한 부동산 거래에서 수익을 남긴다면 그것은 마치 첫날밤을 맞은 새신랑의 기분만큼이나 흥분되고 가슴 떨리는 일이 될 것이다.

반대로 당신이 난생 처음으로 부동산이나 주식투자를 시작했는데, 막 사들이자마자 손해를 보았다면 당신은 아마 당분간은 투자라면 뒤도 돌아보지 않을 것이다. 잘 알지 못하는 일에 귀중한 자산을 투자하는 것은 상당히 마음 졸이는 경험이다.

그런데 다행인지 불행인지 당신에게 초심자의 행운이 뒤따른다. 당신이 시장에 뛰어든 시점은 이미 가격의 가속도가 붙어 있고 그런 상태에서는 급제동을 걸 수 없다. 고장 난 택시가 언덕에서 달려오다가 내 앞에서 갑자기 멈출 수는 없는 것이다. 나를 지나서 한참을 미끄러져 내려가야 간신히 질주를 멈춘다.

시장은 항상 초심자에게 미소를 짓는다. 그러나 이 치명적인 이익은 당신을 단기투자의 늪에 빠뜨린다. 당신이 첫 거래에서 맛본 달콤한 수익은 새로운 거래를 시도하게 하고 아직 가속도가 살아 있는 시장은 이후에도 당신에게 몇 번씩이나 달콤한 성공을 안겨 줄 것이다. 그러나 그것은 팜므파탈의 치명적인 유혹과 같다.

초기에 성공한 수많은 사람들이 자신의 행운에 도취되어 그것을 실력이라고 믿기 시작할 때, 그리고 움츠리고 두려워하며 시작했던 조심스러운 초보자의 모습에서 거만하고 도도하며 승리자의 기름진 표정으로 바뀔 때쯤이면, 행운의 여신은 어느새 사라지고 파국이 기다리고 있다.

모든 사람들이 성공을 확신할 때, 여관방에 모인 도박꾼들이 각자 대박을 꿈꿀 때, 이제 무엇인가를 안다고 자신할 때, 두려움이 사라질 때, 두둑해진 지갑을 만지며 호기롭게 술과 안주를 주문할 때, 불행은 시작되는 것이다. 이것이 바로 단기투자의 함정이다. 사실 일반적인 개인투자자 중에는 장기투자자를 찾아보기 어렵다.

장기투자는 계획되고 통제되어야 한다

장기투자에서는 손실 위험과 기대이익 사이의 적절한 균형을 유지하는 것이 중요하다. 그리고 내가 선택한 포트폴리오의 위험도가 높아지면 언제라도 수정할 수 있어야 한다.

당신은 단기투자자인가, 장기투자자인가? 다음을 읽고 그렇다고 생각하면 "예" 그렇지 않으면 "아니요"로 답해보라.

- 장기투자란 주식이든 부동산이든 한 번 사면 일단 3년 이상

은 보유하고 보는 것이다.

- 나는 장기투자자이므로 투자기간을 정하는 데 단기금리는 중요 변수가 아니다.
- 주가나 부동산이 오르면 배당수익률과 임대수익률은 떨어지는 것이 당연하다.
- 나는 장기투자자로 투자기간 중 종목을 교체하지 않는다.

위 내용 중 한 가지라도 "예"라고 대답할 수 있다면 당신은 장기투자의 의미를 제대로 이해하지 못하고 있다.

먼저 장기투자란 의도하는 것이 아니다. 다시 말해 장기투자를 위한 장기투자는 세상에서 가장 무모한 것이다. 시장에서 장기투자를 이야기하는 원리는 당신이 생각하는 것처럼 단순히 기간이 길다고 해서 장기투자가 되는 것이 아니다.

당신이 어떤 기준으로 무엇인가에 투자를 했다고 가정하자. 이때 당신은 어떤 의사결정 과정을 거쳤는가? 또 당신의 해결책은 무엇인가?

사람의 목표에는 '계획'과 '기대' 두 가지가 있다. 예를 들어 당신이 신발공장을 운영하고 있다고 해보자. 당신의 공장은 인력과 기계설비 규모에 맞추어 하루 2,000켤레의 신발을 생산하고 있으며, 자금 여력과 영업망을 고려하여 갑작스러운 주문의 증가나 감소에 유연하게 대응할 수 있도록 월 1만 켤레의 재고를 가지고 있다고 하자. 이것은 '계획'한 것이다. 당신은 이 계획을 스스로 통제할 수 있고 또 그래야만 한다.

그러나 당신이 이 계획에 입각하여 월 5만 켤레의 신발을 팔겠다는 계획은 당신이 통제할 수 없는 것이다. 이것은 당신의 통제 영역이 아닌 경제적 상황, 신발의 수요, 신발의 품질들이 씨줄과 날줄처럼 엮여서 실제로는 6만 켤레를 팔 수도 있고, 아니면 1만 켤레도 팔지 못할 수도 있다. 이때 월 5만 켤레의 신발을 판매한다는 것은 계획이 아니라 '기대'다. 하지만 계획의 범위를 정할 수 없다면 애당초 '기대'는 없다. 당신이 신발공장을 짓고 생산을 시작하지 않으면 월 100켤레든 1만 켤레든 신발은 아예 존재하지 않는다.

재테크도 마찬가지다. 계획의 범주에서 통제 가능한 것을 우선적으로 통제해야 한다. 재테크의 목적이 자산을 유지하는 것인가(예금), 아니면 늘리는 것인가(신발공장)를 선택해야 한다. 만약 늘리는 것이 목적이라면 기대하는 목표수익(판매량)과 계획하는 위험부담(재고) 사이에서 감당할 수 있는 범위가 어디까지인지 결정해야 한다.

당신의 자산에서 위험을 감당할 수 있는 범위와 목표 수익률을 정하고, 위험 순위에 따라 자산을 배분한 다음, 투자를 시작하는 것이다. 다시 말해 위험은 계획되고 수익은 기대되는 것이 투자다.

그런데 안타깝게도 대부분의 사람들이 위험은 기대의 영역으로 다루고 수익은 계획의 영역으로 취급하는 어리석음을 범한다. 게다가 종종 그들은 계획 밖의 위험에 직면해서 자신을 재기 불능의 상태에 빠뜨리기도 한다.

장기투자란 이런 관점에서 시작해야 한다. 장기투자는 계획되고 통제되어야 한다. 물론 그것은 클 수도 있지만 반대로 작을 수도 있다. 그러나 그것이 손해를 끼치는 일은 거의 없다. 왜냐하면 그 손해는 이미 예측한 범주의 것이기 때문이다.

따라서 장기투자에서 중요한 것은 내가 감수할 수 있고 사전에 예상할 수 있는 손실 위험과 기대이익 사이의 적절한 균형을 유지하는 것이다. 그리고 내가 선택한 포트폴리오가 계획을 벗어나 위험도가 높아지면 언제라도 수정할 수 있어야 한다.

두번째, 기대와 위험은 반드시 인플레와 금리를 기준으로 선택해야 하고 계획은 금리를 기준으로 수정해야 한다. 당신의 기대이익과 손실 위험의 기준은 인플레와 금리이므로 금리가 상승하면 위험을 줄이고, 금리가 하락하면 기대이익을 키우는 방향으로 균형을 맞추어야 한다.

단기투자가 실패하는 데는 여러 가지 요인이 있지만 가장 기본적인 것은 거래비용과 초심자의 행운에 의한 것이다. 단기투자를 하려면 거래를 자주 해야 하는데 주식투자든 부동산투자든 거래비용을 빼고 나면 실질 이익은 대폭 줄어든다. 결국 잦은 거래는 중개인과 정부의 배만 불리는 셈이 된다. '초심자의 행운' 역시 단기투자의 늪에 빠뜨릴 위험이 있다. 경기 고조기에 시장에 뛰어들어 첫 거래에서 달콤한 수익을 맛보았다면 계속해서 새로운 거래를 시도하게 될 것이다. 그래서 자신의 행운에 도취되어 그것을 실력이라고 믿기 시작하면 행운의 여신은 어느새 사라지고 파국이 기다리고 있다.

11

이제는 수익률 싸움이다

"고위험 고수익"이라고 하지만 실제 투자에서

부자는 위험을 지지 않음으로써 계속 부자로 남고,

가난한 사람은 쉽게 위험을 부담함으로써 대부분 나락으로 떨어진다.

하지만 적당한 위험을 감수하면서 성공률을 높일 수는 없는 것일까?

10억 원을 모으려면 얼마나 걸릴까

월 100만 원씩 모아도 10억 원을 모으는 데는 현재 금리로 대략 70년 이상 걸린다.
따라서 노후자금 10억 원은 평범한 월급쟁이에게는 절망을 안겨주는 액수다.

우리가 노후에 안전판을 만들기 위해서는 10억 원이 필요하다는 기준을 받아들였다고 생각해보자.

이 부분은 굳이 노후 준비에 필요한 10억 원이라는 개념보다는 통념적으로 우리 사회에서 조상에게서 땅을 물려받거나 사기를 치지 않고 합법적으로 개인이 모을 수 있는 부의 보편적 목표치라고 하자. 그렇다면 10억 원을 모으기 위해서는 시간이 얼마나 걸릴까?

2006년 현재 도시노동자의 평균 급여는 세전 월 250만 원 수준이지만, 우선 A라는 사람의 급여 실 수령액을 월 300만 원이라고 가정하자(이것은 기업뿐 아니라 1인 고용의 사업장까지 포함할 때 우리나라 월급쟁이들의 평균 급여다). 이 중 약 200만 원을 생활비와 교육비 등으로 쓰고, 기타 보험이나 일체의 다른 지출이 없이 월 100만 원씩 저축한다고 가정하면, A가 10억 원의 자산을 모으는 데는 현재의 금리 기준으로 대략 70년 이상 걸린다.

10억 원이라는 자산이 은퇴 후 삶을 유지하는 최소한의 안전장치라는 관점에서 본다면 A는 부모가 재산을 물려주거나 로또에 당첨되지 않는 한 노후를 보장받을 수 없다. 만약 10억 원이 정말 모두가 도달해야 하는 목표라면 이 나라의 평균적인 국민들은 꼬박 꼬박 월 100만 원씩 저축한다고 해도 결코 노후의 안전판을 마련하지 못한다는 결과가 나온다.

다시 말해서 보통 사람은 아무리 노력을 해도 자신이 은퇴 시점에 이를 때까지 충분한 보장을 받지 못한다는 의미이고, 심지어는 태어나면서부터 매달 100만 원씩 저축해도 70세에나 겨우 은퇴할 수 있다는 의미이기도 하다. 이것은 막연하게 10억 원이라는 상징적 숫자를 꿈꾸던 사람들에게 절망을 안겨주기에 충분하다.

왜 수익률이 중요한가

투자와 위험의 상관관계가 뚜렷함에도, 실제 투자에서는 부자는 위험을 지지 않음으로써 계속 부자로 남고, 가난한 사람은 위험을 쉽게 부담해 대부분 나락으로 떨어지게 된다.

사실 재테크의 철학은 여기에서 시작한다.

정상적인 보통의 수단으로 목표를 이룰 수 없다면 그 다음 선택은 위험을 감수하는 것이다. 다만 '어차피 도달할 수 없다면 적당한 위험을 감수한다.'는 생각이 일반화될 때, 이 '적당한'은 과연 어느 정도의 수준을 말하는 것일까? 역설적이지만 여기에서 부자와 빈자의 재테크에 대한 생각이 엇갈리기 시작한다.

부자는 10억 원이 '어차피 도달할 수 없는' 목표가 아니므로 위험을 감수할 필요가 없고, 빈자는 '어차피 도달할 수 없다면 도박이라도 하겠다.'는 심정으로 극단적인 위험을 선택하게 된다. 다시 말해 목표의 실현 가능성이 낮을수록 위험을 감수하려는 경향이 커진다는 것이다. 사실 이것은 대단히 역설적이다.

이렇듯 투자와 위험의 상관관계가 뚜렷함에도, 실제 투자에서 부자는 위험을 지지 않음으로써 계속 부자로 남고, 가난한 사람은 위험을 쉽게 부담함으로써 대부분 나락으로 떨어지게 된다.

그러나 어떤 경우에는 신중하게 같은 수준의 리스크를 선택해도 성공 확률이 높을 때도 있고, 그 반대일 경우도 있다. 예를 들어 당신이 주식투자를 시작했는데 때마침 종합주가지수가 막 오르기 시작했다면 비록 당신은 초보자이고 주식시장은 리스크가 큰 시장이지만 어느 수준까지 이익을 낼 수 있었을 것이다. 하지만 당신이 많은 준비를 하고 주식시장에 뛰어들었는데 마침 대세 하락이 시작되는 시점이라면 돈을 벌 가능성은 거의 0에 가깝다. 이것은 당신의 운과 판단에 따라 그 순간이 위험 국면이 될 수도 있고, 반대로 기회 국면이 될 수도 있다는 것을 잘 보여준다.

부자가 되려면 혜안이 필요하다는 말은 바로 이런 국면을 올바로 읽을 줄 알아야 한다는 의미다.

한 달에 몇 퍼센트의 수익률을 올리십니까

"한 달에 얼마를 버느냐?" 혹은 "한 달에 얼마를 모으느냐?"가 중요한 게 아니라
"한 달에 몇 퍼센트의 수익을 올리느냐?"가 더 중요하다.

다시 위험으로 돌아가서 10억 원을 모으는 데 70년 이상이 걸릴 경우 A가 선택할 수 있는 수단은 하나밖에 없다. 바로 투자수익률을

올리는 것이다.

사회나 국가가 혹은 개인이 지속적으로 성장하면서 그 성과를 나눌 수 있을 때는 사실 비율의 문제가 그렇게 중요하지는 않다. 성장이란 일자리가 늘어나고 임금도 상승한다는 뜻이며, 국가와 개인이 공히 부자가 되어간다는 뜻이다. 이때는 그저 누가 덜 쓰고 아끼고 모으느냐에 따라 전체적인 부의 수준이 달라진다.

예를 들어 당신의 월급이 100만 원이든 200만 원이든 어쨌든 그 돈으로 생활을 유지하고 있고, 국가도 GNP가 1,000달러든 1만 달러든 나름대로 생존할 것이다. 그러나 당신이 비록 월 100만 원을 받더라도 그것으로 생활을 유지할 수 있고, 내년에 110만 원, 그 다음 해에 121만 원을 받을 수만 있다면 당신은 시간이 경과할수록 나머지를 저축할 수 있을 것이다(물론 그러려면 회사와 국가가 지속적으로 고도성장하면서 당신의 일자리가 보장된다는 전제가 필요하다). 또 국가는 국가대로 해마다 세수가 증가하고 1인당 GNP가 높아진다면 상당히 계획적일 수 있을 것이다.

사실 과거와 같은 고도성장 국면에서는 절대적인 부의 총량은 비록 미약하더라도 부를 축적하는 기본 개념은 '총량의 증가'다. 따라서 이때는 돈을 산술적으로 차곡차곡 모으는 것이 가장 이상적이다. 과거 우리가 자주 쓰던 '티끌 모아 태산'이라는 구호에는 이러한 축적의 이데올로기가 숨어 있다.

그러나 성장이 정체되고, 기대 수준이 높아져 고용비용이 증가하면 결국 어느 수준에서는 생산성을 맞추기 위해 고용이 감소한다. 만약 그렇지 않다면 그것은 가격에 반영되어 인플레가 증가하고 늘어난 임금의 가치는 인플레만큼 하락함으로써 결과적으로 임금 상승은 아무런 의미가 없어진다.

어쨌거나 이 경우 부의 절대적인 수준은 분명히 과거보다 커지고 사람들은 부자가 된 듯하지만, 현재의 부를 기준으로 미래를 보장할 수 있는 안전성은 그만큼 작아진다. 즉, 예전보다 먹고사는 문제는 분명히 나아졌지만, 대신 미래가 지금보다 좋아지거나 최소한 지금 수준의 부를 유지할 자신은 없어지는 것이다. 이 경우에는 미래에 더 높은 수입을 올릴 가능성이 줄어들 뿐 아니라 수입에서 미래가치 부분이 사라진다.

이때 수익률은 어떻게 성립하는지 살펴보자.

당신이 30세라면 월 100만 원씩의 예금(연리 5퍼센트)으로 10억 원을 모으려면 최소 100세가 되지만(결국 생전에는 불가능하다), 만약 월 100만 원씩 연 수익률 15퍼센트의 투자수단에 돈을 맡긴다면 당신은 65세가 되기 전에 10억 원을 모을 수 있다. 그러고 보면 연 수익률 15퍼센트라는 어려운 목표에 도전하지 않으면 10억 원의 꿈은 결국 도달할 수 없다는 뜻이다. 그러나 만약 당신에게 지금 당장 1억 원의 자금이 있고 그 1억 원을 바탕으로 월 100만 원씩을 추가로 투자한다면 당신은 15퍼센트가 아닌 연 10퍼센트의 수익률만으로도 은퇴 시점에서 10억 원의 목표에 도달할 수 있다.

이것은 무엇을 의미하는가?

은퇴 시점에 10억 원을 보유해야 한다는 것은 앞서 말했듯이 시스템이 조장한 위기에 지나지 않는다. 왜냐하면 당신이 현재가치로 은퇴 시점에 5억 원을 보유했다 하더라도 당신은 그것을 금고에 넣어둔 채 곶감을 빼먹듯이 쓰기만 하지는 않을 것이며, 그 돈을 최소 연리 5퍼센트의 안전자산에 맡겨둘 경우 원금을 까먹지 않더라도 월 200만 원의 안전한 이자소득이 발생할 것이기 때문이다.

그렇다면 현재가치 3억 원일 경우라면 어떨까?

그것 역시 월 100만 원 이상의 안전 소득을 발생시킬 것이고, 따라서 노년기의 삶을 위태롭게 할 만한 수준은 아닐 것이다. 따라서 요즘 위기를 조장하는 논리들, 예를 들면 인플레에 의한 화폐가치의 하락을 감안한다면 미래의 7억 원이나 10억 원은 결국 현재의 3억 원이나 5억 원의 가치밖에 되지 않을 것이므로, 백번 양보하더라도 최소 10억 원은 있어야 한다는 주장들은 다분히 음모의 냄새가 짙다.

독자들은 이미 눈치 챘을지 모르겠지만 이쯤에서 고백하자면 월 100만 원씩 70년 이상을 모아야 10억 원이 가능하다는 명제는 한편으로는 맞지만 한편으로는 새빨간 거짓말이다.

지금 100만 원의 저축은 인플레를 감안하면 10년 후와 20년 후, 30년 후에는 그 가치가 급속히 하락하기 때문에 현재 월 100만 원이라는 개념도 인플레를 감안한 미래가치로 수정되어야 한다.

즉 "개미처럼 100만 원씩 모아도……"라는 말은 인플레를 감안할 때 처음에는 100만 원씩, 15년 후에는 50만 원씩 다시 15년 후에는 25만 원씩 저축을 한다면 현재가치 기준으로 10억 원을 만드는 데 70년 이상이 걸린다는 말과 같다. 즉, 시간이 흐르면 저축액 역시 실제 부담률이 줄어들게 되므로, 차라리 "지금 월수입의 3분의 1을 모으는 사람이 그 상태로 계속 모아 나간다면……"으로 바꾸어야 하고 그럴 경우 10억 만들기가 꼭 불가능한 일만은 아닐 것이다.

또 앞으로 20년, 혹은 30년 후 당신이 보통의 생활을 하고 있는 이 시대의 보통 사람이라면 국민연금(얼마가 될지는 모르지만)이나 개인연금, 그리고 퇴직연금, 노령연금, 생명보험, 건강보험 등에서 최소한 두세 가지 이상은 도움을 받게 될 것이다. 아울러 우리나라가 개도국 수준으로 후퇴하지 않는 한 복지 수준의 향상으로 사회안전망이 확충될 것을 고려한다면 솔직히 현재가치로 10억 원이 없어도 여생을 살아가는 데는 전혀 무리 없을 것이다.

다시 말해 미래의 사회안전망의 확충 부분이 최소한 인플레 요인으로 인한 자산가치 하락은 충분히 상쇄시킬 수 있을 것이라는 점을 기억해두자. 즉, 당신이 저축을 위해 매달 떼어내는 돈은 가치 하락을 통해 줄어들지만, 나중에 그렇게 해서 모은 은퇴자금은 연기금이나 사회안전망의 확충으로 충분히 가치 하락을 보상받게 될 것이라는 뜻이다.

그렇다면 10억 원의 꿈은 너도나도 초조하게 매달려야 할 만큼 절박한 생존의 문제가 아닐 수 있다. 그것은 단지 개인적 성취의 문제로 여겨도 좋을 것이다. 이 점은 대단히 중요하다.

만약 10억 만들기가 진짜로 생존을 위해 반드시 이루어야 할 절박한 문제라면 (1) 아예 자포자기하거나(예금의 경우), (2) 투기판에 뛰어들거나(향후 30년간 연 15퍼센트의 투자수익률), (3) 최소한 1억 원 이상의 종자돈을 가진 상태에서 연 10퍼센트의 투자수익률을 올려야 하는 상황에 맞닥뜨리게 된다. 그리고 당신은 좋든 싫든 그저 살아남기 위해서 (1), (2), (3)의 순으로 상황을 선택하게 될 것이다.

그러나 절박한 목표가 아니라 단지 부를 누리고 싶은 성취의 문제라면 당신은 (3), (2), (1)의 순으로 상황을 선택할 수 있다. 그것은 단지 성취를 위한 목표일 뿐, 곧 생존의 문제는 아니기 때문이다. 그러나 당신이 어떤 철학을 가지고, 어떤 방법을 택하더라도 이 시대의 보통 사람이고 10억 원이라는 목표를 가져야 한다면 앞으로 당신의 재테크는 정액의 개념에서 정률의 문제로 전환하지 않고는 결코 목표에 도달할 수 없을 것이다.

그래서 머지않아 중매쟁이들이 선남선녀를 맺어주려면 "한 달에 얼마를 버느냐?" 혹은 "한 달에 얼마를 모으느냐?"가 아니라 "한 달에 몇 퍼센트의 수익을 올리느냐?"라는 질문에 대해 답할 수 있어야 할지도 모른다.

성장정체기의 투자란 양이 아니라 비율

지금처럼 사람들이 너도나도 재테크에 관심을 두는 것은
현재에 대한 불안과 미래에 대한 확신 부족 때문이다.

반드시 이 점을 명심하라. 당신이 먹고사는 문제가 아니라 현재를 뛰어넘는 큰 부를 꿈꾼다면 지금처럼 성장이 정체된 시기에는 양이 아니라 비율의 개념으로 투자에 접근하라. 그것이 주식이든 부동산이든 사업이든 간에 말이다.

앞서 말한 대로 수익률의 문제는 확장기에는 그리 큰 문제가 되지 않는다. 사람이나 국가나 현재가치가 지속적으로 상승할 때는, 혹은 자신이 충만할 때는 위험을 감수하지 않는다. 그러나 미래의 성장에 대한 불안이 생기고, 현재의 상황에 확신이 없으면 위험을 부담하려 하고, 만약 그 불안이 현실화될 경우 극단적인 위험을 택하기도 한다.

사람들이 너도나도 재테크에 관심을 두는 것도 곧 현재에 대한 불안과 미래에 대한 확신 부족 때문이다.

그렇다면 국가는 어떨까? 한 국가의 가장 귀중한 자원은 사람이다. 두바이처럼 쏟아지는 석유를 팔아 차곡차곡 도시를 건설했다 하더라도 그것을 운영하는 것은 사람이다. 우리는 인구구조가 가져오는 커다란 변화를 도외시했다. 인간이 동물행동학을 연구하고 사회학을 공부하는 이유는 동물 세계의 질서를 반면교사로 삼기 위해서다.

동물의 세계는 오만함이 없다. 그저 자연의 질서를 따를 뿐이다. 그러나 인간은 이성을 가지기 시작하면서 자연을 지배하려 들었고, 자연을 지배하기 시작하면서부터는 질서를 버렸다. 하지만 이성이 극복할 수 있는 질서란 없다.

우주와 생명의 질서는 인간이 탑을 지어 도달할 수 있는 것이 아니다. 동물의 번식은 그러한 이치를 따른다. 개체 수가 증가하면 분쟁이 일어나고, 스스로의 자정 능력으로 개체를 조절한다. 인간도 먹이사슬의 정점에서 개체의 수와 범위를 스스로 결정하는 듯 보이지만 사실은 거대한 질서 속에서 움직일 뿐이다.

인간 사회도 마찬가지다. 인간의 욕망은 과학과 산업의 발달을 가져왔지만, 결국 성취는 인간을 소외시켰다. 미디어의 발달은 체온을 필요로 하지 않고, 산업의 발달은 근육을 배제한다. 결국 생산물의 잉여는 인간 자체를 잉여 상태에 빠지게 하고 그 결과 인간의 개체도 줄어든다. 그리고 그것은 다시 화살이 되어 인간에게 돌아온다.

사회의 재화가 늘어나면 그 사회는 생산수단을 다른 곳에 하청을 준다. 그 결과 노동이 필요한 산업은 스프레드의 법칙에 따라 노동력이 풍부한 곳으로 옮겨가고, 이로써 과거 빈곤하고 사람이 남아돌던 사회에는 드디어 일자리가 늘어난다. 풍요로운 국가가 하청한 생산양식은 오랫동안 빈곤에 허덕이던 중국이나 인도와 같은 국가의 발전을 발화시킨다.

결국 앞선 국가는 그동안 모아둔 것을 까먹으며 정체하고, 뒤처진 국가는 그 뒤를 빠르게 따라잡는다. 대신 풍요롭지만 정체된 사회는 점점 초조해지고, 빈곤하지만 발전하는 사회는 점차 활력이 넘친다. 이것은 지난 20년 전의 종속이론의 뿌리를 뒤흔든다.

이런 노동력의 하청, 혹은 청부를 종속적 관점에서 해석하면 선진국의 후진국에 대한 착취가 되지만, 그 착취의 결과 국가 간의 격차는 좁혀진다. 하지만 그것은 결과적으로 앞선 사회가 겪은 정치사회적인 불안을 미래의 중국과 러시아, 브라질, 인도도 언젠가는 겪게 할 것이다. 인간 역시 질서가 순환하는 원리에서 벗어나지 못함을 극명하게 보여준다.

이렇게 정체된 혹은 정체되기 시작한 국가의 미래는 어떻게 움직일까?

수익률 게임에 동참하게 될 국가

국민연금의 투자수익률을 현재보다 2배로 늘릴 수만 있다면 문제의 대부분을
해결할 수 있다. 그래서 국가는 국가대로 수익률 게임을 벌일 수밖에 없다.

그것은 두 가지 관점에서 다시 평형을 되찾는다. 하나는 내부적 갈
등이다. 발전과정에서 축적한 부에 대한 분배 문제가 필연적으로
대두된다. 건강한 국가는 그것을 사회적 분배로 해결해나간다. 우
리보다 앞서 문제를 해결한 유럽의 경우는 잉여를 적절하게 배분
함으로써 국가 정체의 위기를 극복했다. 즉, 과도하게 집중된 부는
은퇴를 고민하는 보통 사람들을 위해 적절히 분배되고, 부의 획득
에 대한 정당한 질서가 강조되며, 빈부의 사회적 균형이 중시되면
넘치는 부는 사회안전망과 복지의 확대에 쓰인다.

이것은 당장은 아깝고 억울하지만 그렇지 않을 경우 야기될 사
회 불안을 생각하면 결국 우리가 미래를 위해 감당해야 할 사회적
보험에 가까운 것이다.

그것은 앞서 말한 3억 원만으로도 여유로운 은퇴 준비가 충분한
사회, 혹은 1억 원만으로도 적당한 삶을 유지할 수 있는 사회, 단
한 푼도 없이 은퇴하더라도 최소한 생계를 걱정하지 않아도 되는
사회로 나아가는 과정이다. 물론 이 과정에서 가진 자의 탐욕이 어
떻게 작용하는가가 관건이다. 그래서 부에는 책임이 따르며, 건강
하고 깨끗한 부자가 많은 사회일수록 혼란 없이 지속적으로 발전
한다.

반대로 부당하게 축적하거나 지나치게 부가 편재되어 균형을 이
루지 못하면 사회 불안이 증폭된다. 사람은 최소한의 삶을 보장받

지 못할 경우에는 모험을 하게 된다. 그래서 자식에게 먹일 우유를 살 돈이 없어 범죄를 저질렀다는 흉흉한 기사가 뉴스를 장식하게 되는 것이다.

다만 그 책임이 개인적인 태만에 근거한다면 그의 행위는 처벌받아 마땅하지만, 절대 다수에게서 그런 일이 일어난다면 문제는 달라진다. 사회는 불안해지고, 부자는 부를 지키는 데 그만큼 위험을 감수하고 대가를 지불할 준비를 해야 한다. 존경받지 못하는 부자의 부는 강탈의 대상으로 전락하게 된다.

이때 역사는 혁명이라는 수단을 선택해왔고, 이런 최악의 상황은 사회 전체를 다시 하향 평준화함으로써 역사의 시계바늘을 거꾸로 돌려놓는다. 그리고 그 사회는 혼란에 빠지고 모든 것이 파괴된 다음에 원점에서 다시 출발하게 될 것이다.

이 모든 문제들은 지금 우리들의 처지를 다시 한 번 돌아보게 한다. 우리나라 역시 성장이 정체되고, 양극화가 심각해졌다. 정부가 나서서 양극화를 해소하기 위해 부자의 취약점을 하나씩 공략하지만 그리 녹록한 것은 아니다. 인구는 감소하고, 그것은 생산력의 저하를 불러온다. 이 경우 국가는 선택의 여지가 없다.

아무리 과거 고도성장기의 성과물이 축적되어 있다 하더라도 그것을 공평하게 분배하기란 거의 불가능한 일이다. 그러려면 새로운 사회체제와 이데올로기를 받아들여야 하는데, 그렇게 역사의 시계바늘을 거꾸로 돌리는 것은 결코 해결방안이 될 수 없다.

결국에는 국가 역시 수익률의 개념에 눈을 뜨게 될 것이다. 사회적 안전을 보장하기 위해 국가가 선택할 수 있는 것은 사회안전망을 확보하는 것이다. 일부는 합법적이고 공정한 질서를 통해 채울 수 있지만, 나머지는 국가 스스로가 CEO의 마인드를 가질 수밖에 없는 상황으로 몰아갈 것이다. 기초 안전망이라 할 수 있는 국민연금도 결코 안전하지 않다.

2050년이면 65세 이상의 인구가 적어도 1,820만 명이 될 것이고, 2047년이면 국민연금이 고갈된다. 심지어 건강보험 재정마저 2015년 38조 원에서 2050년 276조 원 수준에 이르게 되면 대개 이 지점에서 각종 연기금 파산이라는 사회적 재앙이 예고되어 있다.

하지만 실제 위기는 연기금들이 0원이 되는 고갈 상황에서 벌어지는 것이 아니라, 그것이 피부에 와닿기 시작하는 지점, 즉 늦어도 2020년이면 위기를 체감하게 될 것이다.

이 상황에서 사회안전망의 붕괴는 필연적이다. 왜냐하면 앞서 설명한 대로 국민이 지금 위기의식을 느끼든 그렇지 않든 그것은 곧 노후의 자산에 속하는 것이기 때문이다. 국민 한 사람이 은퇴 후에 국민연금 100만 원을 받을 수 있다면 그 사람은 현재 금리로 이미 3억 원의 자산을 가진 것과 같고 병에 들었을 때 보험으로 치료받을 수 있는 권리는 또 그만큼의 자산가치를 가질 것이기 때문이다. 그런데 만약 이들 연기금이 고갈된다면 국민의 입장에서는 자산을 강탈당한 것으로 받아들일 수밖에 없다. 이 경우 무슨 일이 일어날지 상상하는 것은 그리 어렵지 않다.

물론 정부는 일차적으로 고소득자의 부담을 늘리고, 저소득자의 부담을 줄이는 선택을 하게 되겠지만, 이차적으로 연금 수령액을 줄이는 시도는 예상보다 쉽지 않을 것이다. 그렇다면 정부가 선택할 수 있는 두번째 수단은 무엇일까?

그것은 바로 연기금의 수익률을 늘리는 방법이다.

국민연금의 경우 투자수익률을 현재보다 2배로 늘릴 수만 있다면(쉽지는 않겠지만) 문제의 대부분을 해결할 수 있고, 건강보험과 기타 기금까지 확대될 경우에는 어쩌면 유일한 문제해결 방법이 될 것이다.

물론 연기금의 안정성을 훼손하기란 쉽지 않다. 연기금은 수익성만큼이나 안정성이 중요하기 때문이다. 하지만 그것도 어디까지나 유지가 가능하다는 전제에서 하는 이야기다.

더구나 공적 자금과 연기금, 심지어 외환보유고와 국가의 자산들이 조금씩 기대수익률을 높인다면 리스크 문제는 저절로 해결될 수 있다. 막대한 공적 자금이 시장에 유입되면 그 자체가 시장의 가격을 지지하면서 자산가격의 상승 요인으로 작용할 것이다.

따라서 공적 자금들이 점점 많이 시장에 들어와서 서서히 자산가격을 상승시키면, 결과적으로 연기금의 보존뿐 아니라 부의 재분배 효과라는 긍정적 명분까지 획득하게 된다.

이때 사람들은 보험 등의 보장성 투자를 늘리면서, 나머지 자산으로 수익률 게임에 매달린다. 또 기업은 기업대로 영업외 투자 효과를 누리려 들 것이며, 국가는 국가대로 수익률 게임을 벌일 수밖에 없는 상황이 도래할 것이다.

수익률 게임이 가져올 단기적 기회

비록 당신이 충분한 자산을 보유했다 하더라도 수익률 게임이 벌어질 때
거기에 동참하지 못한다면 당신은 상대적으로 빈곤한 사람이 될 수도 있다.

이 점을 미국과 비교해보자.

미국에서는 이미 수십 년 전부터 대부분의 2차 산업이 거의 문을 닫았다. 그러자 불안해진 사람들의 개인 보험과 연금에 대한 관심이 높아지면서 주식 등 위험자산에 대한 투자가 확대됐다. 여기에 기업들의 퇴직연금, 국가 공공기금들이 가세함으로써 10년간 무려 10배나 되는 증권시장의 활황을 가져왔다. 그러나 이것도 임계점에 부딪히면 다시 위기에 빠진다.

냉정하게 보면 시장으로 유입되는 자금은 천칭의 균형과 같은 것이다. 금융시장의 활황은 한 국가 안의 부가가치는 변하지 않으면서, 그것의 균형이 한쪽으로 쏠린 결과다(물론 외국에서 들어온 자금은 별개로 하자). 가격이 한계 이상으로 상승하면 추가적인 가격 상승을 위해서는 더 많은 자금이 유입되어야 하는데 언젠가는 한계에 이를 수밖에 없다.

이때는 더 이상의 투자수익이 발생하지 않고, 오히려 유출이 시작될 것이다. 이러한 상황은 곧 자본수지 흑자로 버티는 미국의 한계를 말해주는 것이기도 하다. 같은 관점에서 미국은 이미 쇠락의 길에 들어선 지 오래다. 로마가 무너졌듯이 미국도 언젠가는 반드시 무너질 것이다. 그것이 바로 자연의 질서다.

이 점은 우리에게 깊은 시사점을 던져준다. 즉, 개인, 사회, 국가 모두 조만간 수익률 게임에 내몰리게 되고, 그것은 결국 폭발적인

자산가치의 상승을 가져오겠지만, 국가적 측면에서는 만약 이 기간에 새로운 대안을 찾지 못하고 자본의 폭탄 돌리기에만 안주할 경우에는 우리의 미래도 암울해질 것이라는 점이다.

그러나 한 가지 명심해둘 것이 있다. 굳이 거창한 논리를 생각하지 않고, 단지 개인의 입장에서만 보더라도 이런 상황에서 수익률 게임에 올라타는 것이 단기적으로 큰 기회가 될지 모른다. 비록 당신이 충분한 자산을 가지고 있다 하더라도, 수익률 게임이 벌어질 때 거기에 동참하지 못한다면, 당신과 같은 수준의 자산을 가진 사람들이 나중에 더 많은 자산을 보유하게 될 것이다. 그렇게 되면 당신의 자산은 절대 기준으로는 부족하지 않더라도 상대적으로는 빈곤한 사람이 될 수도 있다.

이제 우리나라도 저성장기에 들어섰다. 성장이 정체된 시기에는 양이 아니라 비율의 개념으로 투자에 접근해야 한다. 당신이 연리 5퍼센트로 100만 원씩 저축하면 10억 원을 모으는 데 70년이 걸리지만, 연 수익률 15퍼센트의 투자수단에 돈을 맡긴다면 10억 원을 모으는 기간이 35년으로 단축된다. 이렇듯 투자의 묘미는 바로 수익률에 있다. 같은 출발선에서 시작했더라도 먼저 도착하고 싶다면 당신의 재테크는 정액의 개념에서 정률의 개념으로 전환해야 한다.

12

투자를 위한
종자돈 만들기

자금이 적으면 적을수록 투자에서 실패할 가능성과 위험이 커진다.

따라서 재테크의 성공률을 높이기 위해서는 종자돈을 확보해야 한다.

그렇다면 종자돈을 빨리 마련하는 방법은 무엇일까?

종자돈 만들기의 필요성

종자돈은 투자 성공률과 수익률 모두를 높여 당신을 더욱 빨리 부자가 되게 해줄 것이다.
목표액의 10퍼센트에 해당하는 종자돈 마련은 바로 부자가 되는 첫걸음이다.

재테크의 출발은 목돈, 즉 종자돈 만들기에 있다는 말을 귀가 닳도
록 들어봤을 것이다. 재테크를 하기 위한 당신의 종자돈은 어떤 의
미를 가지는가?

종자돈을 마련해야 하는 첫번째 이유는 투자 성공률을 높이기
위해서다. 금액이 커지는 만큼 당신은 선택의 여지가 커지고, 투자
리스크를 줄일 수 있다. 안타까운 일이지만 종자돈이 적을수록 투
자 리스크가 높고, 종자돈이 많을수록 투자 성공률이 높아진다.

예를 들어 당신이 경마장에 가서 경마를 한다고 가정해보자. 만
약 지금 당신의 주머니에 용돈 10만 원이 있고 오늘처럼 우연한 기
회가 아니라면 이후에 경마를 거의 하지 않을 생각이라고 가정해
보자. 그렇다면 당신은 어떤 말에 돈을 걸겠는가? 아마 십중팔구
아무도 선택하지 않는 가장 우승 가능성이 낮은 비루먹은 말에 걸
게 될 것이다. 그것은 우승 가능성이 거의 없는 대신 만약 희박한
확률이나마 이 말이 우승할 경우에는 소위 대박이 터지기 때문이
다. 그러나 만약 당신이 그동안 모은 돈을 모두 들고 경마에 나선

다고 생각해보자. 당신은 과연 우승 가능성이 높은 말에 걸겠는가, 아니면 우승 확률이 1,000분의 1도 안 되지만 성공하면 대박이 터지는 열등마에 걸겠는가?

같은 논리로 당신이 고작 500만 원을 갖고 투자하려면 투자다운 투자를 하기가 어렵다. 500만 원으로는 주식을 사봤자 저가주밖에 사지 못하고, 부동산은 지난 100년간 한 번도 거래된 적이 없는 경상북도 영양군의 어느 야산의 토지를 한 1,000여 평 살 수 있을 뿐이다.

이럴 때 당신은 어떻게 해야 하는가? 종자돈을 빨리 마련하기 위해 강원랜드에 갈 것인가? 아니면 주식시장에서 관리대상 종목을 사들인 다음 작전세력이 밀려들어 그 주식이 대박 나기를 기다릴 것인가?

그 해답은 당신이 가진 돈을 세상에서 가장 안전한 투자수단에 적립하는 것이다. 앞서 말한 대로 자금이 적으면 적을수록 투자에서 실패할 가능성은 높아지고 위험은 덩달아 커진다. 따라서 투자 성공률을 어느 정도 보장받을 수 있는 규모의 자산을 확보할 때까지는 당신이 가진 돈을 예금처럼 가장 위험도가 낮은 방식으로 투자해야 한다.

이번에는 종자돈이 필요한 두번째 이유를 생각해보자.

재테크 전문가들이 말하는 것처럼 목표액의 10퍼센트에 해당하는 종자돈을 마련해야 한다면, 10억 원을 목표로 하는 사람에게는 1억 원의 종자돈이 필요하다.

그런데 1억 원의 종자돈을 모으기 위해 4퍼센트 수준의 현행 실질금리로 매달 100만 원씩 저축한다면 최소 7년이 걸린다. 그러나 이렇게 모은 1억 원을 다시 연 수익률 10퍼센트짜리 투자수단에 넣을 경우에 최종적으로 10억 원을 모으는 데는 약 25년이면 족하다. 이처럼 종자돈 1억 원은 매달 100만 원씩 77년간 저축한 사람이 얻을 수 있는 동일한 목표를 엄청나게 앞당기는 결과를 가져온다.

또 이런 경우를 생각해보자. A와 B는 각자 5억 원의 자산이 있다. A는 그 돈을 연 10퍼센트의 투자수익률을 얻을 수 있는 자산에 투자했으며, B는 약 5퍼센트의 수익률을 얻을 수 있는 자산에 투자했다. 그리고 A는 월급을 받으면 전부 써버리고 더 이상의 저축을 하지 않았지만, B는 월급을 아껴 매달 200만 원씩 꼬박꼬박 저축했다.

30년 후 두 사람의 자산은 얼마나 차이가 날까?

처음에는 B의 자산이 A의 자산보다 많지만, 얼마 되지 않아 두 사람의 자산은 역전되고, 15년 후에는 A가 B보다 상당히 많은 자산을 축적한다. 이 차이는 시간이 흐를수록 더 벌어진다.

이것이 바로 투자수익률의 개념이다.

그렇다면 종자돈 1억 원을 만드는 데 7년씩이나 들이지 않고 좀 더 빨리 불리는 방법은 없을까? 혹은 매달 100만 원의 저축이 쉽지 않으므로 그것을 상쇄하는 다른 방법은 없을까?

투자의 준비단계, 종자돈 마련

종자돈을 마련하기 위해서는 절대로 은행을 벗어나서는 안 된다. 은행 안에서 이루어지는
모든 거래는 설령 대출을 받는다고 할지라도 그 위험 범위는 대개 누에고치처럼 안전하다.

대부분의 사람들이 재테크에 실패하는 근본 문제는 여기에서 출발
한다. 종자돈을 만들기 위해 당신은 우선 절대로 안지 말아야 할
위험부담을 안아야 하고(고위험 고수익 투자) 혹은 무리해서 대출을
감행한다면 대출금리 이상(현재 사회적 기회비용의 평균치)의 수익을
반드시 낼 수 있어야 한다.

더구나 당신이 수익률로써 본격적인 수익을 낼 수 있는 시점은
소위 종자돈이 마련되고 나서일 뿐, 당신이 0에서 월 100만 원을
모으는 단계에서는 수익률이 5퍼센트건 10퍼센트건 일정 수준에
이르기까지는 성과에서 큰 차이가 나지 않는다는 사실을 간과한
것이다. 결국 이렇게 지름길로 가려는 당신의 시도는 애초에 당신
이 세운 10억 원이라는 꿈에서 점점 멀어지게 하는 요소로 작용할
것이다.

다시 한 번 기억하자.

종자돈이란 투자 위험부담이 큰 당신의 현재 재정 상태에 맞추
어진 전략이며, 종자돈을 마련한 후 본격적으로 시작될 수익률 게
임에서 이기기 위한 필수적인 준비단계다. 따라서 당신이 종자돈
을 마련하기 위해서는 절대로 은행을 벗어나서는 안 된다.

은행은 가장 안전한 투자수단이고, 은행 안에서 이루어지는 모
든 거래는 설령 당신이 대출을 받는다고 할지라도 그 위험 범위는
대개 누에고치처럼 안전하다(은행은 당신이 갚을 가능성이 있다고 판

단되는 만큼만 돈을 빌려준다).

그렇다고 해서 당신의 종자돈을 운영하는 데 전적으로 정기적금에만 기댈 필요는 없다. 당신이 종자돈을 모으는 동안에는 가능한 모든 리스크는 은행 혹은 은행이 허락하는 범위 안에서만 존재한다고 생각하면 된다. 물론 금리는 아무리 뛰어난 기법을 발휘한다고 해도 인플레율과 세금을 공제하고 나면 수익이 큰 상품은 아니다. 하지만 은행은 당신이 애써 모으는 종자돈을 투자 리스크와 인플레의 위험으로부터 아주 단단하게 지켜준다. 이는 결코 가볍게 여길 수 없는 점이다.

종자돈 마련 어떻게 할 것인가

가능한 저축 금액을 계산해보고, 최종적으로 도달하고자 하는 부의 목표치를 정하자.
그리고 그 목표치에 도달하기 위해서 얼마의 종자돈이 필요한지를 결정하자.

이제는 종자돈 마련을 위한 기본적인 개념을 한번 생각해보자.

필자는 당신에게 내집마련 저축에 가입하고, 어떤 종류의 보험에 가입하고, 비과세 연금저축에 가입해서 세금을 공제받으라는 상투적인 이야기는 할 생각이 없다. 또 한 달에 외식은 1회로 줄이고 경조사비는 적당하다고 생각하는 금액에서 무조건 30퍼센트를 줄이라는 식의 이야기를 할 생각은 더더욱 없다.

내가 다루고자 하는 개념은 당신이 1억 원의 종자돈을 모으기 위해 보편적인 근검과 절약을 행하면서 좀더 전략적인 측면에서 고려할 사항을 다루자는 것이다.

사실 종자돈을 마련하기 위해서는 적당히 고생도 하고, 허리띠도 졸라매고, 가끔은 식당에서 구두끈도 맸다 풀었다 할 필요도 있을 것이다. 그러나 당신이 가장 먼저 해야 할 일은 천장에 굴비를 매달고 간장으로 밥을 먹기에 앞서 당신의 존재가치를 훼손하지 않고, 최소한의 사회적 역할을 감당하는 데 필요한 비용을 계산해보는 것이다. 그 다음에는 당신의 수입에서 비용을 제하면 얼마나 저축할 수 있는지를 계산해보고, 다음으로는 당신이 최종적으로 도달하고자 하는 목표치를 정하자. 그리고 그 다음 단계로 목표치에 도달하기 위해서는 얼마의 종자돈이 필요한지를 결정하자(이때 종자돈의 규모는 당신의 역량과 관계가 있다. 예를 들어 부동산에 탁월한 안목이 있거나 혹은 주식투자에 다른 사람보다 특출한 재능이 있다면 종자돈의 규모는 다소 작아도 좋다).

　그 다음 종자돈의 규모와 앞에서 계산한 월 저축액의 규모를 고려하여 종자돈을 마련할 수 있는 기간을 정하자. 그러고 나서 이 종자돈을 바탕으로 목표에 도달하기 위해 필요한 투자수익률을 계산하면 전체 재테크 플랜이 성립한다.

　예를 들어 당신이 30년 동안 10억 만들기가 목표인데, 종자돈을 1억 원으로(당신이 이 시대의 평균적 능력을 가진 사람이라면) 정했을 경우, 저축 가능액이 100만 원이라면 당신은 앞으로 7년간의 종자돈 마련기간을 포함하여 연평균 10퍼센트의 투자수익률을 필요로 한다고 계획을 세울 수 있다. 물론 여기서 발생하는 인플레 등의 기타 변수들은 배제한다. 그런 다음 당신의 투자 플랜을 다시 한번 냉정하게 재평가해보자.

당신의 첫 7년은 금리와의 싸움이다. 당신은 향후 7년간은 인플레 손실을 입지 말아야 하고, 수익이 금리 이하로 떨어지는 일은 단 한 번이라도 있어서는 곤란하다(그 이유는 앞에서 30년간의 수익 중에서 세 번만 실패해도 어떤 결과를 가져오는지 충분히 설명한 바 있다). 이 말은 당신은 앞으로 불필요한 금리 손실을 절대로 입지 않는다는 뜻이고 은행 최고 금리 이상의 수익률은 꼭 올려야 한다는 말과 같다. 하지만 이 목표는 반드시 100퍼센트 달성된다. 왜냐하면 첫 7년간 당신은 은행의 안전우산 안에 있으므로 이 기간 동안 당신의 재테크는 '기대'가 아닌 '계획'의 영역에 있기 때문이다.

다만 여기서 검토할 것은 당신의 투자 여력을 100만 원으로 정한 것이 합당한가라는 점이다.

당신이 100만 원을 모으기 위해, 죽마고우의 결혼 축의금을 깜빡해버리거나 집으로 배달되는 신문을 전부 끊어버리는 것은 어리석은 일이다. 하지만 당신이 500만 원의 인도금에 1,000만 원을 5년 할부로 끊어 승용차를 구입했다면 당신은 부자가 되기는 애시당초에 틀린 사람이다.

그것은 당신은 일단 500만 원의 종자돈 손실을 입은 상태에서 월 8만 원의 금리 부담과 월 4만 원의 금리 수익을 포기한 셈이 되기 때문이다. 또 당신이 5년 후에 자동차를 되팔아 초기 비용 500만 원을 다시 손에 쥔다 하더라도, 월 12만 원의 투자 밑천과 월 30만 원의 자동차 유지비를 감안한다면 당신은 무려 월 42만 원의 투자 손실을 입은 것이다.

이로써 당신은 목표 지점에서 50퍼센트나 멀어지게 된다. 또한 돈이 없어도 일단 집을 사라는 구호에 현혹되어 4년간 어렵게 모은 종자돈 5,000만 원에, 은행에서 금리 6퍼센트로 5,000만 원을 추가로 빌려서 1억 원 전세를 낀 2억 원짜리 아파트를 한 채 샀다고 가정하자.

이때 당신은 매달 25만 원의 이자 부담과 20만 원의 금리 수익을 스스로 포기한 것이다. 만약 이 아파트가 5년 후 지난 20년간 강남 집값의 평균 상승률에 해당하는 5퍼센트의 상승을 매년 이루었다고 가정하더라도 전세 값이 집값 상승률을 추월하지 않는 한 당신은 이미 종자돈 마련의 정도에서 벗어난 것이다(여기에서 아파트 값이 하락하는 끔찍한 상황이나 예상외로 급등하는 행운은 무시하자).

이렇듯 종자돈을 마련하는 기간에는 내 삶의 방식과 스스로 책정한 저축 규모가 합당한지 자문해보아야 한다. 그외에 예금, 주식, 부동산 중에서 어디에 투자를 하는 것이 더 좋을까 하는 고민은 필요하지 않다.

종자돈을 모으려면 은행을 버리지 마라

은행이 수익 향상을 위해 만들어내는 리스크 상품을 감안할 때 당신의 돈이 은행에 머무른다고 해서 수익률의 기회를 박탈당한다고 초조해할 필요는 전혀 없다.

반면 당신이 종자돈을 마련할 때까지 모든 가용 자금을 은행에 맡긴다고 가정하자.

사실 이 기간을 제외하고는 앞으로 당신은 은행을 이용할 일이 당분간 없을지 모른다. 은행이란 목표에 도달한 사람이 자산을 지키기 위해서 또는 종자돈을 마련하기 위해서 필요한 곳일 뿐 수익률을 필요로 하는 사람들에게는 그리 매력적인 곳이 아니다.

그러나 요즘 들어서는 꼭 그런 것만도 아니다. 과거에 은행은 예대마진으로 먹고사는 구조였지만, 요즘에는 저축과 대출 수요가 동시에 떨어지는 상황에 직면하여 다양한 상품을 개발하고 있다. 사실 금융시장의 피라미드 구조는 절묘하다. 필자가 금융을 4차 산업으로 지칭한 이유도 금융산업 자체가 가진 확장성 때문이다.

은행의 예대마진이 줄어들고 유동성이 떨어지면 자산의 안정성이라는 은행 고유의 철학과 수익률이라는 위험한 영역의 경계선에서 아슬아슬하게 줄타기를 하게 되고, 은행 역시 수익률에 몰리면 결국 파생거래나 기타 수익을 만들 수 있는 거래에 몰두하게 된다. 또한 수익원이 감소함에도 안정성을 더 강조하려면 은행의 덩치를 키워야 한다는 선도 은행론이 은행의 자기 증식과 확장을 불러온다. 거래 규모가 감소하면 은행의 규모를 줄이면서 수익률을 유지할 수 있지만 몸집이 비대해진 은행은 그 큰 덩치를 유지하기 위해서 새로운 영역에 손을 댄다. 그 결과로 나온 것이 바로 방카슈랑스나 수익증권 판매, 파생상품 판매 등이다.

따라서 당신이 만약 종자돈을 모으는 과정에 있다면 은행을 멀리할 필요가 없다. 은행이 수익 향상을 위해 만들어내는 리스크 상품을 감안할 때 당신의 돈이 은행에 머무른다고 해서 수익률의 기회를 박탈당한다고 초조해하지 않아도 된다.

과거에 은행은 돈을 불려주는 곳이었다. 어린아이는 돼지저금통에 동전을 모으고 어른들은 예금 통장을 몇 개 가지고 있느냐로 삶의 성실성을 인정받았다.

은행은 기본적으로 예금으로 차입한 돈을 대출하면서 그 이자 차이를 수익으로 운용하는 기관이다. 그렇다면 이렇게 안전한 사업을 영위하는 은행이 어째서 망하는 것일까?

그것은 바로 분수를 지키지 못했기 때문이다.

과거 서민들의 재테크 수단 중 하나였던 '계'를 한번 살펴보자. 계는 은행의 기능을 하는 계주가 한정된 인원(대개 19명 수준)의 계원을 모집해서 순번을 정한 다음 특정 금액을 순번대로 지급하는 사금융 수단이었다. 이때 계주의 수익은 20분의 1이다. 1,000만 원짜리 계라면 계를 처음 시작한 날 가장 먼저 곗돈을 타는 사람은 나머지 18명이 불입한 곗돈의 총액이다. 다음 달 두번째 계를 타는 사람 역시 나머지 18명의 곗돈을 타는 사람이고, 계주는 대개 중간쯤인 10번에서 12번 사이에 곗돈을 탄다.

이때 계주의 수익은 20개월 동안 한 번도 곗돈을 붓지 않고 곗돈을 1회 탈 수 있는 만큼으로 확정된다. 물론 곗돈은 뒤로 갈수록 줄어들고, 앞 번호는 뒤 번호에 비해 훨씬 많은 돈을 낸다. 즉, 10번까지는 고금리로 돈을 대출받아 써야 할 용도가 있는 사람이고, 10번 이후는 고금리로 예금을 하고 싶은 사람이다. 이때 양측의 예금과 대출 금리는 실세금리보다 높고, 중간에 해당하는 8~12번 사이는 실세금리와 비슷하다.

그렇다면 1번은 고리에 해당하는 이자를 물고서라도 돈을 빌리려는 사람이고, 10번 이후는 금리테크를 하는 사람이라고 볼 수 있다. 계의 리스크는 계주의 입장에서는 앞에서 곗돈을 탄 사람들이 곗돈을 붓지 않고 디폴트(채무불이행)를 선언하는 것이고, 후순위 계원들의 입장에서는 계주가 디폴트를 선언하는 것이다.

그래서 계에도 나름의 리스크 관리가 있어왔다. 계주는 1~10번에 해당하는 사람이 고금리를 물고서라도 영업이익을 낼 수 있는 사람인가를 평가하고, 나머지 사람들은 계주의 지급능력이 얼마나 되는지를 평가한다.

이것이 바로 리스크 개념이다. 우리나라 은행들은 과거 저축률이 높았던 시절 물밀듯이 밀려드는 예금을 가능하면 많이 빌려주는 것이 곧 영업이익이었다. 은행은 예금이 넘치면서 동시에 대출수요도 넘치는 경우가 가장 이상적이고, 반대로 예금도 없고 대출수요도 없는 경우가 가장 최악의 상태다.

IMF 이전만 해도 은행들은 개발 드라이브 분위기를 타고 땅 짚고 헤엄을 치는 환경에 놓여 있었다. 계 역시 마찬가지였다. 1~5번을 타려는 수요 못지않게 15~20번을 선택하려는 공급도 풍부했다. 그러나 문제는 후순위(예금)에서 생기는 것이 아니라 선순위(대출)에서 생긴다. 은행이 대출을 해줄 때는 금리 이상의 영업이익을 확보할 능력이 있는가를 평가하는 것이 필수인데도, 은행들은 기업들이 덩치를 키우는 데 필요한 돈을 무한정 공급했다.

기업의 영업환경이 악화되면서, 공룡처럼 커진 덩치는 엄청난 운영자금을 소요했다. 기업은 운영자금을 다시 은행에서 대출받고, 은행은 대출해준 기업이 망하는 것을 막기 위해 돈을 다시 공급했다. 계주는 1~5번 순위의 계원이 부도를 선언하지 않도록 하기 위해 필사적으로 새로운 계를 만들었다.

이것은 위험 평가라는 보편적 개념 외에도 자본의 성장과 쇠퇴라는 순환 고리를 이해해야 한다는 점을 시사한다.

몸에서 처음 암세포가 자랄 때는 인체에 큰 영향을 미치지 않는다. 초기에 암세포가 자라기 위해 필요한 양분은 하루 2,500칼로리의 섭취 열량에 비하면 아주 작은 부분이지만, 암세포가 계속 자라면 그것을 먹여 살리기 위해 인체는 점점 더 많은 양분을 섭취해야 한다. 양분을 섭취한 암세포는 더 자라고 더 자란 암세포는 더 많은 영양을 필요로 한다. 그러다 한계에 부닥치면 암세포는 숙주인 몸을 장악하고 영양을 공급받던 숙주를 죽임으로써 스스로 사멸한다. 암세포의 관점에서도 어리석은 선택을 한 것이다.

국가와 사회 그리고 기업은 창업-성장-수성-쇠퇴의 과정을 거친다. 사람이 태어나서 성장하고 나이 들어 죽는 생로병사의 과정을 거치듯이 자연의 이치는 모두 이렇게 순환한다.

기업의 수명은 100년을 넘긴 사례가 거의 없고 사람의 수명 역시 100세를 넘기기 힘들다. 이렇게 한 세기를 거치면서 변화하는 것이 바로 역사다.

위험 관리는 이러한 인식에서 출발한다. 한창 성장기에 있는 기업이 얼마나 자신의 몸집을 추스를 수 있는지, 자기 몸집을 이기지 못해 멸종한 공룡이나 암 덩어리처럼 무너질 것인지, 아니면 수성에 성공하고 쇠퇴의 길에서 다시 한 번 일어설 수 있는지 그 국면을 잘 이해하는 것이 중요하다.

이러한 관점에서 생각하면 은행이란 꼭 실물의 형태로 존재하는 것이 아니다. 은행은 바로 당신의 머릿속에 들어 있어야 하고 당신의 안목과 판단은 예금과 대출의 예대마진과 함께 리스크를 평가하는 은행원의 눈과 같아야 한다.

당신은 항상 대출 금리 이상의 수익을 올리도록 준비되어 있어야 한다. 또 은행은 당신의 자산을 불려주는 기관이 아니라 당신의 자산을 보관하는 장소이자 당신이 하려는 일의 부가가치를 높이는 종자돈을 빌려주는 기관이라고 생각하라. 그러기 위해서는 먼저 은행에 대해 잘 알아야 한다.

수익률은 낮지만 자산가치를 지켜주는 은행 상품

은행 상품은 리스크가 작은 대신 수익률도 적다. 인플레와 세금을 감안하면 자산가치를 지켜주는 것이 전부다. 그러나 종자돈을 모을 때는 자산가치를 지키는 것이 중요하다.

이제 종자돈을 은행에서 모아야 한다는 전제는 더 설명할 필요가 없을 것이다. 더 수익률이 높은 머니게임(모험적 투자)에 참여할 자격을 얻기 위해서 반드시 넘어야 할 산이 바로 종자돈을 모으는 과정이기 때문이다.

수백억대 자산가나 전재산이 고작 수백만 원인 서민이나 모두 은행에서 주는 이율에 대해 공정하다고 생각한다. 그런 면에서 당신이 은행에 남아 있는 동안은 부자와 같이 동행하고 있는 것인지도 모른다.

은행 상품에는 어떤 것들이 있는지 알아보자. 먼저 전통적 금리 상품이 있다. 이 금리 상품에 대한 당신의 대응은 은행 간의 금리를 비교하거나 혹은 더 높은 금리를 지급하는 저축은행으로(그것도 원금 보장한도 내에서) 거래은행을 옮기는 방법이 전부다. 이것은 단순하고 쉽다. 당신이 대단한 자산가가 아닌 한 이때의 리스크는 거의 제로에 가깝다.

리스크가 작고 단순하고 쉽다면 그만큼 수익률도 낮아진다. 실제 은행 금리는 인플레와 세금을 감안하면 겨우 당신의 자산가치를 지켜줄 뿐이다(그것도 당신이 거액 자산가가 아닐 경우에 한해서 그렇다).

이러한 단점을 극복하기 위해 은행은 앞서 설명한 자기 증식의 속성에 따라 안정성이라는 본질을 훼손하지 않는 범위 내에서 리스크를 감안한 상품들을 설계한다.

예를 들어 당신이 맡긴 저축에서 발생한 이자를 레버리지가 큰 (벌면 크게 벌지만, 잃으면 원금마저 까먹는) 옵션 상품에 투자하거나, 주가지수 관련 파생상품에 투자한다. 이 경우 은행에서 설계한 대로 옵션에서 수익이 크게 난다면 당신은 당신이 받게 될 겨우 5퍼센트 수준의 이자를 고위험 상품에 투자해서 총 수익률 10퍼센트를 올릴 수도 있다.

그러나 만약 은행 밖의 상황이 들떠 있으면 은행에 돈을 맡긴 사람들의 초조감은 배가된다. 예를 들어 자고 나면 아파트가 1억 원씩 오르고, 주식은 하루가 멀다 하고 신고가를 돌파한다고 하자. 이때 은행에 돈을 맡긴 사람들은 점점 초조해질 것이고 은행에서 자금이 이탈한다. 그러면 은행은 다시 이 상황을 반영한다.

이번에는 당신이 맡긴 예금에서 발생한 이자뿐 아니라 원금의 일부까지 옵션 같은 위험 상품에 투자를 하는 것이다. 이 경우에는 수익이 나면 총 20퍼센트 이상의 이익이 발생하지만, 원금 손실을 가져오기도 한다.

이때 종자돈을 마련해야 하는 당신은 어려운 선택을 해야 한다. 은행에서 제안하는 금융상품을 모두 이해할 수 있고, 시중의 환경을 민감하게 읽을 수 있다면 당신 스스로 자신 있는 상품을 고르고, 당신의 안목을 반영해서 적극적으로 위험을 감수해도 좋다.

이것은 종자돈의 엄격한 관리원칙에 벗어나는 것처럼 보이지만, 그렇지 않다. 은행 바깥의 상황이 안정되어 있을 때는 이자율이 곧 안전한 수단이지만, 은행 바깥의 분위기가 리스크를 크게 반영하는 쪽으로 움직인다면, 은행에서 당신의 평균 위험률을 다소 상향한다고 해도 여전히 안정적이기 때문이다.

리스크를 감안한 은행 상품들

금융시장은 과거처럼 주먹구구로 승리하기에는 너무 정교하고 복잡해졌다. 돈이란 아는 만큼 보이는 것이다. 종자돈을 모으는 동안 손을 놓고 있어서는 곤란하다.

리스크를 감안하더라도 수익률을 높이고 싶다면 종자돈 마련을 위해 다음의 은행 상품들을 고려해볼 수 있다.

대표적인 상품으로 ELD(주가지수연동예금)가 있다. 이것은 가장 전통적인 파생상품으로 은행이 고객의 원금을 정기예금에 넣고 그 이자를 주식이나 옵션 등의 파생상품에 투자하는 것이다. 증권사의 ELS(주가연계증권)가 원금 보장 없이 고수익 고위험을 지향한다면, ELD는 원금이 보장되는 대신 기대수익을 낮춘 상품이라고 할 수 있다.

　은행에서 설계하는 파생상품들은 대개 코스피200지수, 해외증시, CD 금리의 등락에 따라 수익이 결정되는 구조다. 2005년 3월에 A은행에서 이런 상품을 내놓았다.

　가입 후 CD 금리가 첫 6개월간은 4.1~4.65퍼센트 이내, 이후 6개월간은 4.10~4.9퍼센트 내에 머무르는 일수만큼 연 6.1퍼센트의 금리를 받는 상품이다. 즉, 예치기간에 3개월 CD 금리가 이 범위를 벗어나지 않으면 연 6.1퍼센트의 금리를 받는데, 2006년 3월 14일 현재 CD 금리는 4.27퍼센트 수준이다. 또 만기 2영업일 이전에 원－달러 환율이 1,100원을 넘으면 CD 금리와 별도로 0.2퍼센트의 보너스 금리를 받을 수 있다.

　B은행에서는 CD 3개월 기준으로 일정 범위를 종가 기준으로 벗어나지 않으면 연 6퍼센트의 금리를 주는데, 이 경우는 CD 금리가 최초 6개월 동안 4.15~4.85퍼센트 내에서 단 하루도 벗어나서는 안 된다. 만약 기간 중 벗어나면 '연 6퍼센트×(CD 금리 구간에 머무른 일수÷365)'로 계산한 이자를 지급한다.

　C은행은 코스피200지수에 연계해서 최고 연 21퍼센트의 수익률을 올릴 수 있는 상품을 판매하는데 이 상품은 더블찬스형, 하락추구형, 상승 추구형의 세 종류로 구성되어 있다. 이중 더블찬스형은 만기가 1년으로 기간 중 6개월 시점과 1년 시점 총 2회의 관찰 기간 중 지수 상승률에 따라 최고 연 21퍼센트의 수익이 가능하다. 하락형은 1년 만기로 최고 연 10.5퍼센트, 상승 수익형은 6개월 만기로 최고 연 11퍼센트의 수익을 노릴 수 있다.

당신이 만약 종자돈을 마련하기로 하고 은행을 선택하였다면 당신이 얻을 수 있는 기대수익은 이와 같이 천차만별로 달라진다.

그렇다면 당신이 지금부터 종자돈 마련을 위해 월 100만 원씩을 효율적으로 저축하고 싶다면, 당신은 은행, 증권, 부동산 중에서 규모상 은행과 증권을 후보로 올릴 것이고, 최종적으로는 리스크를 고려하여 은행을 선택한다.

이때 당신은 은행 창구 직원의 말을 듣고 상품을 선택할 것인가, 아니면 스스로 판단할 것인가? 만약 후자라면 당신은 CD 금리 변동성을 예측하기 위해서만도 우선 당장 장단기 금리 변화와 국채선물, 해외 금리, 환율, 글로벌 금리, 무역수지, 물가와 부동산 가격 등에 대해 기본적인 이해를 하고 있어야 한다. 만약 코스피지수 연동 예금의 경우에는 주식시장의 흐름과 옵션거래의 구조, 그리고 은행 설계상품에서 투자 비중까지 파악해야 한다. 이렇듯 금융상품을 선택하는 것 자체가 힘들어졌다.

만약 당신이 A나 B상품에 가입했는데 금리가 인상되거나 C상품에서 상승형을 선택했는데 주가지수가 하락하고, 반대로 하락형을 골랐는데 상승하거나 혹은 더블찬스형을 골랐지만 주가지수가 크게 상하로 움직이지 않고 현재 수준에서 등락을 보인다면 당신은 이자수익을 날리거나 극단적인 경우 원금 손실까지 볼 수 있다.

그럼 당신은 어떤 선택을 해야 할까?

돈이란 아는 만큼 보이는 것이다. 종자돈을 모으는 동안 손을 놓고 있어서는 곤란하다. 당신이 은행에서 안정성을 보장받는 동안에도 이러한 금융상품의 수익 상관곡선을 이해하고 있어야 본격적

으로 연 10퍼센트 이상의 수익을 올려야 하는 투자 시점에 이를 때
(종자돈을 모으면) 그동안 쌓은 내공을 발휘할 수 있다.

금융시장은 과거처럼 주먹구구로 승리하기에는 너무 정교하고
복잡해졌다. 어느 전직 대통령의 말처럼 머리는 빌릴 수 있다는 말
을 믿더라도(간접투자) 누구의 머리를 빌려야 할지를 판단하는 안
목은 스스로 준비해야 한다.

종자돈 마련을 위한 상품들의 리스크 차이
종자돈 마련 기간에도 약간의 리스크를 감안하고 싶다면
금융사에서 끊임없이 개발되는 새로운 상품에 눈을 돌려보자.

만약 당신이 다른 사람보다는 많은 지식을 가지고 있고 금융시장
을 충분히 이해하고 있지만 아직은 종자돈 마련 기간에 속한다면,
약간의 리스크를 더 안는 것도 검토할 수 있다.

이때 고려할 수 있는 상품이 증권사에서 파는 ELS와 ELF(주가지
수연계펀드)다. 당신이 종자돈 마련 시기에 리스크를 평가하는 기
준을 세운다면 리스크의 크기는 다음과 같다.

(1) 은행 예금(은행이 망하거나 인플레가 급증하는 위험)
(2) 은행 ELD
(3) 증권사 ELS나 ELF · 채권형 펀드
(4) 주식형 펀드
(5) 주식 · 부동산에 대한 직접투자

(6) 증권사 ELW(주식워런트증권)

당신은 가능하면 (2) 수준을 벗어나지 않는 것이 좋다. 욕심을 절제할 줄 모르는 사람은 위험도 다룰 줄 모르기 때문이다. 그러나 만약 당신이 (3) 수준의 위험을 감수할 능력이 있다는 나르시시즘에 빠질 때 그나마 선택할 수 있는 저위험 수단은 증권사의 ELS 정도라고 할 수 있다.

2006년 3월 기준으로 가장 인기 있는 상품 중 하나를 살펴보자.

A증권의 조기 상환형 ELS는 기초자산으로 포스코와 하이닉스를 대상으로 해서 두 종목이 모두 50퍼센트 이상 기준 가격에서 반 토막이 나지만 않으면 원금을 보장해준다. 이 상품은 3년 만기로 중간 평가 가격이 모두 기준 가격의 80퍼센트 이상이면 연 13퍼센트의 수익률로 조기 상환된다.

또 B증권의 상품은 포스코와 하이닉스 주가가 50퍼센트 이상 떨어지지 않으면 원금이 보장되어 6개월마다 기준 주가 대비 20퍼센트 이상 하락하지 않거나 두 종목 모두 동시에 10퍼센트 이상 오르면 연 15퍼센트 수익률로 조기 상환된다.

이때 이 상품의 구조는 은행과 달리 당신이 투자한 돈의 상당 부분을 만기가 멀지 않은 우량 채권에 투자해서 확정금리를 보장하고(대개 만기가 멀지 않은 채권상품은 최소한 금리수익은 보장된다), 나머지 상품을 옵션시장에 투자한다.

그러나 만약 여기에 제시한 기준에서 벗어날 경우 옵션 손실의 레버리지 효과로 인해 상당한 원금 손실을 볼 수 있다. 즉, 이 상품에 가입하기 위해서 당신이 안아야 하는 위험은 금리 변동과 함께 주가지수가 아닌 개별 종목 기준의 변동성이며, 이때 당신이 알아야 할 지식은 하이닉스와 포스코의 주가의 안정성을 예측하는 능력과 주식시장의 향후 변동 상황, 그리고 ELW와 개별 종목 옵션 등이다.

좀 어려운 이야기지만 이 상품의 성공률은 초기 가입자의 경우 상당히 높겠지만 반대로 나비효과처럼 이 종목을 보유한 주식투자자들은 이 상품이 판매된 액수만큼 주가지수의 변동성을 억제당하는 상황을 맞을 수도 있다.

그렇다면 같은 위험도로 분류한 ELF는 어떤 상품일까?

이 상품은 앞서 말한 금융사들의 자기 증식의 결과를 여실히 보여준다. 금융사는 끊임없이 새로운 상품을 개발하고, 투자자가 선택할 수 있는 새로운 형태의 거래를 계속 만들면서 잉여 유동성이 지속적으로 유입되기를 바란다. 그것은 바로 자신들이 몸담고 있는 산업의 미래와도 같다.

그래서 금융권은 주식-선물-옵션 이후에도 개별 종목 옵션과 같은 상품을 만들고 이번에는 이런 옵션을 이용한 결합 상품을, 그리고 그 다음에는 결합 상품 여러 가지를 묶은 펀드 상품을 개발한다. ELF는 그런 펀드 상품의 하나다.

(3)에 속하는 투자구조를 가진 ELS 하나에만 투자하기에는 불안하고 그렇다고 ELD에서 나오는 수익은 부족하다고 여기는 투자자들을 겨냥해서 나온 게 ELF다. 이것은 여러 회사의 다양한 ELS 상품을 자산 운용사가 가입을 해서 펀드를 구성한 것으로서 개별 가입 시에 생길 위험을 분산하되, ELS의 수익을 취하고 싶은 투자자

들을 겨냥한 것이다. 하지만 이것은 기본적으로 ELS 상품을 자산 운용사가 대신 운용해주는 운용비용이 들어 있다는 점을 감안한다면 실제 수익률은 예상보다 낮다. 쉽게 말해 주식형 펀드 상품처럼 이해하면 된다.

그 다음 (5)에 해당하는 ELW는 그야말로 가장 위험한 상품이다. 현재 ELW는 첫 발매 때에 비해 10배 이상으로 규모가 커졌지만 이것은 금융공학이 만들어낸 최악의 상품이다. 금융시장의 자기 증식의 한계를 말해주는 한편 향후 금융시장에서 개인투자자의 희생을 가장 크게 치르게 할 것이다.

이 상품에 대한 소개는 철학적으로나 실리적으로나 불필요하다고 생각되므로 여기서는 생략하겠다.

종자돈이란 투자 위험이 큰 당신의 현재 재정 상태에 맞추어진 전략이며, 종자돈을 마련한 후 본격적으로 시작될 수익률 게임에서 이기기 위한 필수적인 준비단계다. 따라서 당신이 종자돈을 마련하기 위해서는 절대로 은행을 벗어나선 안 된다. 그렇다고 종자돈을 모으는 동안 손을 놓고 있어서는 곤란하다. 은행에서 안정성을 보장받는 동안에도 다른 금융상품의 수익 상관곡선을 이해하고 있어야 본격적으로 연 10퍼센트 이상의 수익을 올려야 하는 투자 시점에 이를 때 그동안 쌓은 내공을 발휘할 수 있다.

제3부

투자를 위한 부자경제학

부자경제학의 기본 원리를 익혔다면 이제 투자전략을 살펴볼 때다.
제3부에서는 우리나라 자산시장이 어떻게 변화할지 진단해보고
부동산투자, 주식투자 등 분야별 투자전략을 어떻게 세워야 하고,
포트폴리오를 어떻게 구성해야 할지 살펴보자.

13

부동산투자
어떻게 할 것인가

베이비붐 세대의 은퇴가 시작되는 2010년 이후에는

인구구조의 변화로 인해 부동산시장은 수요보다 공급이 많아져

거품이 붕괴될 것이라는 전망이 속속 나오고 있다.

과연 부동산 불패의 신화는 깨어지는 것일까?

인구구조와 자산가치

한국의 노년층은 자산을 소비하기보다는 상속을 의식하지만 최근 과거에 비해 자녀들의
부모 부양의지가 약화됨에 따라 은퇴 후의 삶에 대한 불안감이 커지고 있다.

전세계적으로 현재의 자산가치 상승을 초래한 것은 인구구조다.
이른바 베이비부머로 불리는 세대는 미국의 경우 1946~1963년,
한국은 1955~1964년에 출생한 사람들을 가리킨다. 미국의 베이
비부머는 한국보다 10년 정도 두텁고 빨리 시작되었는데, 여기에
다 국가 경제력의 우위로 인해 은퇴 준비가 빨리 이루어진 덕분에
미국 시장의 자산가치 상승은 한국보다 10년 빨리 시작되어 훨씬
강력해질 수 있었다.

　한 인간의 삶의 패턴은 상당히 유동적이다. 예를 들어 미국인의
경우 청년기에 만든 부채를 장년기에 갚으면서 자산을 축적하고,
노년기가 되면 그것을 소비하는 경향이 있지만, 한국의 경우 청년
기의 부채는 부모가 부담하고 장년기의 소득은 축적해서 노년기에
자식에게 물려주려는 경향이 강하다.

　통계에 의하면 우리나라 사람들의 저축은 자녀교육비가 가장 많
이 들어가는 40대를 정점으로 하락하다가 50대에 다시 증가하는
경향을 보여준다. 이것은 노년기에 접어들어서도 자산을 소비하기

보다는 상속을 의식하기 때문이며, 과거에 비해 자녀들의 부모 부양의지가 약화됨에 따라 은퇴 후의 삶에 대한 불안감이 커졌기 때문이다.

그러나 미국의 경우는 베이비부머 세대들이 은퇴 시기에 접어드는 2006년 이후 자산시장이 위축될 것이라는 우려가 상당히 크고, 실제 일부 그런 조짐이 보이는 것도 사실이다. 미국에서는 개인뿐 아니라 국가의 부채 역시 같은 경향을 보인다. 달러 기축통화체제의 혜택을 가장 많이 누린 미국은 상당 기간 재정적자를 유지하면서도 별 문제가 없었다. 하지만 무역수지 적자와 재정수지 흑자(미국에 투자된 돈의 증가)라는 구도는 달러의 약세로 인해 서서히 종말을 맞게 될 것이며, 여기에 베이비부머들이 민감하게 반응하면 당장은 아니더라도 언젠가는 자산시장에서 양떼 효과가 나타날 가능성이 없지 않다.

현재 미국인들의 주식투자 비중은 우리와는 비교가 되지 않을 정도로 높다. 그러나 이런 구도는 자산시장이 흔들린다면 치명적

●●● 양떼 효과

군집(herding) 현상을 이르는 말. 앞에 가는 양의 엉덩이만 보고 따라가다 첫번째 양이 절벽에서 떨어지면 모두 떨어지는 양떼처럼 투자자들이 우르르 무리지어 행동하는 현상을 일컫는다. 양떼 효과는 투자자들이 패닉 상태에 빠져 투매를 할 때뿐 아니라 물소가 사자와 마주칠 때 뭉치는 것처럼 안전하게 다수의 행동에 편승하려 할 때도 나타난다.

인 타격을 입힐 공산이 크다. 현재 미국의 높은 주식투자율은 아직까지 치명적인 하락을 경험해보지 못한 데 근거한다. 그러나 우리 시장과 미국의 상황을 그대로 연결하기에는 다소 무리가 있다.

결론부터 말하자면 우리의 경우는 미국처럼 향후 자산시장이 급락하지는 않을 것이다. 한국 시장은 미국과 달리 베이비부머 세대가 이제 막 자산시장에 뛰어드는 초기단계이고, 때문에 이들이 소비를 하는 시기는 아직도 10년 정도 여유가 있다. 게다가 은퇴에 대한 두려움과 상속에 대한 의지로 미국과는 좀 다른 상황에 놓여 있다.

하지만 이런 논리에도 물론 함정은 있다. 과거 일본의 사례에서 보듯 베이비부머의 인구 모형이 점점 좌측으로 이동하면 그동안 이들이 보여준 구매력도 감소하거나 최소한 정체 상태에 이른다는 점이다. 특히 부동산시장에서 주택 보급률이 100퍼센트를 넘었음에도 더 나은 주택을 바라는 대체수요로 인해 특정 지역의 주택 가격이 지속적으로 오르고 있다. 이들 세대 중에서 경제적 여유가 있는 계층이 예상보다 두텁다는 뜻이고, 이런 사회적 양극화는 이들 세대만의 독특한 자산 보유 패턴을 형성했다는 의미이기도 하다.

이들은 30평짜리 집을 40평으로, 40평은 50평으로 늘리고 노후 아파트는 주상복합 등의 최신 아파트로, 거주지는 수도권 인근이나 강북에서 강남이나 기타 대도시의 중심 지역으로 이전하는 대체수요를 형성했다. 특히 40, 50대 신흥 부유층들은 대개 전문직 종사자, 기업의 임원, 벤처 사업가, 성공한 자영업자 등으로 안정적인 가처분소득(월수입 구조)을 가지고 있어서 세금정책이나 금리 변동과 같은 요인들은 그것이 치명적이지 않는 한 삶의 질을 무시하는 경우가 많다.

베이비부머의 경제력과 구매력, 얼마나 갈까
아무리 우리 사회가 땅과 주택의 선호가 유난히 높다 하더라도
10년 후에는 부동산을 사려는 사람이 팔려는 사람보다 많지 않을 것이다.

이들이 앞으로 자산시장에서 발휘할 경제력과 구매력을 부동산시장에서 먼저 선보인 셈이다. 그러나 이런 상황이 언제까지고 지속되지는 않을 것이다.

그 이유는 첫째, 사람이 나이가 들면 가장 먼저 활동 반경이 축소되기 때문이다. 현재 한두 명의 자녀를 둔 이들 세대는 교육과 거주의 편의성으로 인해 강남 아파트와 고급화, 대형화된 주택을 선호했지만, 앞으로 10년을 전후로 자녀들의 성장에 따른 교육 수요의 급감, 자녀들의 분가로 인한 1인당 주거 효율성의 저하, 은퇴 후 거주 지역의 변경, 노인 동선을 고려한 주택 규모의 축소 효과들이 본격적으로 나타날 것이다. 이 경우 집값 하락은 예상보다 빨리 찾아올 수 있다. 부동산시장이 무서운 것은 오를 때보다 내릴 때다. 따라서 현재의 50대가 은퇴 연령대에 진입하는 시기가 되면 더 이상 현재 주택시장의 가격이 유지되기 어려울 것이다.

둘째, 자산시장의 구조적 변동 가능성이 부동산시장을 위협하고 있기 때문이다. 거주비용을 생각하지 않고 거주에 막대한 비용을 지불하는 과거의 관행은 조만간 합리적으로 재편될 것이다. 20억

원짜리 주택에 산다는 데서 얻는 심리적 만족감과 실제 20억 원의 기회비용을 바꾸는 현재의 행태는 주택 가격이 무한히 상승할 것이라는 확신을 전제로 한 것이다.

경기는 반드시 부침이 있고 그에 따라 가치도 변동한다. 지금 강남과 목동, 분당의 고급 주택의 평균 가격을 15~20억 원으로 잡고 앞으로 얼마나 더 오를 것인가를 냉정하게 생각해보자. 앞으로도 과거처럼 아파트 값이 2배 껑충 뛰어서 한 채에 30~40억 원까지 올라갈 수 있을까? 그렇지 않다. 10년 후에 타워팰리스가 40~50억 원을 호가하고 목동과 분당의 30평대 아파트가 30억 원에 거래되는 일은 초특급 인플레가 닥치지 않는 이상 불가능할 것이다.

그렇다면 지금처럼 주택시장이 급등할 것이라는 기대(혹은 초조)하지 않는 상황에서 보유세의 증가와 금리 인상, 그리고 양도차익 과세와 2주택 규제와 같은 고강도의 압박을 이겨내면서 고가 아파트에 추가 투자를 감행하는 것은 현명한 판단이 아니다.

이 점을 재료적으로 해석하면 지금 집값의 상승세는 대체수요와 공급 부족이 일시에 충돌하면서 일어난 괴리와 현재의 규제정책이 언젠가는 공급전략으로 바뀌게 될 것이라는 기대가 상승작용을 한 결과로 볼 수 있다.

정권만 바뀌면 세제가 완화되고 결국은 공급량 증가를 가져올 것이라는 피상적인 기대를 하는 사람들이 많다. 이러한 기대가 과연 현명한 것인지 생각해보자.

지금의 부동산시장, 거주용 부동산 가격의 상승은 우리나라에 국한된 것이 아니다. 오히려 지난 20년간의 인플레나 환율, GDP 대비 부동산 가격 상승률이 우리보다 더 높은 나라들이 수두룩하다.

눈앞의 현상만 지켜보면 아파트 가격의 상승은 강남이 주도하고, 수도권이 뒤를 받치면서 수요 부족으로 인한 가격 강세가 이어지는 것으로 보인다. 물론 그런 측면이 없지는 않지만 그보다 더 중요한 상승 요인은 인플레에 대한 기대심리다. 그것이 아무리 비이성적이라 하더라도 가격의 변동은 항상 재료를 필요로 하고 재료는 가격의 논리에 따라 춤출 뿐이다.

지금 아파트 공급량을 늘리는 정책이나 줄이는 정책은 현재로서는 공히 부동산 가격 상승을 교란하는 요소일 뿐 둘 다 정답이 아니다. 지금은 공급을 늘리면 늘리는 대로 줄이면 줄이는 대로 가격이 상승할 것이다. 일반의 생각과는 반대로 지금 아파트 공급량을 늘린다면 그것은 오히려 미래 자산 가격의 폭락을 불러올 수 있고, 반대로 지금처럼 공급량을 크게 늘리지 않는다면 당장은 현재의 가격 상승에 대한 기대심리를 꺾기 힘들 것이다.

결국 정책은 상황에 따라 옳기도 하고 틀리기도 하지만 시장은 늘 옳다. 우리나라 부동산시장은 굳이 세금으로 압박하지 않더라도 단기 강세가 이어지다가 머지않아 자산시장이 변하면서 가격은 정점을 찍고 제자리를 찾게 될 것이다.

셋째, 자산시장의 변동이 부동산 가격을 지지하던 유동성 감소를 가져올 것이기 때문이다.

주식시장의 경우 2006년 주식형 펀드의 변화에서 알 수 있듯이 이미 스프레드와 포트폴리오 투자가 일반화하고 있다. 2006년 주식형 펀드의 30퍼센트는 해외주식에 대한 투자다. 이것은 곧 주식시장 참여자들이 글로벌 기준으로 시장을 바라보기 시작했다는 뜻이고, 투자자들의 유연성이 예상보다 높다는 것을 알 수 있다.

이 점은 현재 국내 시장의 40퍼센트의 지분을 보유한 외국인 지분에서도 증명된다. 외국인은 주식시장의 글로벌 대비 상대적 저평가 국면을 이용하여 한국 시장의 지분을 확대하였고, 그것이 일정 부분 해소되면서 서서히 비중을 줄이고 있다(지금 해외 투자에 나서는 개인투자자들의 인식도 이와 같다).

그러나 이것은 반대로 우리나라 시장이 저평가되는 경우 언제라도 자금이 다시 유입될 수 있다는 의미이기도 하다. 이것은 향후 10~20년 후 은퇴자들의 자산 매도가 발생하더라도 주식시장의 경우에는 충분한 대체 매수세를 기대할 수 있다는 의미이고, 그만큼 완충장치가 마련되어 있다고 볼 수 있다. 즉, 주식시장은 이미 글로벌 기준의 시장이 되어 있고, 글로벌 기준으로 가치가 하락하면 언제라도 새로운 매수세가 기다리고 있다는 것이다.

하지만 국내 부동산시장은 만성적으로 고평가되어 있어 글로벌 기준의 스프레드 투자를 기대하기 어렵다. 그것은 우리나라의 산업구조가 이민을 활발하게 받아들이거나, 교육 수요를 중심으로 외국인에게 한국이 기회의 땅이 되지 않고서는 불가능하다. 물론 우리 사회의 땅과 주택에 대한 고유의 선호가 급격하게 퇴조하지는 않을 것이고, 역모기지 등의 활성화로 주택 매도의 필요를 상당히 감소시킬 여지는 있지만, 한 가지 분명한 것은 그것은 국내 시장의 수급일 뿐이다. 그러나 이러한 점마저 10년만 지나면 부동산을 사려는 사람이 팔려는 사람보다 많지 않을 것이라는 점에서 금융 자산에 비해 상당히 불리하다.

부동산투자 전망

부동산시장은 향후 10년 이내 급락과 그로 인한 시장 재편 등으로
결국 현재의 주식시장과 같은 투자 패턴으로 정착할 가능성이 커 보인다.

그렇다면 앞으로의 부동산투자는 어떨까?

우리나라는 가용 국토가 좁고 수십 년간의 경제성장으로 인해
매우 빠른 속도로 도시화가 진행되었다. 그 결과 가뜩이나 높은 인
구 밀도는 도시를 중심으로 더욱 집적화되고 도시의 부동산 가격
은 지속적으로 상승하였다. 대부분의 사람들은 경제성장의 파이를
부동산(특히 아파트 분양)과 적금에 대한 투자로 충분히 보상받을
수 있었으며, 이 대열에 올라타지 못한 사람들은 자산 양극화의 희
생양이 될 수밖에 없었다.

우리나라의 가구 수가 대강 1,500만이라고 본다면 4,500~6,000
조 원으로 평가되는 거주용 부동산의 시가총액을 기준으로 한 가구
당 부동산 보유액이 평균 3억~4억 원에 이른다. 이는 GDP의 6배
가 넘는 수준이다. 세계적으로 부동산 가격의 시가총액은 대개
GDP의 3배 수준이라는 점을 고려한다면 두말할 것도 없이 우리나
라 부동산 가격의 고평가는 상당한 수준이라고 볼 수 있다.

그렇다면 최근 논쟁이 되고 있는 수급 상황은 어떨까?

20년 후 선행 신규 주택수요를 가정하여 구해보면 위의 그래프
를 얻을 수 있다(신규 주택수요는 55~59세 인구에서 10~14세 인구를

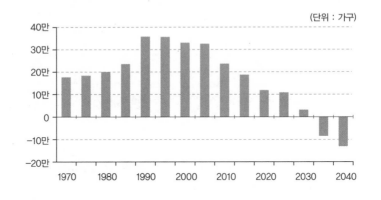

그림 6 연평균 신규 주택수요량

(단위 : 가구)

차감한 후 10으로 나누어 구한다). 단 이 그래프에는 세 가지 전제조
건이 있다.

(1) 55~59세 인구는 주택을 처분하는 주택공급자이며 20년 후
    평균적으로 사망한다.
(2) 10~14세 인구는 20년 후 주택을 필요로 하는 인구다.
(3) 멸실 주택과 사망으로 인한 주택공급은 무시한다.

위 그림을 보면 우리나라는 1970년 이후 해마다 신규 주택수요
가 증가했음을 알 수 있다. 또한 1990년부터 2005년까지는 연 35
만 가구의 수요가 있었으며, 그후 급속하게 줄어들어 2010년부터
매년 감소할 것으로 예상하고 있다.
  참고로 〈그림 6〉의 수요는 순수한 추가 신규 주택수요이며, 이

수요가 충족되려면 그만큼 새로운 택지를 개발해야 하고, 이는 또한 토지수요를 발생시킨다. 그렇다면 2010년부터 신규 주택수요가 감소하면 자연히 신규 택지수요 또한 감소할 것이다. 그러나 현재 우리나라의 토지 가격에는 이미 미래 개발 기대치가 반영되어, 수요가 감소할 경우에는 일본처럼 상당한 거품붕괴 현상이 일어날 것이다. 따라서 향후 10년을 내다보고 부동산투자를 한다고 가정할 때 2006~2010년 사이에는 토지시장이 침체되리란 것을 명심해야 한다.

여기서 〈머니투데이〉의 의미심장한 기사를 살펴보자.

앞으로 10년간 연평균 45만 4,000호의 주택수요가 발생할 것이란 주장이 제기되었다. 이 가운데 수도권 지역의 연평균 주택수요는 절반가량인 22만 호로 추정됐다. 건설산업연구원은 출생률 저하, 가구원 수 감소, 가구 구성의 변화, 노인 인구 증가 등의 인구적 요인과 소득 증가로 인한 교체 및 세컨드 하우스 수요 증가 등의 경제적 요인, 노후불량 주택 철거 및 자연재해 등 기존 주택의 멸실에 따른 물리적 요인을 감안할 때 향후 10년간 연평균 주택수요는 45만 4,000호로 예상된다고 밝혔다.

이는 지난 1999년 이후 2003년까지 최근 5년간 연평균 주택건설 실적인 52만 4,000호의 86.6퍼센트에 해당하는 수준이다. 또 2010년까지 연평균 12만 5,000호 수준을 유지하던 멸실 대체수요는 2011년 이후 24만 3,000호까지 증가, 전체 주택시장 수요 증가를 주도할 것으로 전망되었다. 반면 인구 요인에 의한 수요는 2010년까지 연평균 12만 호 수준을 보이다가 2011년 이후 8만 호 수준으로 감소할 것으로 예상되었다. 서울의 경우 인구 요인에 의한 수요가 2011년 이후 1만 6,000호로 급감할 것으로 보인다. 이외 공가(빈집) 발생에 따른 대체수요는 꾸준히 증가하지만 그 규모는 작아 2010년까지 평균 3만 호에 이르다가 2011년 이후에는 연평균 4만 6,000호에 이를 것으로 분석되었다. 소득 요인에 의한 수요는 연평균 14만 호 수준을 일정하게 유지할 것으로 예상했다.

먼저 위의 기사에서 신규 주택수요를 45만 가구로 예측한 내용이 나의 계산과 다른 이유는 바로 '주택수요=신규 주택수요+멸실 주택수요'의 공식을 이용했기 때문이다. 즉, 아파트란 일정 연도가 지나면 재건축 등으로 헐리고 다시 지어지는데 여기서는 재건축 아파트도 주택수요로 간주한 것이다. 따라서 앞의 그래프에서 '주택수요=신규 주택수요+30년 전 주택수요'라는 공식을 만들어서 다시 그래프를 만들면 〈그림 7〉이 나오고 이 경우 정확하게 주택수요를 46만 가구로 예측할 수 있다.

그러나 이 주택수요 역시 향후 부동산 경기를 예측하기에는 부정확하다. 그 이유는 재건축 수요는 토지를 추가로 요구하지 않으며 신규 주택수요만이 추가 택지를 요구하기 때문이다. 따라서 2010년 이후에 택지수요로 인한 토지수요가 급격히 줄어들면서 전체 부동산시장이 급랭할 가능성이 커진다.

결국 과거에는 분양만 받고 큰 평수로 늘려가다가 여유가 생기면 한 채를 더 사는 방식으로 무조건적인 투자를 해왔지만 앞으로

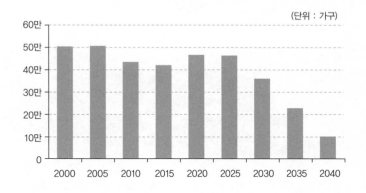

그림 7　연평균 주택수요량

(단위 : 가구)

의 부동산시장은 상당히 변동성이 커지고 수익이나 손실의 편차도 확대될 것이다. 따라서 부동산시장에서도 부동산에 대한 기존의 투자 욕구를 감당하고 이러한 위험이나 변동성에 대비할 수 있는 펀드시장이 활성화될 가능성이 크다. 단, 그러기 위해서는(간접투자가 활성화되기 위해서는) 투자자들이 시장붕괴로 인한 직접투자의 위험성을 학습하는 과정이 필요하다. 따라서 현행 부동산시장은 향후 10년 이내 급락하고, 그로 인해 시장이 재편되는 과정을 거쳐 현재의 주식시장과 같은 투자 패턴으로 정착될 가능성이 크다.

그렇다면 이처럼 단기 중립, 장기 하락의 가능성이 큰 부동산시장에서 이런 현상이 전국적인 양상으로 진행될 것인지 아니면 일부에서 얘기하듯 지역별 편차를 보일 것인지를 생각해보자.

먼저 지방의 상황부터 살펴보자. 우선 전국 3대 도시 중의 하나지만 뚜렷한 생산시설이 없고 고령화 속도가 비교적 빠른 대구는

11년 연속 전출 초과를 기록하면서 인구 감소가 진행되고 있다.

다음은 〈대구매일신문〉에 실린 기사의 일부다.

2006년 통계청의 2005년 인구이동 통계 결과에 따르면 지난해 대구 전입 인구는 10만 2,898명, 전출한 사람은 12만 7,843명으로 순유출을 보였다. 전출 초과인구는 전년의 1만 3,327명보다 무려 54.4퍼센트가 증가했다. 이로써 대구는 1995년 3,579명의 전출 초과 이후 지난해까지 11년 연속 순유출을 기록했으며 이에 따른 대구의 누적 순유출 인구는 12만 3,261명에 달한다. 이 정도 인구는 그동안 대구에서 경북 영주시 한 개 정도의 인구가 빠져나갔음을 의미한다.

계속하여 기사를 살펴보자.

경북의 경우도 지난해 1만 1,517명의 전출 초과를 기록, 1999년 이후 7년 연속 전출 초과를 이어나갔다. 다만 그 절대인구 규모는 2003년 3만 6,833명을 정점으로 2004년 2만 6,921명, 2005년 1만 1,517명으로 감소하고 있다. 그러나 전출보다 전입이 많은 지역은 경기도 용인으로 4만 8,298명의 전입 초과를 보였다. 지난해 수도권의 인구 유입은 12만 8,800명으로 여전히 유출보다 유입이 많았지만 전년의 14만 300명보다는 줄었고, 16개 시도 가운데 수도권으로의 인구 순유출이 가장 많이 이루어진 지역은 전북으로 1만 9,403명이었다.

그 다음은 부산으로 1만 7,387명이었고 경북은 1만 6,389명으로 전

그러나 수도권의 인구추이는 이런 지방 상황과 반대다. 그동안
거쳐온 모든 정권은 수도권 억제와 지방 육성을 내세웠고 또 실제
그러한 정책을 여러 가지 방식으로 실행했다. 다만 그 강도가 참여
정부 들어서 신행정수도와 같이 직접적이고 타격적인 방식으로 진
행되었을 뿐 그 방향성은 대개 비슷하다. 하지만 결과는 그 반대
다. 수도권 인구에 대한 다음의 통계청 자료를 보자.

〈그림 8〉에서 1970년 수도권 인구는 전국 대비 28퍼센트였으나,

그림 8 연도별 전국 인구 대비 수도권 인구

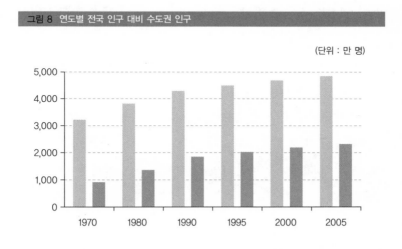

(단위 : 만 명)

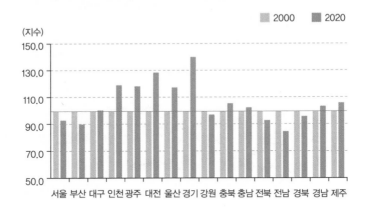

그림 9 각 지역별 2020년 인구지수

2000 2020

(지수)

서울 부산 대구 인천 광주 대전 울산 경기 강원 충북 충남 전북 전남 경북 경남 제주

2005년에는 전국 인구의 47퍼센트에 육박한다. 이것은 물론 정점
에 이른 국면이라고 볼 수 있어 논쟁의 여지가 있으나 일단 통계청
에서 내놓은 자료를 기반으로 2020년의 인구지수를 살펴보자(이
그림은 2000년의 인구가 100이라고 가정한다).

즉, 〈그림 8〉의 통계청 자료를 〈그림 9〉와 같이 비교 변형하여 살
펴보면 서울은 개발 면적의 고갈로 인구가 정체되고, 수도권인 경
기 · 인천은 상당한 인구 증가가 예상되며, 수도권 이외의 지역은
대부분 인구의 정체 혹은 축소가 예상된다는 사실을 알 수 있다.

그렇다면 현재 우리나라 수도권 지역은 어떤 특성을 가지고 있
을까?

수도권의 시장 논리

신도시가 수도권 근거리에 들어선다면 수요가 왕성하여 민간투자가 따르겠지만
원거리일 경우에는 수요가 없어 민간투자를 유치하기 어려워진다.

우리나라의 수도권 인구는 전국 인구의 50퍼센트에 육박하며, 수
도권의 연간 생산 부가가치는 전체 GDP의 약 60퍼센트인 400조
원이 넘는다. 이런 엄청난 부는 대부분 수도권에 재투입되며, 수도
권 성장의 강력한 동력으로 작용한다. 이 때문에 수도권은 정부의
정책과 무관하게 시장 논리로 성장할 것으로 보는 것이 타당하다.
그 이유는 다음과 같다.

- 수도권은 GDP의 60퍼센트를 담당하고 있다. 따라서 수도권
  억제책은 국가 경제의 위축을 불러오므로 대체수단 없이 수도
  권을 억제하기는 어렵다. 당장 파주와 교하의 공장 신설에서
  도 정부가 손을 든 것을 보아도 알 수 있다. 특히 향후 산업시
  설의 감소와 생산력의 감소가 예상되는 시점에서는 더더욱 어
  렵다.
- 수도권에 구축된 도시 인프라는 이미 수백조 원의 가치를 지
  닌다. 이 정도의 인프라를 다른 곳으로 유인하는 새로운 권역
  을 만들어내는 것은 재정적으로도 불가능하다.
- 수도권은 이미 '주식회사 대한민국'의 심장부이고 인재의 대
  부분이 몰려 있다. 최근 지방으로 이전했던 중소기업들이 다
  시 수도권으로 올라오는 가장 큰 이유는 기본적으로 인력 확
  보의 어려움 때문이다. 이 점은 세제나 기타의 혜택으로 극복

할 수 있는 문제가 아니다.

• 서울은 우월한 교육과 직장을 제공함으로써 강력한 구심력을 발휘하고 있다. 인구 감소는 이런 압축적인 패턴을 오히려 더욱 강화시킬 것이다.

정부의 기본 방향은 이 점을 충분히 인지하고 있다. 그래서 지방 분산과 분권을 강조하고 가구지역에 공공기관을 이전하면서까지 수도권 과밀을 해소하고자 하지만 이 문제에서 가장 큰 골칫거리는 바로 거리 문제다.

우리나라는 국토가 좁다. 따라서 새로운 도시를 수요가 있는 수도권 근처에 건설하면 수도권에 흡수되어버릴 것이고, 원거리에 건설하면 수요가 부족해 흉물이 되어버릴 가능성이 크다. 수요도 왕성하고 민간투자도 끌어낼 수 있는 신도시 입지는 수도권 반경 100킬로미터 정도가 적당하다. 이 정도 거리라면 재정투자를 최소화하면서 성공적으로 신도시를 건설할 수 있을 것이다. 그리고 이는 수도권 외연을 확대하는 결과를 낳을 것이다. 반면 수도권 반경 200킬로미터 원거리에 신도시를 건설할 경우에는 수요가 없어 민간투자를 유치하기가 어려워진다. 이렇게 되면 정부의 재정 부담이 커질 수밖에 없는데, GDP 25퍼센트 수준인 현재의 정부 재정으로는 기껏해야 GDP의 1~2퍼센트 정도밖에 투자하지 못한다. 그러나 수도권 자체 생산액이 GDP 60퍼센트라는 점을 감안하면 그 정도 금액으로는 어설픈 투자가 될 것이다.

결론적으로 정부의 인구 분산 정책은 성공하기 어려운 상황이고, 장기적으로는 저성장과 맞물려 성장 촉진이라는 집중 개발논리에 밀리면서 오히려 수도권 규제를 완화하는 방향으로 나아갈 공산이 크다. 이것이 경제와 정치의 차이다.

　그렇다면 앞으로 수도권의 미래는 어떻게 될까?

수도권의 미래 : 앞으로의 개발 가능성

수도권과 지방의 경쟁에서 수도권은 지속적으로 우위에 설 것이다. 수요는 투자를 부르고 투자는 다시 수요를 부른다. 따라서 수도권의 개발은 지속될 것이다.

수도권은 서울, 인천, 경기로 나눌 수 있는데 그 중 서울은 개발면적의 고갈로 더 이상의 인구를 수용하기 어렵다. 하지만 인천의 경우는 지속적으로 확장이 가능하고 향후 300만 인구 도시로 무난하게 성장할 것으로 보인다.

　그러나 사실 수도권에서 민간자본이 집중 개발할 것으로 보이는 지역은 경기도다. 경기도는 아직 미개발지가 많고 앞으로도 인구집중 현상이 지속될 것이다. 수도권이라는 분류를 떼어내서 생각하면 경기도는 서울의 인구를 흡수할 수 있는 거의 유일한 지역이다.

　〈그림 10〉은 경기도의 인구 추계를 그린 통계청의 자료다. 이것을 보면 경기도는 인구 감소에도 불구하고 2000년 약 900만 명에서 2015년에는 1,200만 명으로 증가한다. 이 인구 추계대로라면 경기도의 개발은 어떤 방향으로 이루어질까?

　지방은 고령화로 인해 경기침체가 가속화되고 수도권과 지방의 경쟁에서 수도권은 지속적으로 우위에 설 것이다. 수요는 투자를

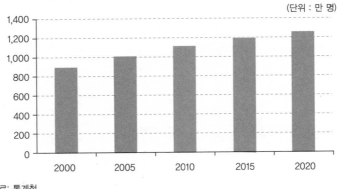

그림 10 연도별 경기도 인구 추계

(단위 : 만 명)

자료: 통계청

부르고 투자는 다시 수요를 부른다. 따라서 통일과 같은 극단적인 상황(이 경우에도 북한 인구의 유입으로 더 가속화될 여지가 있다)이 생기지 않는 한 수도권의 개발은 지속될 것이다.

먼저 수도권의 지리적 특징을 살펴보자. 광화문의 반경 10킬로미터는 서울권이다. 또 거기서 추가 10킬로미터는 그린벨트 지역이다. 만약 광화문에서 40킬로미터의 권역을 생각하고 가용 개발면적을 따져보면 다음과 같다.

$$40km \times 40km \times \pi \div 3.1 = 16억 평$$

그 중 서울과 그린벨트의 면적은 다음과 같다.

$$20km \times 20km \times \pi \div 3.1 = 4억 평$$

그림 11 서울을 제외한 도넛 형태의 수도권

　서울을 제외한 수도권은 〈그림 11〉처럼 도넛 형태로 약 12억 평에 달한다.

　수도권은 동쪽으로 상수원 보호구역이 있고, 이 부분은 식수 보호 문제로 대규모 생산시설이나 농장을 건설할 수 없고, 일부 택지 개발이나 난개발을 제외한 집중적인 개발이 불가능한 지역은 가평 · 양평 · 여주 · 이천 · 연천 · 광주 · 용인 · 남양주를 포함하여 도넛의 33퍼센트를 차지한다고 가정하자.

　이 면적을 제외하면 대규모 개발이 가능한 도넛은 약 8억 평이다. 거기서 인천과 비무장지대 등 초접경지역을 약 3억 평이라고 가정하면 대규모 개발 가능 도넛의 수도권은 약 5억 평이 남는다. 이제 2020년 경기도 추계인구가 약 1,270만 명인데 가구당 3.5인이라고 가정하면 363만 가구가 된다. 분당이 400만 평으로 약 8만의 가구를 수용하기 위해 건설된 것을 감안할 때, 경기도가 363

만 가구를 수용하려면 분당 크기의 도시 45개가 필요하고 이는 약 1억 8,000만 평이 된다.

다음으로는 필요한 공장 면적을 생각해보자. 만약 공단 면적 100평에 1명이 고용된다고 가정하면(LG필립스의 파주 LCD 공장은 50만 평에 5,000명을 고용할 예정이다) 수도권에 향후 100만 명 정도가 고용될 공단을 조성하기 위해서는 무려 1억 평의 땅이 소요된다. 단순하게 개발 가능 도넛 수도권 면적 5억 평을 경기도 인구로 나누어보면 인구 1인당 39평이 되는데, 이것이 수도권의 미래 모습이다.

요약하면 서울을 중심으로 집중 개발지역은 서울권의 반경 20~40킬로미터 지역 중 상수도 보호구역 등을 제외한 약 5억 평이며 향후 소요면적은 주거용 1억 8,000만 평, 공단 1억 평 등으로 총 2억 8,000만 평이다. 따라서 경기도는 행정구역의 구분과는 별도로 실제로는 서울과 합쳐지면서 광역도시화가 진행될 것으로 보아야 한다.

수도권 부동산 매입전략

부동산은 수요가 증가하면 값도 오른다. 따라서 전국에서 국지적으로 오르는 특별한 사례를 제외하면 향후 부동산투자 전망이 좋은 곳은 수도권밖에 없다.

광역도시화가 된 것으로 가정하고 부동산 매입전략을 세워보자. 사실 부동산은 대단히 투자가 까다로운 대상이다. 그나마 가장 이해하기 쉬운 아파트를 기준으로 생각해보자. 계산하기 쉽게 평균 인플레율 5퍼센트, 이자율 역시 5퍼센트라고 가정하자. 그리고 내가 사려는 집은 강북 외곽의 30평짜리 아파트로 시세가 3억 원 정도라고 하자.

과거 데이터를 보면 서울은 수요공급 문제로 인해 최근까지 시세가 상승했고, 특히 강남은 연평균 10퍼센트의 상승률을 보였다. 이때 금리는 최소 12퍼센트는 되어야 세후 강남 집값과 수익률이 비슷하다는 의미가 된다. 그러나 이자율 5퍼센트로는 아무리 저축을 해도 집값을 따라잡을 수 없다. 그러면 3억 원짜리 아파트를 구입하기 위해 매달 100만 원씩 연이율 5퍼센트대로(세전 6퍼센트) 저축할 경우 몇 년이 걸릴까? 답은 17년이다. 집값이 지금처럼 급상승하지 않고 단지 인플레 5퍼센트만큼만 오른다고 가정해도 17년 후 집값은 7억 원이 되어 내 집 마련의 꿈은 또다시 멀어진다. 따라서 17년 후 그 아파트를 사기 위해서 부족한 돈은 3억 원이 아니라 4억 원이 된다. 이 황당한 계산의 정체는 무엇일까?

문제는 서울의 3억 원짜리 집은 초기에는 연 1,500만 원(3억 원×5퍼센트)씩 상승하지만, 17년 후에는 연 3,500만 원(7억 원×5퍼센트)씩 상승한다. 즉, 인플레이션은 복리로 집값을 상승시키는데, 저축액을 월 100만 원으로 고정시킨 것이 문제다. 따라서 월 저축액을 인플레 증가율 이상으로 늘려야 겨우 집값을 따라잡을 수 있다. 이런 생각에서 종자돈이 생기면 일단 집부터 사고 집을 점점 넓혀가라는 만고불변의 재테크 전략이 득세하는 것이다.

그들의 논리는 이런 것이다. 만일 3억 원의 집을 1억 5,000만 원에 전세를 끼고 산다고 가정하면 이때 필요한 돈은 1억 5,000만 원이다. 이 1억 5,000만 원을 은행에서 6퍼센트의 이자로 대출을 받았다면 매달 75만 원씩 이자를 갚아나가야 한다(이 돈이 자기자금이라고 해도 큰 차이는 없다). 이제 고정적으로 75만 원을 지불하면서 17년을 살아간다고 하자. 그리고 17년 후 아파트 값이 7억 원이 되었다. 물론 전세가도 상승해서 3억 원이 되었다. 늘어난 전세금으로 은행 대출금을 모두 갚고 나면 17년 뒤에는 7억 원짜리 아파트를 3억 원의 전세를 끼고 소유하고 있으므로 순수하게 4억 원의 자산이 남는다.

그러나 여기에는 전제조건이 있다. 첫째는 이자율이 상승하지 않을 것, 둘째 집값이 지속적으로 상승할 것, 셋째 다른 자산 대비 부동산의 가치 상승이 상대적으로 클 것이다. 그렇다면 지금 시점에서 내 집 마련에 대한 고전적인 전략은 이 세 가지 전제가 과연 지켜질 수 있는지를 고민하는 데서 출발해야 한다.

어쨌거나 당신에게 100만 원이 있으면 주식을 사거나 예금할 수 있지만 부동산은 다르다. 앞에서 설명한 대로 3억 원짜리 부동산을 구입하기 위해 월 100만 원씩 저축을 하면(현행 금리) 인플레와 흡사하게 상승하는 부동산의 가격은 그로부터 훨씬 멀리 달아나버린다.

어쨌든 이제 시야를 넓혀서 부동산시장 전반에 대한 전략을 생각해보면, 당연한 말이지만 부동산은 수요가 증가하면 값도 오른다. 따라서 전국에서 국지적으로 오르는 특별한 사례를 제외하면 전국의 대부분 지역을 피하고 수도권의 부동산에 투자를 하는 것이 옳다.

또 수도권에서 보호구역을 중심으로 한 투자는 인구를 집중시킬 대규모 개발이 불가능하고 실제 논리와 배치되므로 제외하는 것이 타당하다. 물론 이들 지역의 예상치 못한 동반 상승이나 호재를 기대할 수는 있겠지만 투자는 투기와 다르다.

지금까지 개발은 수원, 화성 등 서울 남서쪽으로 진행되어왔다. 즉, 수도권에서 3분면에 해당하는 곳이 개발 집중지역이었다. 그러나 최근에는 고양, 파주 등 서울 기준으로 북서쪽 지역이 관심 대상으로 떠오르고 있다(2분면 지역).

먼저 서울의 구조를 보면 재미있는 현상을 볼 수 있다. 1960년대 서울의 핵심부는 광화문 등 4대문 근처였다. 1970년대에는 남쪽으로 내려와서 강남을 기준으로 하는 남쪽 개발축이 생긴다. 또한 동쪽으로도 잠실이 개발되면서 동쪽으로 확장을 시도하였으나 그 아래로는 상수원 보호구역이라 막히게 된다. 만약 남북대치 상황이 없었다면 어떻게 되었을까?

인구 천만 이상의 대도시들은 다음과 같은 특징을 가진다.

- 풍부한 수자원을 지녔다.
- 바다, 항구와 인접해 있다.
- 강을 끼고 발전했다.

만약 남북대치 상황이 아니라면 수도권은 서쪽으로 한강을 따라 발전했을 것이고 인천은 수도권의 핵심이 되었을 것이다. 따라서 서울에서 서쪽인 김포, 고양 지역은 수도권의 핵심 지역이 될 수밖에 없는 운명적 위치에 있다.

부동산시장에 영향을 미칠 변화 요소
미국은 부동산 소유주에게 1퍼센트의 보유세를 받는다.
우리나라에서 1퍼센트 보유세가 현실화되면 어떻게 될까?

다음으로 향후 부동산시장에 상당한 영향을 미칠 네 가지 요소를
살펴보자.

첫째는 쌀시장 개방이다. 지금도 쌀농사를 짓고 먹고살기가 힘
든데, 쌀값이 50퍼센트 하락한다면 농사를 지을 이유가 없다. 그
러나 국제 가격은 그보다도 싼 게 현실이다. 따라서 쌀농사는 장기
적으로 쇠락할 것이며 농업정책의 일대 변환을 초래할 것이다. 다
시 말해 농사를 지어서 적자를 보는 상황에서 농사를 강요할 정부
는 없다. 수도권에는 아직까지 절대 농지가 상당히 분포하고 있고
장기적으로는 이 토지들의 활용이 이루어질 것이다(현재 농지가 있
는 곳에 살지 않는 지주에 대한 규제를 강화하는 것도 이 점을 미리 겨냥
한 것으로 보인다). 이 경우 농사 외의 대안이 될 수 있는 수도권 절
대 농지는 금싸라기가 되고, 농사 말고는 아무것도 할 수 없는 지
방의 농지는 가격이 급락할 것이다.

둘째는 1가구 2주택에 대한 강화 조치다. 집이 두 채 이상이면
중과세를 한다. 이것은 결과적으로 수도권의 주택은 남기고 지방
의 세컨드 하우스는 절멸하게 되는 결과를 가져오고, 그래도 부동
산 투기를 하겠다면 다주택자는 앞으로 정부와 동업을 하자는 의

미가 된다. 이 조치는 앞으로 부동산시장이 주택과 택지라는 양분
구도에서, 길이 열려 있는 상업용 토지나 건물로 중심이 조만간 이
동 한다는 것을 의미하고, 향후 활성화될 부동산에 대한 간접투자
역시 이 부분을 겨냥할 것이다.

셋째는 보유세의 강화다. 미국에서는 보유세가 거의 1퍼센트에
가깝다. 우리나라도 장기적으로 보유세를 강화할 명분이 충분하
다. 만약 1퍼센트 보유세가 현실화하면 어떤 결과가 벌어질까? 우
선 확실한 호재 없이 토지를 소유하는 것이 불가능해지면서 지방
토지의 가격 하락은 불을 보듯 훤하다. 수도권 토지도 차별화되면
서 상수도 보호권역 등 개발 기대가 낮은 토지는 하락할 것이고,
주택도 월세가 집값의 5퍼센트 이상인 경우를 제외하고는 하락할
가능성이 크다. 예를 들면 강남의 10억대 35평짜리 아파트는 월세
500만 원 이상이 나와야 하는데, 과연 가능할지를 생각해볼 필요
가 있다. 실제 미국의 경우에는 보유세가 부동산시장의 차별화를
가져왔다.

넷째는 고령화다. 고령화가 되면 연금 수령으로 생활하는 사람
이 늘어나면서 동·서해안 등 수도권에서 가깝고 여건이 쾌적한
도시는 인구가 늘어나거나 적어도 유지될 가능성이 있다. 그리고
생활비가 저렴한 수도권 외곽의 도시들도 인구 수준을 유지할 것
이다. 그러나 일반적으로 지방 토지는 고령화가 진행되면 전체 부
동산 평균 가격을 떨어뜨리는 주범으로 작용할 것이다. 이것은 고
령자의 사망이 토지 상속을 불러오고 상속자는 그것을 현금화하려
고 시도할 공산이 크기 때문이다. 결론적으로 수도권은 앞으로도

상당한 개발면적이 필요하다. 이들 개발지는 수도권 도시 인프라를 따라 건설될 것이다. 즉, 수도권의 도로 건설과 철도 건설을 보면 개발축들이 보인다.

예를 들어 경의선이 있다. 경의선은 용산–문산 간 철도로 2008년까지 복선 전철화가 진행 중인데 여기에 투입되는 비용은 무려 1조 4,000억 원이다. 이러한 비용을 들이는 것은 경의선 축에 상당한 규모의 도시를 건설하겠다는 의지로 해석할 수 있다. 현재 경의선 축을 따라 고양, 일산, 파주 등이 있다. 이들 지역의 인구는 고양 80만 명, 파주 30만 명 정도다. 앞으로 경의선 축은 250만 명 정도의 인구를 수용할 것이므로 결국 100만 명 이상의 인구가 추가로 유입될 것이다. 결국 수도권의 핵심 지역은 앞으로 고양시가 될 가능성이 높다.

지금까지의 논의를 중심으로 부동산시장에 대한 당신의 생각은 어떠한가?

호재와 악재, 긍정과 부정적 요인이 교차하고, 그 중에서도 지역별, 권역별로 갈라질 것이라는 예측을 했을 것이다. 향후 부동산시장은 10년간 점진적 상승 이후 급격한 조정을 거쳐 15년 후 다시 안정될 것으로 보이는데 다만 이 경우에도 안목에 따라서는 투자가 가능한 유효수단이 될 수 있으나 지금과 같은 무차별 상승은 불가능하다고 여겨진다.

좀더 세밀하게 얘기하면 서울 중심가의 고가 아파트와 지방 도시의 토지가 가장 위험하고, 수도권 주변 도시의 개발 가능지, 파주 · 문산 · 일산 등 경의선 축의 토지 투자는 여전히 가능성이 있지만 세제와 기타 제도의 정비로 인해 그리 좋은 투자수단으로 자리잡기는 어려울 듯하다.

아파트 값 언제까지 치솟을까
과연 지금 시점에서 강남의 고급 아파트나 주상복합,
그리고 재건축 단지에 투자를 하는 것은 옳은 판단일까?

끝으로 최근 뜨거운 화두가 되고 있는 아파트, 그 중에서도 서울의 아파트를 다시 생각해보자.

과거 전통적인 주거형태는 넓은 정원과 빼어난 풍광의 단독주택이지만, 도시의 집중화로 인해 주차나 기타 접근성이 중시되면서 아파트 수요가 커졌다. 하지만 아파트의 보급률은 주택 보급률과는 달리 이제 겨우 50퍼센트를 넘어서고 있다.

대개 산업화가 가속화하고 삶의 질이 높아지면 인구는 대도시로 집중되는 현상이 발생한다. 이것을 도시화(urbanization)라고 부르는데, 경제 수준이 높을수록 심해진다. 이 수치는 후진국은 약 50퍼센트, 선진국은 80퍼센트 수준에 이르는데 우리나라에서는 두 단계를 거치면서 도시화가 진행되었다.

첫번째는 지방의 소도시나 촌락에서 지방 대도시로의 인구 집중이고, 두번째는 지방 대도시에서 수도권으로의 인구 집중이다. 앞의 경우는 역설적으로 1970년 새마을운동이 시작되는 때부터 가속화되었고, 두번째 경우는 1990년대 들어 가속화되었는데 이것은 우리나라 산업구조의 변화와 그 맥락을 같이한다.

한편 당시로서는 그만큼 절박한 것이었다는 의미인데, 지금은 수도권 인구를 분산하기 위해 애쓰는 것을 보면 역사는 순환한다는 것을 느끼게 된다.

어쨌든 지방 대도시의 경우 상대적으로 택지 공급이 원활하여 단기간에 아파트 보급률이 50~55퍼센트를 넘어섰지만 인구가 감소하고 있기 때문에 더이상의 추가 상승을 기대하기는 어려울 것으로 보인다.

그에 비해 서울의 경우는 심각하다. 통계청 자료에 따르면 2000년 서울 인구는 960만 명이고 아파트는 97만 호다. 따라서 서울의 경우 지방과 달리 아파트 보급률은 35퍼센트에 불과하지만 택지의 추가 공급이 어려운 실정이다. 이것은 세 집 중 한 집만 아파트에 거주하고 나머지는 다가구 빌라 등 상대적으로 열악한 환경에 거주한다는 뜻이다. 특히 사람들이 선호하는 지역(기반시설과 교육 여건이 좋은 지역)은 강남, 서초, 송파구 정도인데 이들 지역의 아파트는 여의도, 목동까지 합쳐도 30만 가구에도 못 미친다.

그런데 강남의 아파트 값은 평당 5,000만 원을 넘어섰다. 이 가격이 적당한지를 토지 가격을 기준으로 한번 생각해보자. 대치동 동부 센트레빌의 경우 용적률이 270퍼센트이고 평당 거래가 5,000만 원 수준이라고 하자. 건축비가 평당 500만 원이라고 본다면 토지 가격은 평당 4,500만 원인 셈이다(토지 가격의 비율은 아파트 가격이 오르면 오를수록 더 커질 것이다). 용적률을 고려한 이곳 아파트 부지의 토지 가격은 무려 평당 1억 2,150만 원(4,500만 원×2.7)이다. 그러나 강남 도곡동·대치동·역삼동 일대의 빌라, 연립, 근린상가의 경우 건물 값을 무시해도 토지는 평당 3,500~4,000만 원 선으로 센트레빌과는 무려 3배 이상의 차이가 난다.

다시 강북 뉴타운을 보면 사업 지정 전에 평당 300만 원 수준이던 토지권리가 현재는 무려 3,500만 원 수준이다. 즉, 강북의 평당 평균 분양가 1,200만 원과 용적률 280퍼센트에 맞춘 적정 토지 가격을 호가하는 것이다.

하지만 같은 관점에서 계산해보면 현재 강남의 재건축 단지는 토지 가격이 평당 6,000~7,000만 원 선을 넘어서고 있다. 이 경우 어느 쪽이 고평가되고 어느 쪽이 저평가된 것일까? 또 투자를 한다면 어디에 해야 할까? 과연 지금 시점에서 강남의 고급 아파트나 주상복합, 또는 재건축 단지에 투자하는 것이 옳은 판단일까? 그래도 당신이 굳이 강남에 투자하기를 원하고 투자기간에 구애받지 않을 자신이 있다면 지금은 차라리 단독주택이나 노후 상가, 건물, 빌라 등에 장기투자하는 것이 훨씬 합리적일 것이다.

수요 측면에서의 투자 분석

이번에는 수요의 측면에서 한번 생각해보자.

수도권의 인구는 2,000만 명, 총 가구 수는 600만이다. 경기도 인구는 경제력이 있으면 서울로 오고 싶어하고 그것도 가능하면 선호지역으로 진입하고 싶어한다. 하지만 서울 선호지역의 가구 수는 30만이다. 즉, 수도권 인구의 5퍼센트만이 선호지역에 거주할 수 있다. 또 선호지역의 새 아파트는 희소가치가 있다. 만약 이 중에서 새 아파트가 20퍼센트라고 한다면 수도권 가구의 1퍼센트만 강남, 서초, 송파, 목동, 여의도의 새 아파트에 거주할 수 있다. 따라서 우리나라 수도권 가구의 1퍼센트가 100억 원 수준의 자산이 있다고 가정한다면 이들은 20~30억 원의 아파트에 거주할 능력이 되는 것이고, 앞으로 빈부 격차가 더 벌어지면 이들 선호지역의 인기는 더 높아질 수 있다.

한편 경기도의 선호지역은 5대 신도시(분당, 일산, 평촌, 산본, 중동)가 될 것이다. 분당 8만 호, 일산 8만 호 등 선호지역의 아파트 수는 약 30만 호다. 앞으로 분당 정도의 위치에 분당 크기인 400만 평의 택지를 개발한다는 것은 거의 불가능한 일이므로 5대 신도시의 희소성은 시간이 지날수록 점점 두드러질 것이다. 결국 수요의 측면에서는 서울지역 30만 호, 경기지역 30만 호의 아파트는 여타 아파트와 달리 더욱 차별화될 가능성이 높다.

공급 측면에서의 투자 분석

다음으로는 공급 측면을 한번 생각해보자.

강남, 송파, 서초구는 약 2,000만 평의 한강 이남의 신도시다. 앞으로 이런 위치에 이 정도 규모의 도시 건설은 일단 불가능하다. 판교는 불과 100만 평으로 비교 대상이 될 수 없고, 강남과 인접한 그린벨트를 개발할 경우 토지 수용비는 평당 500만 원을 잡아도, 그 중 50퍼센트가 도로나 녹지에 들어간다면 토지 수용 원가는 평당 1,000만 원이 되고 공급가는 평당 1,500만 원 수준이 될 것이다. 여기에 용적률 200퍼센트를 잡으면 평당 1,500만 원짜리 아파트 공급이 가능해진다. 그러나 실제 강남에서 그 정도 면적을 확보한다는 것은 불가능하다. 만약 빌라·연립·다가구·단독 등을 강북식으로 수용해서 재개발할 경우 수용비 3,000만 원, 공급비 4,000만 원을 감안하면 용적률 200퍼센트일 때 평당 가격은 2,500만 원 이상이 되는데, 이것은 오히려 투기를 부추길 가격이다. 용적률을 타워팰리스 수준의 800퍼센트로 올리면 평당 1,500만 원에도 공급할 수 있겠지만 이 경우는 도시 밀도의 문제를 일으켜 서울의 도시 기능을 마비시킬 것이다. 결국 이런 수요공급 논리가 바로 강남 아파트 값을 상승시키는 것이다.

지금까지 인구, 소득, 인플레, 자산시장 등의 거시적 관점과 현재 시장이 주장하는 수요공급과 같은 미시적 문제 그리고 부동산 개발의 흐름을 개괄해보았다. 그리고 부동산에 우호적인 요소와 부정적인 요소들도 살펴보았다. 이제 부동산시장에 대한 투자 판단은 당신의 몫이다.

시골의사의 투자 노트

"향후 10년 내에 부동산투자의 비중을 줄여라." 이것은 긴 안목으로 부동산투자를 하려는 사람들이 명심해야 할 대전제라고 할 수 있다. 어떤 자산이든 수요보다 공급이 많으면 가격은 떨어질 수밖에 없다. 그래도 부동산투자를 고집한다면 두 가지 전략을 세워볼 수 있다. 첫째, 아파트 등 거주용 부동산에서 상가 등의 상업용 부동산으로 전환하는 것이 유리하다. 둘째, 앞으로도 상당한 개발면적이 필요한 수도권 부동산을 매입한다. 특히 수도권에 투자할 때는 기존의 경기도 남부지역보다는 북부지역에 투자하는 것이 유리하다.

14

변화하는 주식시장, 어떻게 투자할 것인가

머지않아 연기금, 퇴직연금 등 뭉칫돈이 증시로 밀려들 것으로 예상된다.

17년간 박스를 보인 미국 시장이 박스를 돌파하면서

10배의 본격적 상승이 일어났듯 자산시장의 변화로

우리 증시 역시 폭발적으로 상승할 수 있을까?

향후 재테크의 방향을 이야기할 때 가장 우선순위는 당연히 주식과 부동산일 것이다.

앞에서 밝힌 대로 이제까지의 투자 성적은 금리에 대한 투자가 가장 우수한 것으로 나타났다. 다시 말해 부동산이나 주식에서 아무리 대박을 터뜨린다 하더라도 그동안 번 돈을 묵묵히 복리예금에 들었던 사람이 가장 높은 수익을 올렸다는 뜻이다. 물론 그 중에는 소유한 부동산이 개발지역으로 선정되어 자산을 몇십 배로 불린 사람도 있고, 특정 주식으로 수십 배의 이익을 낸 사람도 있겠지만 그것은 그야말로 극소수의 행운일 뿐이었다.

앞으로도 복리예금이 가장 성공적인 투자수단일 수 있을까? 물론 과거에도 그런 말을 수없이 많이 들었겠지만 이번에는 정말 다를 것이다. 기본적으로 과거에는 경제성장으로 인한 고금리 구조로 인해 그러한 수익률이 가능했지만 지금과 같은 구조에서는 상황이 달라졌다는 점이 가장 큰 이유가 될 것이다.

금리투자가 아니라면 앞으로 부동산과 주식 중 어디에 투자해야 할까?

과거 우리 사회는 유난히 부동산투자에 대한 선호도가 높았다. 그러나 부동산 대 주식의 선호 비율이 주식 쪽으로 조금씩 기울어지고 있다. 여기에는 여러 가지 이유가 있다. 우선 국내 산업이 급성장하면서 상장 기업의 수가 급증한 탓도 있고, 시중 유동성이 커진 탓도 있지만 기본적으로 실물자산이 아닌 금융자산도 장기 보유할 만한 자산이라는 인식의 변화가 주식 선호도를 높였다. 높아진 선호도만큼 주식시장은 팽창하고 있으며, 주식시장으로 돈이 몰리는 한 앞으로 자산시장의 중심은 주식시장이 될 것이다.

자산시장의 변화를 주도하는 386세대

주식시장 주요 투자자인 386세대는 속도와 경쟁 문화를 주도한 세대이며,
끊임없이 살아남을 방법을 만드는 데 익숙한 사람들이다.

인식의 변화는 주식시장 팽창의 첫번째 근거로 꼽을 수 있다. 그리고 이런 인식의 변화는 1차적으로는 당연히 인구의 변화에 기인하며, 그 중심에는 386세대가 있다.

1960년대에 태어나 1980년대에 대학을 다닌 386세대의 중심이 올해를 기점으로 40세를 통과하고 이들의 경제력이 급속히 커지면서 재테크의 전선으로 뛰어들고 있다. 이들은 초등학교부터 고등학교까지 한 반에 70명을 수용하는 콩나물 교실에서 경쟁했고, 대학 문턱에라도 가기 위해서는 경쟁에서 최소한 평균 이상의 성적을 올려야 했으며, 먹고살기 위해 상위 30퍼센트에 속하는 능력을 발휘해야 했던 세대다.

이렇게 치열한 경쟁에 익숙한 이들은 모든 면에서 도전적이다. 정치의 변화도 이들이 주도했고, 벤처를 비롯한 신흥시장의 창출

도 이들이 이루어냈다. 이들은 경쟁에서 살아남기 위해 스스로 변신을 거듭했고 그 변화의 대열에서 이탈한 사람들은 도태되었다.

그런 점에서 결국 미래의 은퇴기에 이르러서 연금 불안의 직격탄도 이들이 맞을 것이고, 은퇴기의 삶의 질에서도 이들은 치열한 경쟁을 피할 수 없다. 결국 386세대는 냄비근성으로 불리는 속도와 경쟁 문화를 주도한 세대이며, 끊임없이 살아남을 방법을 만드는 데 익숙한 사람들이다.

최근 자산시장의 변화를 주도한 것도 이들이다. 강남으로 상징되는 고급 주거에 대한 수요는 50대가 주도했지만 386세대의 진입이 시작되면서 본격적으로 불이 붙었고, 최근 급등한 증권시장의 주요 투자자도 이들이다. 그러면 이들은 어떤 선택을 할까? 여기에 향후 재테크에 대한 열쇠가 있다고 해도 과언이 아니다.

또 이들은 과거 세대에 비해 논리적이고 현명하다. 예를 들어 주식시장에서도 과거의 투자자들은 무조건 돈을 맡기고 묻지 마 투자를 하는 것이 주류였다면 이들은 수익률을 따지고 펀드도 골라서 가입하는 문화를 만들었다. 자신의 자산 운용에 대해 설명을 요구하고 그것이 합리적인가를 질문하는 사람들도 이들이다. 때문에 이들은 양떼 효과에서 비교적 멀리 서 있고 자산시장에서도 지속적으로 "왜?"라는 질문을 던질 것이다.

그들은 이렇게 질문한다. 지금 내가 가진 자산을 2배로 키우려면 어떤 것이 가장 유리할까? 15~20억짜리 강남 아파트가 30~40억이 되는 것이 쉬울까? 주식시장이 2500포인트를 넘기는 것은 가능할까? 향후 경기가 나빠질 것으로 생각하고 아예 채권으로 이동하는 것이 옳은 판단일까? 보유세를 부담하고 대출 이자를 내면서 20억짜리 아파트를 보유할까? 아니면 이자 대신 배당을 받으면서 주식투자를 하는 것이 현명할까?

이 문제들에 대한 답은 이미 정해져 있다. 이들은 즉물적인 세대다. 이들은 장기적으로 유동성이 떨어지는 자산보다는 언제라도 대응하기 쉬운 자산에 대한 선호도가 높고 그런 측면에서는 실물자산마저 펀드나 간접투자 상품을 사는 것이 옳다고 생각한다.

더구나 이들의 경제력은 인생의 최고조기에 달하기 시작했고, 더구나 앞으로 5~10년이면 교육비의 부담에서 벗어나 본격적으로 잉여자금을 운용하기 시작할 것이다. 또 이들은 서서히 부모로부터 부동산을 상속받거나 증여받기 시작할 것이며, 상속 자산을 처분할지 보유할지를 고민해야 하는 샌드위치 세대이기도 하다(물론 지금 20대 이하는 무조건 처분할 수밖에 없다).

결국 이들 세대가 우리나라 자산시장의 재편을 이끌 것이고 이들이 선택할 시장은 금융자산, 그 중에서도 주식시장이 될 것이다.

주식시장으로 돈이 몰리고 있다

연기금이 살아남기 위해서 수익률 전쟁을 벌이면 필연적으로 주식투자 비중이
높아질 것이다. 또 국가가 관리하는 각종 공적 자금 역시 주식시장으로 유입될 것이다.

주식시장 팽창의 두번째 근거는 대규모 자금의 운용이다.

앞서 이야기한 대로 연기금이 살아남기 위해 수익률 전쟁을 벌이면 필연적으로 주식투자 비중이 높아질 것이다. 또 국가가 관리

하는 각종 공적 자금의 운용 역시 사회간접자본에 대한 비중을 무작정 늘릴 수는 없을 것이다. 이런 식이라면 머지않아 재정이 고갈되고 재정 적자가 심화되면 인플레가 생기게 된다. 물론 인플레는 국가 부채를 낮추는 효율적인 수단이기도 하지만 그만큼 위험이 크다. 그래서 국가가 무한정 부채를 늘리거나 공적 자산을 더 이상 방만하게 운영할 수 없다면 각 정부부처들이 관리하는 공적 자금 역시 지금보다 훨씬 많은 비율로 주식시장에 유입될 수밖에 없다.

또 학교재단이나 공익재단의 자산 운용 역시 벽에 부닥치고 있다. 지금까지의 채권수익률로는 더 이상 무한경쟁에서 이길 수 없고 학교 재정을 학생의 등록금에 의존하기는 점점 어려워진다. 결국 장학법인이나 공익재단 역시 수익률 감소를 방치하기보다는 공격적 투자수단을 선택하게 될 것이다.

기업의 잉여 현금과 같은 법인자금도 마찬가지다. 기업은 빚을 내서 시설투자를 하기보다는 차라리 M&A를 통해서 안정적인 기업을 인수하는 것이 유리할 것이고, 대기업의 출자총액한도도 완화와 같은 정책들은 결과적으로 기업의 M&A와 지분투자를 활성화할 것이다. 뿐만 아니라 소버린의 SK 공략이나, 최근의 KT&G의 사례에서 보듯 소수 지분으로 지배권을 행사하는 지금의 지분구조는 대주주의 지분 확대를 필연적으로 불러오고, M&A에 대한 기업의 방어는 초미의 과제가 될 것이다.

이것은 최근까지의 주식시장 상승이 상당 부분 자사주 매입과 같은 매물 감소에 기인한 것이라는 점에서 볼 때 앞으로도 주식시장의 중요한 엔진으로 작용할 것이다. 또 기업의 여유자금을 과거와 같이 비업무용 부동산에 묶어두는 전략은 종언을 고했다. 정상적인 기업활동보다 기업이 투자한 공장부지의 가치가 더 높은 현상은 더 이상 찾아보기 어려울 것이며, 기업은 유휴자금을 배당금으로 돌리고 언제든 현금화가 쉬운 유가증권 투자를 늘리려 할 것이다. 그리고 이 배당금은 다시 경제 전반에 부의 효과를 불러일으키면서 주식시장을 부양하는 시드머니가 될 것이다.

무시 못할 개미들의 자금
미국은 401K 자금이 증시로 유입되면서 2000포인트 고지를 넘어섰다.
퇴직연금이 도입되면 우리 증시도 그만큼 성장할 수 있을까?

세번째로 개미들의 자금 또한 주식시장 팽창을 이끌 것이다.

투자에서 티끌 모아 태산이라는 속담이 가장 잘 들어맞은 사례는 2005년의 주식시장이다. 적립식 펀드와 변액연금은 눈덩이처럼 시장의 유동성을 키웠다. 앞으로 신세대 직장인들이 개인연금을 증액하고 퇴직연금제도가 본격적으로 도입되면 유동성은 더욱 확대될 것이다.

미국의 사례를 보자. 1965년부터 17년간의 1000포인트 박스권 돌파는 10퍼센트의 고금리 시대가 마감되고 초저금리 시대의 도래와 기업 연기금제도의 실시로 인한 기관투자가의 활성화 때문이었다는 것은 이미 잘 알려진 사실이다. 특히 퇴직연금의 문제는 지금은 영향이 미미하지만 향후 5년 후에는 예상과는 달리 증시에 강력한 파괴력을 보여줄 것이다. 미국은 퇴직연금이 도입된 지 수십 년

이 지나서야 증시에 영향을 미쳤으므로 큰 의미가 없다고 말한다.

실제 미국의 퇴직연금의 사례를 보면 '내국세 입법 401조', 즉 퇴직연금제 실시 후에도 무려 35년 동안이나 증시가 2000포인트를 넘지 못했던 것은 사실이다. 그러나 1978년 조항이 개정되면서 (K조항) 자산의 60퍼센트를 증시에 투자할 수 있게 되었고, 이때부터 증시로 유입되는 기업연금은 폭발적으로 늘어났다.

1984년 920억 달러였던 401K 계정은 1994년 6,640억 달러, 2003년 1조 8,000억 달러를 넘어섰다. 1985년 2만 9,000개에 불과했던 가입 기업 수도 2003년 43만 8,000개로 늘어났으며 퇴직자의 97퍼센트가 퇴직금으로 401K를 택했다.

이때 증시의 상승 동력이 401K냐 아니면 증시의 상승이 401K의 급증을 가져왔느냐는 논란은 닭이 먼저냐 달걀이 먼저냐를 따지는 것과 같다. 둘 다 일리가 있지만 한 가지 확실한 것은 증시가 상승 흐름을 보일 경우 퇴직연금은 확정기여형으로 급격하게 변화하고

●●● 401K

401K는 미국의 내국세 입법 중 확정기여형 퇴직연금제도에 대한 규정인 제401조 K조항에서 비롯된 것이다. 확정기여형 퇴직연금제도란 노동자들이 노후소득 보장을 위한 적립금, 즉 퇴직적립금을 회사에 모아두지 않고 연금의 수익률을 높이기 위해 주식투자 등을 전문으로 하는 투신사나 증권사 등에 운용하도록 해서 적립금과 운용 성과에 따라 퇴직금의 규모가 달라지는 제도다. 이에 따라 401K 자금의 60퍼센트 이상이 주식시장으로 유입되면서 다우지수 2000포인트 고지를 단번에 넘어섰으며 그후 13년 동안 대세 상승으로 1만 포인트를 넘겼다.

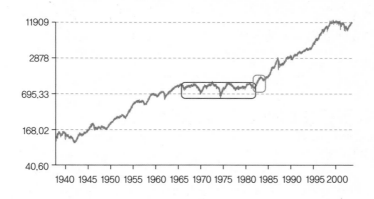

그림 12 1940년대~2000년대 다우지수

그 유입액도 폭발적으로 늘어난다는 것이다.

실제 기존의 자산을 보유하고 있는 부자들과 달리 자산시장이 팽창하면 노동자들이 거의 유일 자산으로 보유하고 있는 퇴직금의 가치는 상대적으로 급락하게 된다. 증시나 부동산이 상승하면서 부의 효과가 커지면 퇴직금이 유일한 자산인 노동자들의 입장에서는 퇴직금으로 일체의 혜택을 입지 못하고 단지 급여 증가분만큼만 늘어나는 구조를 견디기가 힘들어진다는 뜻이다. 따라서 나는 증시의 상승이 먼저라는 견해에 손을 들어주고 싶다.

만약 국내 증시가 3000을 넘어 5000포인트를 돌파한다면 거기에는 두 가지가 가장 크게 작용할 것으로 생각한다. 하나는 연기금의 힘이고, 또 하나는 퇴직연금의 힘이다(제도란 필요에 의해 변경된다. 지금 퇴직연금에 대한 법률을 근거로 미래 영향을 이야기한다면 당신은 투자 자격이 없다). 다만 이 두 가지가 자금 상승장에 불을 당기는 새로운 유동성 공급원이 될 수 있지만 약세장을 상승장으로 이끌 자금이 아니라는 점은 확실하다. 만약 증시가 약세를 보인다면 이들 자금은 꽁꽁 숨어서 투자시장에 나오기도 어려울 것이다.

미국 증시 10배 상승의 근본적 배경

미국의 주가 상승은 강력한 경제적 성과 때문이기도 하지만 10퍼센트의
고금리 시대가 막을 내리지 않았다면 이뤄지지 않았을 것이다.

우리가 여기서 눈여겨보아야 할 것은 17년간 박스를 보인 미국 시장이 박스를 돌파하면서부터 10배의 본격적인 상승이 일어났다는 사실이 아니라, 박스를 돌파하게 된 근본적인 배경이다.

1993년 〈월스트리트 저널〉은 다음과 같이 말하고 있다.

> 강력한 경기 호황이 단기금리를 상승시키고 이것은 투자자들로 하여금 주식을 팔아치우고 안전하게 높은 수익을 얻는 금리투자로 돌아서게 만든다.

즉, 경기에 대한 좋은 뉴스는 결과적으로 월가에는 나쁜 뉴스가 된다. 주가의 본격적인 상승은 기본적으로 경기가 좋아지고, 투자가 활발하며 기업 실적이 최고조에 달하는 시기가 아니라, 반대로 경기가 나쁘고 이자율이 낮으며 기업 실적이 예상보다 더디게 회복되는 국면에서 시작된다는 뜻이다.

그림 13 주요 국가와 지역별 국가지수 상승률

■ 2006년 주요 국가 주가지수 상승률

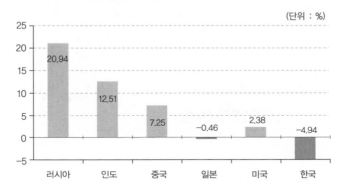

(단위 : %)

주: 러시아(RTS지수), 인도(BSE Sens), 중국(상하이지수), 일본(NIKEI225), 미국(DOW30), 한국
(KOSPI) 지수로 2005년 말 대비 3월 9일 종가 기준

■ 지역별 주가지수 상승률

(단위 : %)

연도	미국	아시아-태평양	유럽-아프리카-중동
1995	19.07	-3.46	6.92
1996	23.66	13.97	44.28
1997	25.92	-16.56	53.18
1998	-5.04	-1.01	12.58
1999	69.38	57.41	70.66
2000	-14.40	-24.43	-7.14
2001	-8.38	0.04	-13.21
2002	-1.82	-9.83	-19.76
2003	55.92	36.99	28.92
2004	19.90	11.27	23.54
2005	14.74	21.44	32.70
2006	6.04	2.75	6.12

자료 : 증권선물거래소

그림 14 글로벌 분산투자 : 수익 vs. 위험

(단위 : 천 가구)

세계주가지수 : 287%

한국주가지수 : 192%

자료: 블룸버그 MSCI 세계주가지수와 한국주가지수 기준, 1987년 12월~2005년 2월 말 기준

　　역사적으로 미국의 주가 상승기였던 1920, 1950, 1960, 1980년대의 주가 상승은 물론 강력한 경제적 성과가 있었지만 반드시 낮은 인플레와 낮은 금리 상황에서만 적용된다는 것이다. 미국 시장의 10년이 넘는 박스권 돌파도 결국 10퍼센트대의 고금리 시대가 막을 내리면서 시작되었다.

　　즉, 아무리 경제적 성과가 탁월하다고 해도 신용 확대로 인한 경기부양은 필연적으로 인플레를 유발하기 때문에 이것은 곧 이자율의 상승과 주가 하락으로 이어지며, 고점효과에 대한 두려움이 곧 주가 상승을 제한하여 주식가치의 고점을 형성한다는 것이다(우리나라도 긴 박스권의 주가 등락 과정에서 그나마 상승기는 모두 예외 없이 경기부양 국면이었다). 즉, 인플레의 증가는 통화 공급의 확대에 따른 거품일 뿐 실제 자산가치의 상승이 아니라는 의미다.

이것은 중요한 시사점을 알려준다. 일반적인 생각과는 달리 현재 대부분의 신흥시장의 상승은 우리나라보다 강력하며, 주식시장의 장기 상승률도 우리나라가 현저히 낮다.

2004년 우리나라 주식시장은 세계 44개국 증시 중에서 불과 31위를 기록했지만, 신흥시장을 이끌었던 멕시코는 40퍼센트의 주가 상승을 기록하면서 사상 최고가를 무려 52차례나 갱신했다. 이것은 금리가 2배나 상승하고, 은행의 3분의 2가 문을 닫은 외환위기 이후 10년 만의 일이었다. 이때는 반대로 기업 실적이 좋아지고 금리는 떨어졌으며 거품경제의 후유증을 치유한 결과 저인플레가 유지되었기 때문에 가능한 일이었다.

이것은 외환위기를 겪은 나라들에서 공통적으로 나타나는 현상으로 우리나라 역시 아직은 이 범주에 해당한다고 볼 수 있다.

여건은 달랐지만 미국도 마찬가지였다. 과거 미국 증시의 강력한 상승기는 언제나 금리가 하락하고, 인플레가 낮은 상황에서 기업 실적의 호전이 맞물린 경우에 이루어졌고 이 점은 현재 국내 주식시장의 장기 상승 논리를 설명하는 데 중요한 논거가 된다.

인플레 없는 저금리 기조

자유무역의 확대는 생산성의 향상과 맞물려 소위 신경제의 효과인
'인플레 없는 저금리 기조'를 유지할 수 있게 하는 강한 원동력이 되고 있다.

우리나라 역시 외환위기 이후 대대적인 구조조정과 신용 경색을 거쳐 금융위기에 대한 경계심이 그 어느 때보다 강하다. 이 때문에

한국은행은 현재의 금리에서도 추가 상승을 망설이면서 균형 금리에 거의 접근했다는 판단을 내리고 있다. 이것은 앞으로도 저금리 기조에서 인플레가 관리될 수 있다는 자신감의 표현이기도 하다.

실제 세계 자산시장 붐을 불러온 저금리·저인플레 구조는 여러 가지 측면에서 수십 년에 한 번 올까 말까 한 절호의 기회이기도 하다.

최근 세계경제는 자유무역의 확대로 비교우위의 상품들이 과거보다 자유롭게 왕래하는 것이 결과적으로 보호무역보다 유리하다는 데 인식을 같이하고 있다. 결국 이러한 무역의 개방화는 저가 농·공산품의 활발한 수출로 신흥국의 경제를 부양하면서, 한편으로는 수입국인 선진국의 인플레를 억제하는 이중성을 가지고 있다. 또 이것은 생산성의 향상과 맞물려 소위 신경제의 효과인 '인플레 없는 저금리 기조'를 유지할 수 있게 하는 강한 원동력이 되고 있으며 이것은 곧 현재 세계 증시와 자산시장의 동반 상승을 이끄는 강력한 엔진 중의 하나다.

우리나라 역시 중국의 값싼 농산물과 공산품으로 인해 인플레 압력이 여전히 낮고, 대신 우리의 고가 상품이 중국에 수출되면서 수출시장이 확대되고 있다. '침체 후의 경기회복과 저금리 기조, 낮은 인플레'는 미국뿐 아니라 세계 어느 나라 증시에서도 강력한 상승의 필요충분조건이었다.

따라서 1400포인트를 돌파한 증시가 1200포인트까지 다시 무너지는 한이 있더라도 그것은 단기급등에 대한 차익 실현이라는 자연스러운 현상일 뿐 주식시장의 고점 신호는 아니라는 점을 기억해야 한다.

그래서 한국 시장의 10년 박스는 그리 머지않아 강력한 추가 상
승으로 이어질 것이며, 그 끝은 아직은 아무도 모를 것이다. 다만
그때가 언제든지 시장의 진짜 고점이 온다면 그것은 인플레와 이
자율의 상승이 경기의 초호황과 맞물리는 시점이 될 것이며 그러
기에는 아직 가야 할 길이 너무 멀어 보인다.

증시 상승을 저해하는 위험 요인

주식시장은 늘 평균을 추종하는 겸손한 사람들에게는 이익을 안겨주지만 일시적인
자만으로 시장을 이겼다고 생각하는 사람들에게는 반드시 쓰라린 패배를 안겨준다.

환율 문제

물론 이렇게 긍정적인 측면만 있는 것은 아니다. 당장 눈앞에 발목
을 잡고 있는 환율은 기업 실적의 발목을 잡고, 신흥국의 추격과
선진국의 압박은 우리 경제의 가장 강력한 적으로 작용하고 있다.
물론 그것은 충분히 가능한 시나리오다. 자칫하면 우리는 가격 경
쟁력과 기술에서 공히 밀리는 샌드위치 신세가 될 수도 있다.

그러나 이것은 하나만 보는 단견이다. 한 나라의 성장이 무역수
지 흑자로만 이루어지면 필연적으로 거품이 발생한다. 과거 일본
의 사례에서 보듯이 무역흑자가 무조건 좋은 것은 아니다. 무역흑
자는 원화의 강세를 불러오고 기업의 경쟁력을 약화시킨다. 하지
만 또 다른 측면에서 보면 이는 우리 경제의 실력을 반영하는 것일
뿐이다.

환율로 이익을 보는 동안 기업은 체질을 강화했고, 그것은 다시 고환율시대에 실질적인 경쟁력으로 작용한다. 어차피 온실 속 화초처럼 환율의 그늘에서만 생존할 수 있는 기업이라면 허약한 병자와 같다.

앞서 채권 이야기에서 설명한 대로 2005년까지 환율을 방어한 것은 국민의 세금이다. 즉, 국민의 세금으로 달러를 사들이고 이로써 원화가 저평가되면 수출기업은 그만큼의 이익을 공짜로 가져간다. 그렇다면 이제는 그 반대가 되어야 공평하다. 환율이 제자리를 잡으면 국민은 유리하다. 해외 여행에서도 구매력이 증가하고, 수입품의 단가도 하락한다.

그동안 기업은 국민의 보호 아래 체질을 다질 기회를 얻었다. 그러나 그렇게 벌어들인 돈으로 흥청망청 써버린 매국적인 기업은 도태되는 것이 당연하고 그때 벌어들인 돈으로 체질을 강화하고 투자를 한 기업은 계속 성장할 것이다. 살아남은 기업은 제값을 받고, 망가진 기업은 자업자득이 되는 셈이다.

결국 환율이나 기타 거시경제 변수는 내가 '주식회사 대한민국'이라는 상품에 투자하느냐 마느냐의 문제일 뿐 그것이 증시 하락의 원인은 되지 않는다. 오히려 장기적으로는 원화가치가 상승할 동안 우리 증시는 건전하고 바람직한 방향으로 성장할 것이고, 경제와 기업 역시 그럴 것이다.

모든 종목군들이 증시 상승의 평균 효과를 누릴 수 있는가

다음으로 고려할 점은 향후 증시의 모든 종목군들이 증시 상승의 평균 효과를 누릴 수 있는가 하는 점이다.

지난 2005년까지의 증시는 중소형주를 중심으로 시장 전반의 상승 혜택을 누렸지만 앞으로도 그런 추세가 계속될지는 미지수며, 그것은 오히려 의외의 위험 요소로 작용할 수 있다.

2005년 주식시장에 유입된 자금은 고작 20조 원 수준이고, 이것이 700조 원의 시가총액을 밀어올린 것은 냉정하게 생각하면 매도세의 부재 때문이었다. 그러나 2006년 초반 증시 조정기에서 유동성은 늘어나는데 주가가 하락한 이유는 매수세는 여전한데 매도세가 증가했기 때문이다.

물론 이것은 일시적 자산 재편의 결과다. 2003년 이후 수익을 낸 투자자들이 이익을 실현하고, 1000포인트 돌파 이후 새로 시장에 진입한 투자자들의 자금이 서서히 주식시장으로 유입되는 순환의 결과 이런 현상이 일어났지만 이 부분은 한 가지 커다란 시사점을 남긴다.

2005년까지의 주식시장은 과거와 달리 기관투자가들이 주도했다. 개인은 여전히 파는 데 여념이 없었고 외국인은 중립적인 수준에서 움직였다. 이것은 어떻게 보면 1999년 기관화 장세가 연출되었을 때와 같은 양상을 보인 듯하지만 2005년의 기관투자가는 그 성격을 달리한다.

2005년까지 수익률 상위에 섰던 기관투자가들은 중소형주를 우선 편입한 소규모 자산 운용사이거나 투자 자문사였고, 규모가 큰 운용사에서도 중소형주를 편입한 펀드들이 강세를 보였다. 이것은 기본적으로 기관투자가들의 매수 여력을 말해주는 것이었다.

2005년까지의 간접투자 자금은 1999년과 달리 적립식을 중심으로 소액이 꾸준하게 유입되었지만, 1999년에는 바이코리아 열풍이 상징하듯 시중의 돈들이 뭉치로 유입되면서 코스닥의 비이성적 상승을 제외한다면 정보통신 업종을 중심으로 한 중대형주, 특히 옐로칩의 장세를 불러왔다.

당시 개인투자자들의 자금은 코스닥으로, 기관의 자금은 거래소의 정보통신업종으로 뚜렷하게 분리되었고, 대세를 읽지 못하고 가치를 주장한 상당수의 펀드들은 사상 최고치를 기록하는 상황에서 오히려 손실을 내는 어처구니없는 일도 발생했다.

이때의 투자자들은 상품 구조도 이해하지 못한 채 "무조건 코스닥을 사달라."는 진풍경을 연출하기도 했다. 그러나 이번에 유입되는 자금은 펀드의 성격을 따지고 수익률과 운용능력을 중시한다는 점에서 그때와는 다르다.

그래서 기관투자가의 입장에서는 과거처럼 논리에 매몰되어 시장 평균에서 도태되면 생존할 수 없다는 위기감을 공유했다. 그리하여 단기간에 수익을 올릴 수 있는 중소형주를 공격적으로 편입했고, 하락 리스크보다 상승 리스크를 입지 않으려고 펀드 내의 주식편입 비율을 최대한 끌어올렸다. 이것은 유동성이 제한된 중소형주에 기관들 스스로가 상승 요인을 제공한 셈이며, 어떤 면에서는 기관투자가들이 공공연히 중소형 주식을 매집하면서 개인투자자들에게 마켓 와칭(따라하기)을 요구하는 것이기도 했다.

이런 논리에서 2005년 말, 2006년을 전망하는 기관투자가들의 논조는 중소형주의 편입 비중을 늘리라는 것이었고, 실제 2006년

들어 각 기관들은 그동안 사들인 중소형주들을 서로 먼저 처분하려는 매도 전쟁을 벌이면서 중소형주의 주가를 단기간에 30~40퍼센트씩 하락시켰다.

이것은 주식시장에서 소규모 자금을 모아서 운용한다는 것이 어떤 위험을 가지는지를 알려주는 극명한 사례 중의 하나다.

우리나라에서 가장 큰 운용 규모를 자랑하는 상위권 펀드들의 주식편입 비율과 중소형주 편입 비율을 보면 기관투자가들이 과거의 잘못된 행태를 벗어버리지 못했음을 적나라하게 보여준다.

주식이란 절대적 가치 기준을 가지고 있는 것이 아니다. 그것은 살아 움직이는 생물이며, 매트릭스처럼 스스로 생각하고 스스로 증식하며 때로는 그것의 주인인 사람들을 지배하고 숭배를 요구한다. 또 끊임없이 새로운 이데올로기를 요구하고 유행을 창조하되 결코 모습을 드러내지 않는다.

그래서 사람들은 이솝 우화의 장님처럼 코끼리의 일부를 만져보고는 기둥이라고도 하고 뱀처럼 생겼다고도 하고 북이라고 말하기도 하는 것이다.

주식시장은 늘 평균을 추종하는 겸손한 사람들에게는 이익을 안겨주지만 일시적인 자만으로 시장을 이겼다고 생각하는 사람들에게는 반드시 쓰라린 패배를 안겨준다.

폭발적인 성장세 속 거품

시장은 늘 거품과 실적이 교차한다. 때로는 기대만으로 가격이 천정부지로 오르고 때로는 기대가 실망으로 바뀌면서 실적을 따지기도 한다. 하지만 실적은 곧 생존력을 의미한다.

다음의 예를 한번 살펴보자.

산업혁명이 시작되면서 내연기관이 발달하고 이것은 곧 기차라는 대형 운송수단의 발달로 이어졌다. 당시 기차는 자산가뿐 아니라 국가적으로도 가장 중요한 인프라에 속하는 최대의 산업이었다. 사람들은 기차에 열광했고 또 많은 사람들이 기차에 투자했지만 이 성급한 투자자들은 자동차산업이라는 새로운 기술의 탄생과 함께 머지않아 대거 도산하고 만다.

과학의 발달이 기차나 기중기를 움직이던 대형 엔진에서 소형 엔진을 생산하는 데는 불과 100년도 걸리지 않았다. 그리고 이것은 수동적인 운송수단이었던 기차를 밀어내고 능동적 운송수단인 자동차를 전면에 등장시켰다. 기차는 정해진 길로만 다니지만 자동차는 원하는 길을 달릴 수 있기 때문이다. 자동차의 등장은 사통팔달의 도로망을 구축하면서 구석구석의 산물들이 원활하게 교역하고 내륙 도시들의 급속한 발전을 이끌어내는 데 기여했지만 초기에는 고가의 자동차가 바로 일반화될 수는 없었다.

이때 대부분의 투자자들은 여전히 철도산업에 목을 맸지만 1910년 헨리 포드에 의해 분업과 대량생산체제가 확립됨으로써 자동차혁명을 맞게 된다. 1914년에서 1928년까지 도시가구에 대한 자동차 보급률은 10퍼센트에서 90퍼센트로 증가했고, 대대적인 도로건설과 맞물려 자동차산업은 폭발적인 성장세를 보였다.

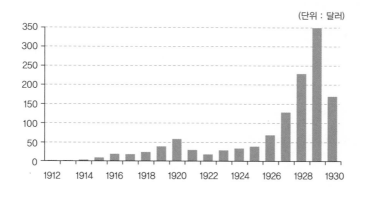

그림 15 GM의 주가 추이

(단위 : 달러)

당시 GM의 주가를 한번 살펴보자.

고작 몇 달러에 불과하던 GM의 주가는 1920년 70달러가 되고, 1922년에는 75퍼센트가 폭락한다. 그 후 다시 상승하여 1929년에는 무려 350달러가 되었다가 1930년부터 급락한다. 1960년대 60달러, 2000년 100달러를 기록한 후 최근 들어 다시 20달러대로 하락했다.

이것은 경제에 가격을 매기는 투자자들의 심리를 극명하게 보여주는 사례다. 처음 자동차가 등장했을 때 그것이 미래의 주력사업이 될 것이라고 생각한 사람은 소수에 불과했다. 사람들은 여전히 구식 기차에 매달렸고 새로운 시대의 여명을 보지 못했다. 그러다 자동차가 대중에게 보급되기 시작하자 뒤늦게 자동차산업의 성장성에 눈을 뜬 대중은 양떼처럼 몰려들어 거품을 만들었지만, 아직 도로와 인프라의 부족으로 시장 형성이 기대에 미치지 못하면서 부정적인 의견이 대두되고 다시 가격은 급락한다. 그 과정에서 우후죽순처럼 등장했던 관련 회사들은 모두 사라지고 1926년 이후 자동차시장이 개화하였을 때는 GM이나 포드 등의 살아남은 회사들만 본격적인 가격 상승을 시작한다. 그리고 자동차산업은 신산업이 아닌 기존 산업의 틀로 편입된다.

이러한 현상은 이후 가전제품의 등장과 맞물린 일렉트로닉스 열풍과 트랜지스터 혁명, 반도체 붐과 컴퓨터 열풍, 그리고 마지막으로 1990년대 후반을 장식한 IT 열풍에서도 지속적이고 반복적으로 나타난다.

인간의 과학기술은 늘 새로운 산업을 기존 산업의 영역으로 끌어내리고, 새로운 산업이 등장하면 너도나도 시장에 진입하면서 여지없이 거품을 일으켰다. 그리고 거품이 꺼진 다음 살아남은 기업을 중심으로 본격적으로 신기술이 만개한다.

5년 전 IT 거품이 꺼지고 수많은 아류기업들이 쓰러진 후 살아남은 기업을 중심으로 IT 세상이 건설되고 있다. 집집마다 인터넷이 깔리고 회사와 사무실은 인트라넷으로 연결되었다. 조만간 아파트와 주택, 공장이 전부 네트워크로 연결되고 이것은 인공위성에서 쏘아대는 무선으로 연결될 것이다. 그야말로 세상의 혁명이 시작되는 것이다.

과거 GM의 사례처럼 초기 거품에 뛰어들지 못한 사람들은 본격적인 개화 국면에서도 뛰어들지 못한다. 그들은 스스로의 논리에 매몰되어 미래에도 주가수익률을 따지고 있겠지만 조만간 세상은 다시 한 번 성장의 논리에 말려들게 될 것이다. 시장은 늘 기대(거품)와 실망(실적)이 교차한다. 때로는 기대만으로 가격이 천정부지로 오르고 때로는 기대가 실망으로 바뀌면서 실적을 따지기도 한다. 하지만 실적은 곧 생존력을 의미한다.

당장 실적이 없어도 언젠가는 포드나 GM처럼 성장 가능성이 있는 기업을 찾으려는 시장의 노력은 성장주에 대한 끝없는 애정을 과시하고, 그에 대한 실망은 불과 10퍼센트도 안 되는 승률에 목을 매느니 차라리 당장 실적을 내면서 절대 망하지 않을 기업에 투자하겠다는 가치주에 대한 선호로 바뀐다. 결국 고도의 안목을 갖춘 투자자는 성장주를 제대로 찾아 핵폭탄과 같은 수익을 올리지만, 그렇지 못한 투자자는 차라리 실적이 검증된 기업에 장기투자하는 것이 유리하게 된다.

하지만 투자에서 가장 끔찍한 것은 이도저도 아닌 경우다. 머리는 가치를 생각하면서 가슴은 성장에 흥분하는 것이다. 대부분의 주식투자자들이 이러한 사실을 깨닫지 못하고 있다. 투자란 지금 부동산과 주식의 교합처럼 어느 지점에서는 항상 만난다. 때로는 주식이 압도하고 때로는 부동산이, 때로는 금이 압도하지만 결국에는 등락을 거듭하면서 서로 만나게 된다. 다만 어떤 사람은 주식을 해야 할 때 부동산을 하고, 어떤 사람은 부동산을 사야 할 때 주식에 매달려 있을 뿐, 길게 보면 모든 자산투자는 반드시 만남과 헤어짐을 반복한다.

주가와 가격논리도 마찬가지다. 불과 3년 전에 시장을 주도하던 논리는 사라지고 어느새 새로운 논리가 등장한다. 주가수익률이 20을 넘나들다가 5가 되거나 3, 4를 오르내리다가 10, 15가 되는 것은 바로 시장의 변덕을 말해주는 결정적 증거에 속한다.

주가가 단순히 실적에 따른다면 모든 종목의 주가수익률은 같아야 하지만, 그 안에는 성장성이라는 변수 값이 가격으로 매겨지면서 주가가 춤을 춘다. 그러나 거기에는 항상 시장의 방어논리가 숨어 있다.

주식투자에서 성공하기 위해서는 두 가지 중 하나를 선택해야 한다. 가장 쉽게 가는 길은 평균에 서는 것이다. 성장과 가치라는 양극단에 매몰될 필요도 없고 가격 상승의 평균을 그대로 취하는 것이다. 두번째는 만났다 헤어지는 가격의 흐름에서 '지금' 지배하는 시장의 논리를 간파하고 그것보다 우위에서 바라보는 직관을 가지는 것이다. 그러나 아쉽게도 그런 수준의 안목을 가진 현인은 찾아보기 어렵다.

금융시장은 한 사람의 독단적 철학으로 정돈되지 않는다. 시장에서는 겸손하고 스스로 눈을 비비고 씻으면서 끊임없이 오류를 수정하는 태도가 중요하다. 금융시장에서는 현명함 그 이상의 '철학'이 필요한 것이다.

뭉칫돈이 공격적으로 증시에 유입될 신호

주식시장을 상승시키는 데는 기존처럼 개미들의 푼돈으로는 불가능하다.
이제는 본격적으로 연기금과 법인자금, 자산가들의 뭉칫돈이 유입되어야 한다.

그리 머지않아 상황이 크게 달라질 것이다. 2005년까지 시장을 주도한 적립식 펀드와 개인투자자들의 자금은 이제 서서히 한계에 부닥쳤다. 주가지수 500에서 1000이 되는 것과 1000에서 2000이 되는 것은 대단히 다르다. 이것은 비율적으로는 같은 100퍼센트의 수익률이지만 시가총액은 눈덩이처럼 커지는 것이다.

같은 주식이 1,000원에서 2,000원이 되는 데는 1,000원밖에 늘어나는 것이 아니지만 2,000원이 4,000원이 되는 데는 2,000원이 늘어나는 것이다. 자산시장에서 등비와 등차의 개념 차이는 대단히 중요하다.

이 경우 주식시장을 상승시키는 데는 기존처럼 개미들의 푼돈으로는 불가능하다. 이제는 본격적으로 연기금과 법인자금, 자산가들의 뭉칫돈이 유입되어야 한다.

우리나라 주식시장이 2006년 전반기에 산고를 치르는 것은 이 과정에서 반드시 거쳐야 할 통과의례다. 어지간한 개인들은 적립식 주식형 펀드에 가입했기 때문에 계좌 수의 증가는 서서히 정체를 보일 것이다. 개인들이 한 달에 50만 원씩 불입하던 것을 갑자기 100만 원으로 늘리지는 않을 것이며, 오히려 800포인트대에서 가입한 개인투자자들이 이익을 실현할 시기를 엿보고 있는 중이라고 해야 옳다.

그러나 바로 그 지점이 후행적 성격을 가지는 법인이나 자산가 등의 기타 자금들의 유입을 불러오는 동인으로 작용할 것이다. 공적 자금은 개인 자금과 속성이 다르다. 개인은 반전을 기대하고 변곡점에 투자를 감행할 수 있지만 공적인 자금은 논거가 확실한 상승 추세일 경우 유입된다. 그것은 자금의 성격뿐만 아니라 그것을 운용하는 입장에서 결과를 놓고 이야기할 때 만약의 경우에 투자를 결정한 동기를 설명할 명분이 필요하기 때문이다.

회사 자금이라면 주주들에게 유가증권에 투자한 이유를 설명해야 하고, 공공자금이라면 감사기관에 그 이유를 설명할 수 있어야 한다. 그래서 대개 큰 자금들은 시장에 후행한다. 따라서 이 자금들은 크게 증시 유입을 위해 대기하고 있지만, 작년 한 해의 과도한 상승으로 인해 현 가격대에서 진입하기에는 마땅하지 않다.

이 자금들이 공격적으로 유입될 수 있는 신호는 두 가지다. 하나는 고점 대비 주가가 크게 하락해서 가격 메리트가 생기는 경우(고점 대비 15~20퍼센트), 다른 하나는 고점을 넘어서는 폭발적인 상승이다. 전자는 가격 메리트로, 후자는 모멘텀으로 인해 뭉칫돈 유입을 가능하게 할 것이다.

어쨌든 이 국면에서 주가는 다시 상승하기 시작하지만, 지금과는 달리 대형주와 성장주를 중심으로 한 소위 핵심주의 장세가 펼쳐질 것이다. 이것은 고작 1,000억 원을 두고 1만여 명의 고객을 상대해야 하는 운용사가 1조 원을 두고 100명을 상대하는 국면으로 전환한다는 뜻이며, 수익률 우선의 요구에서 리스크 우선의 요구를 받는 국면이 된다는 뜻이기도 하다.

이 자금들은 개인과 달리 수익을 내지 못하거나 심지어 손실을 입어도 반드시 그것을 설명할 수 있어야 하지만, 개인 자금은 이유를 불문하고 수익률에만 매달린다는 차이가 있다.

그래서 기관의 관심은 대형 우량주로 몰리고, 유동성 장세에서 유동성과 실적을 가미한 장세로 전환할 수밖에 없고 혜안이 있는 일부 자산가들은 예상과는 달리 기관들의 지수방어 속에 과거 5년간 실력을 키운 IT 업종에서 승부를 하려고 할 것이다.

그렇게 되면 시장의 중심은 블루칩과 옐로칩을 위주로 종목 상승이 아닌 지수 상승을 이루면서 NHN, SK텔레콤 등으로 대표되는 IT 우량주와 코스닥의 중견 우량주가 또 다른 중심이 되는 방향으로 전개될 것이다.

이 국면이 되면 개인 직접투자자들은 다시 주가는 상승하는데 수익이 나지 않거나 마이너스가 되는 상황을 맞을 수 있고, 반대로 우량 블루칩이나 대형 성장주에 장기 승부를 하는 투자자들은 과거 중소형주 열풍의 몇 배나 되는 강력한 수익을 낼 수 있는 기회가 올 것이다.

종목으로 보면 지금은 별 매력이 없어 보이는 LG생명과학, 대웅제약 등의 제약주와 SK텔레콤 · KTF 등의 무선통신주, 그리고 그것과 관련한 와이브로 등의 주변 기업들, 한 차례의 거품 해소가 필요한 로봇 관련주들, 1차 거품을 거친 우량 바이오 관련주, 고령사회의 핵심이 될 헬스케어 관련주들이 성장주를 대표하고, 삼성전자 · 포스코 · 한국전력 · KT · 국민은행 · 현대차 등의 전통적인 블루칩들이 기관화 장세의 수혜를 입으면서 그 반대의 축을 형성할 가능성이 크다.

물론 그 과정에서 대한항공 · 제일모직 · CJ · 삼성물산 · 하이닉스 등의 중견기업들이 재평가를 이유로, 증권 · 은행 · 건설 등 금융주들이 유동성을 이유로 관심을 모으겠지만 이것 역시 투자자의 안목에 따라 성과가 크게 달라지는 모습을 보일 것이다.

결론적으로 당신에게 1억 원의 자산이 있고 약간의 모험을 감수할 수 있다면, 그 중 60퍼센트는 주식에 투자하고 40퍼센트는 금리에 투자하되, 부동산은 삶의 질을 구현하는 실 거주 목적으로 바라보는 것이 좋을 것이다.

시골의사의 투자노트

2005년 2월 28일 5년 만에 코스피지수가 1000포인트대를 돌파할 수 있었던 데는 적립식 펀드의 힘이 컸다. 그러나 주가지수 500에서 1000이 되는 것과 1000에서 2000이 되는 것은 대단히 다르다. 1000에서 2000으로 주식시장을 상승시키기에는 1000포인트 돌파 때처럼 개미들의 자금만으로는 불가능하다. 본격적으로 연기금과 법인자금, 자산가들의 뭉칫돈이 증시에 유입되어야 한다. 개인 자금은 이유를 불문하고 수익률에만 매달리지만 기관은 개인과 달리 수익을 내지 못하거나 심지어 손실을 입어도 반드시 그것을 설명할 수 있어야 한다. 그래서 기관의 관심은 대형 우량주로 몰리고, 시장의 중심은 블루칩과 옐로칩을 위주로 종목 상승이 아닌 지수 상승을 이룰 것으로 전망된다.

15

급등하는 실물자산,
어떻게 투자할 것인가

'금값의 상승'은 수요공급 논리에서 보면

금을 사용하는 사람들이 늘어나서라고 단순하게 해석할 수 있다.

하지만 선진국들의 경기 전망에 대한 확신이 부족한 때에도

금값이 급등하는 이유는 무엇일까?

금을 비롯한 실물자산 투자 전망은 앞으로 어떻게 될까?

유동성으로 본 자산 가격의 급등 현상

앞으로 경기가 확실하게 좋아지거나 반대로 경기가 악화되면 실물자산의 가격이 하락하고,
지금처럼 어중간한 상태가 유지될 경우에는 지속 상승할 수 있는 묘한 국면에 있다.

최근 들어 전세계적으로 자산 가격이 급등하는 양상을 보이고 있
다. 여기에는 다양한 원인이 있겠지만 대개는 이것을 수급 측면에
서만 바라본다.

예를 들어 원유가의 상승은 중국·인도와 같은 신흥 경제성장국
들의 소비량이 어마어마하기 때문이라거나(태풍 카트리나로 인한 텍
사스 정제시설 파괴 이야기는 어느새 쏙 들어가버렸다), 금값의 상승은
금을 장신구로 많이 사용하는 중국·인도의 경제발전으로 수요가
늘어났기 때문이라는 식이다. 그리고 거기에다 원유나 비철금속은
추가적으로 시설을 투자하더라도 당장 생산량을 늘릴 수 없기 때
문에 가격이 하락할 가능성이 없다는 공급 측면에서의 해석도 늘
같이 따라다닌다.

만약 금값이 상승하는 원인을 앞에서 말한 대로 수급 측면으로
만 바라본다면 커피·설탕·밀과 같은 농작물이나 비소·망간과
같은 희귀금속들의 가격 상승은 어떻게 설명할 수 있을까? 그 또
한 이들 나라가 더 많이 사용하고 더 먹고 마시기 때문이라고 단순

하게 해석하기엔 무리가 있다. 이렇듯 가격에 대한 해석은 항상 사후적이고 부적절하기 십상이다.

이 문제를 유동성의 문제로 풀어보면 답은 오히려 쉬워진다. 지금 전세계적인 자산 가격의 무차별 상승은 굳이 한 세대에 한 번 있을까 말까 한 일이라는 앨런 그린스펀 전 미국 FRB 의장의 말을 빌리지 않더라도, 2000년 이후 각국 중앙은행의 저금리정책이 원인이다.

즉, 저금리로 글로벌 유동성이 증가한 상황에서 미국, 일본, 유럽의 중앙은행들이 향후 경기 전망에 대한 확신 부족으로 금리 인상을 주저했기 때문이다. 이것은 투자자들에게 배당 대비 이자율의 불만족을 초래하였고, 이는 다시 투기자금들이 안전자산에서 위험자산으로 이동하게 만들었다. 물론 이러한 현상은 이후 경기 회복에 대한 확신이 들거나(금리가 추가 인상되거나) 반대로 경기침체가 예상되는 경우에 급격히 반전될 것이다.

미국 시장의 장 · 단기금리의 역전까지 불러온 현재의 상황은 우선은 경기가 상승할 것 같지만 그 이상은 확신할 수 없는 상황을 반영하는 것이다. 그것은 여전히 안전자산보다 위험자산에 대한 수요를 늘리는 요인이 되고 있고 투기자금들이 지속적으로 떠돌게 하는 원인으로 작용한다.

따라서 앞으로 경기가 확실하게 좋아지거나(뚜렷한 금리 인상으로 이자율이 여타 수익률에 대한 할인 요인이 되거나) 반대로 경기가 악화되면(현재 인플레 기대심리가 반영된 가격들의 거품이 빠지면) 실물자산의 가격이 하락할 것이고, 지금처럼 어중간한 상태가 유지될 경우에는 앞으로도 자산 가격이 지속적으로 상승할 수 있는 묘한 국면에 놓여 있다.

증시, 금리, 부동산 그리고 금값의 동행

최근 들어 소재 가격의 상승에 불안을 느낀 국가와 기업의 헤지 수요를 감당하기 위해 자금이 금, 은, 동 등의 지수선물시장에 유입되면서 시장의 규모를 키우고 있다.

이렇게 수요공급과 유동성의 논리는 다르다. 그렇다면 최근 들어 급등하고 있는 실물자산 투자에 대해 한번 생각해보자.

먼저 금 가격을 살펴보면 금은 최근 600달러대를 넘기면서 주목 받고 있지만 어떤 사람들은 1,000달러를 넘어 3,000달러까지도 상 승할 것이라 예측한다.

금 가격에 영향을 미치는 요인은 공급과 수요 측면이 있는데, 금의 수요는 산업용, 귀금속, 화폐 기능 등의 다양한 요소에서 발생한다. 그 중 가장 중요한 것은 화폐 기능이다. 즉, 금의 가치는 같은 양의 금을 얼마의 돈을 지불하고 살 수 있느냐에 좌우되므로, 기본적으로 화폐가치, 즉 인플레와 직접적인 상관관계를 가지고 있다.

그럼에도 최근 금값의 강세는 전세계적인 저인플레 국면과는 상당히 동떨어진 모습을 보이고 있다. 선진국의 경우 〈그림 16〉처럼 최근 들어 조금씩 인플레가 증가하기는 하였지만 에너지 가격을 제외한 근원 인플레는 여전히 낮은 수준이다

저인플레 국면에서도 금 가격이 급등하는 원인은 무엇일까?

그림 16 주요국가 소비자물가 상승률 추이

(전년 동기 대비, %)

	2001	2002	2003	2004	2005				
					1/4	2/4	7월	8월	9월
미국	2.8	1.6	2.3	2.7	3.0	2.9	3.2	3.6	4.7
유로	2.3	2.3	2.1	2.1	2.0	2.0	2.2	2.2	2.6
영국	1.2	1.3	1.4	1.3	1.7	1.9	2.3	2.4	2.5
한국	4.1	2.8	3.5	3.6	3.1	3.0	2.5	2.0	2.7

금의 국제 가격은 〈그림 17〉처럼 각각의 국면마다 큰 변화를 보인다. 그런데 과거 금값의 상승/하락 요인과 근래의 가격 변화 요인은 여러 점에서 다르다. 먼저 앞서 말한 인플레와 동행하지 않는 점, 두번째는 글로벌 금리 인상 기조 속에서도 최고점을 갱신하고 있다는 점이다. 과거에 금값은 실질이자율이 낮아지면 오르고 실질이자율이 높아지면 낮아지는 경향을 보이는데 이것은 화폐의 가치를 보존하려는 수단으로서의 금의 역할이 강조되었기 때문이다.

●●● 근원 인플레이션

코어 인플레이션(Core Inflation)이라고도 한다. 한국은행은 매년 초 "올해의 물가상승률을 몇 퍼센트 선에서 안정시키겠다"는 식의 발표를 하는데 이때의 물가상승률이 바로 근원 인플레이션이다. 일시적인 외부 충격에 의해 급격하게 물가가 오르내리는 석유류, 농산물 등의 품목을 빼고 산출하는 물가지수를 일컫는다.

그림 17 국제 금 가격 장기 추이(1990~2005년)

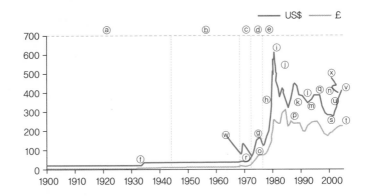

주 : 데이터는 연평균 가격 기준

ⓐ 금본위제의 시대. 미국은 1900년에 글로벌 스탠더드 조항을 만들어 금을 통화의 기준으로 삼기 시작. 금 가격은 온스당 20.67달러.

ⓑ 브레튼우즈 협정(1944년 7월). 기준제도를 달러에서 금으로 공식화. 금 1온스당 35달러로 확정.

ⓒ 금의 이중가격제 도입(1968년 3월). 금 1온스당 35달러의 공정가격은 중앙은행 간 거래에만 적용. 민간시장에서는 금시세 자유롭게 결정.

ⓓ 스미소니언 협정(1971년 12월). 미국 무역수지 적자 지속. 달러의 평가절하. 금 1온스당 38달러로 인상.

ⓔ 킹스턴회의(1976년 1월). SDR(특별인출권) 본위제도. 금의 공정가격을 폐지하고 SDR이 가치척도 기능 담당.

ⓕ 제1차대전 후 미국이 세계경제의 중심으로 부각됨. 금 가격 표시 통화로서 미국 달러의 중요성 점차 증가. 1934년 금 준비법에 따라 금 1온스당 35달러로 인상. 교환기준을 달러에서 금으로 설정하여 FRB에서 달러를 금으로 교환할 수 있는 제도 구축.

ⓖ 1차 석유파동.

ⓗ 2차 석유파동. 인플레 발생으로 금 수요가 증가하여 금값 급등.

ⓘ 1980년 1월 21일 온스당 838달러로 금값 역사상 최고치 기록.

ⓙ 인플레이션의 진정과 광산의 생산량 증가로 가격 하락.

ⓚ 1987년 10월, 주가 폭락(블랙먼데이 발생) 금 가격 상승.

ⓛ 1990년대 들어 구소련의 붕괴과 독일 통일 등 냉전 종식에 따른 정치적 긴장감 완화되며 달러화가 강세로 전환. 반면, 금 가격은 하락세.

ⓜ 보석류 등 실물 수요 증가 및 투기 수요 회복되며 금값 상승.

ⓝ 주요국 중앙은행과 IMF의 금 매각에 따른 공급량 증가로 금값 하락.

ⓞ 무역수지 적자 심화로 미국 달러화 평가절하 실시. 금의 공정가격 1온스당 38달러에서 42.22달러로 인상.

ⓟ 미국의 무역수지 적자가 계속되자 1985년 플라자합의 발표 계기로 달러 약세로 전환.

ⓠ 1995년 4월 G7 회담에서 미국 정부 주도로 달러화 강세를 유도하는 '역플라자 합의'가 비공식적으로 체결. 클린턴 정부 강한 달러 정책 채택. 달러화의 강세로 금값 약세로 전환.

ⓡ 베트남전쟁의 참전과 패배로 미국 재정수지와 경상수지의 악화가 초래되며 달러 약세.

ⓢ 유럽 15개 중앙은행 금 대량매도 제한 협약 체결(향후 5년간 매각 총량 2,000톤 이하, 연간 판매량 400톤 이하).

ⓣ 2001년 9월 11일 세계무역센터 빌딩 테러 발생.

ⓤ 원유 등 국제원자재 가격의 급등으로 인플레 우려 고조.

ⓥ 2005년 12월 엔화의 상대적 약세로 금 수요 증가.

ⓦ 1972년 캐나다 위니펙 선물거래소에 금 선물 상장. 미국 뉴욕상품거래소 설립. 미국, 금의 자유로운 매매 허용.

ⓧ 2003년 중국 금시장의 자유화. 중국, 개인의 금투자 50년 만에 처음으로 허용.

자료 : WGC(World Gold Council), 하나금융경영연구소

그러나 최근의 금값 상승세는 이 점에서 역의 상관관계를 보이고 있다. 다만 미국의 달러 약세는 미국의 인플레를 증가시키고 이것은 곧 금값을 상승시키는 요인이 될 수 있으므로 결국 지금의 금값에는 미국 소비자들의 인플레 기대심리가 담겨 있다는 해석은 가능하다.

금값의 또 다른 결정요인은 안전자산으로서의 가치다. 최근 이란과의 불안이 존재하기는 하지만 과거 이라크, 북핵 문제 등의 불안 요인에 비하면 상당히 안정되어 있다는 점을 고려하면 이 역시 현재의 금값 상승을 설명할 수 없는데, 바로 이 점이 현재 금값 상승에 대한 관점을 통해 자산 가격 추세를 바라볼 수 있는 단초를 제공한다. 즉, 금은 논리상 경제가 좋아지면 수요가 늘어난다고 하지만, 그것은 세계 금 보유량에 비하면 미미하기 짝이 없는 수준이다. 원유나 비철금속들은 기본적으로 자원 소모적이지만 금의 경우는 거의 대부분이 채굴 후 금의 형태로 보존된다는 측면에서 글로벌 경기의 호조로 인한 수요 증가가 금값의 상승을 이끌었다는 식의 해석은 곤란하다.

현재의 금값 상승을 설명할 수 있는 유일한 해석은 유동성의 문제다. 현재 국제 유동성은 각국 중앙은행의 금리 인상에도 불구하고 마땅한 투자처를 찾기가 쉽지 않다. 기본적으로 추가 금리 인상에 대한 우려가 채권투자를 망설이게 하고 오른 금리에 맞춰 예금에 투자하기에는 다른 투자수단들과의 수익률 격차가 너무 크다.

따라서 전통적인 헤지(위험회피) 수단인 주식, 환, 원유, 곡물시장 외에도 최근 들어 소재 가격의 상승에 불안을 느낀 국가와 기업

의 헤지 수요를 감당하기 위해 속속 금·은·동 등의 지수선물상품
이 만들어졌으며, 국제 투기자본이 대거 유입되면서 지수선물시장
의 규모가 빠른 속도로 팽창되었다. 즉, 넘치는 유동성은 새로운
시장을 만들고 이렇게 만들어진 시장은 다시 유동성을 끌어들이는
순환구조가 형성된 것이다.

이것은 좁게는 국내에서 매일같이 쏟아지는 새로운 상품이 시중
유동성을 유인하고 그것은 다시 신상품을 만들어내면서 순환고리
를 만드는 것처럼 국제 유동성 역시 같은 맥락에서 움직인다는 사
실을 알려준다.

그래서 금시장을 바라보는 시각도 과거처럼 남아프리카의 금 생
산량이나 미국과 러시아 중앙은행의 금 보유고, 채광 단가(온스당
약 300달러) 등을 분석하려는 시도보다는 글로벌 유동성의 방향과
종착지를 예측하는 방향으로 전환하는 것이 타당하다. 그러지 않
으면 주식시장과 금리, 그리고 부동산, 금값이 동행하는 상황을 이
해하기 어려울 것이다.

이 장에서 군이 금을 거론한 것은 금 선물에 대한 투자나 금 실
물에 대한 투자 상품에 가입하는 것이 수익률 측면에서 어떤 의미
를 가지느냐보다는 인플레와 금리 유동성을 바라보는 데 금값이
중요한 시사점을 가지고 있음을 강조하기 위해서다.

다만 세부적으로 접근한다면 금에 대한 투자는 전반적인 소재에
대한 투자보다 상당히 유리한 것은 사실이다. 최근 금값이 크게 상
승한 것은 분명하지만 은, 구리, 아연, 동 등에 비해서는 아직 가격
상승이 초기 단계이고, 유가에 비해서도 현저히 낮은 편이다.

더구나 향후 자산버블에 의한 인플레 위험이나 달러 약세 등을 감안하면 기본적으로 금은 이러한 위험을 감당하는 데 가장 적절한 상품이 될 수도 있기 때문에 현재 금에 대한 투자는 금 자체의 가격 논리뿐 아니라 시장 전체에 대한 위험 분산과 포트폴리오 확대라는 측면에서도 긍정적이다.

개인투자자의 실물투자전략

선박펀드나 SOC펀드는 확정 수익을 보장하므로 은행 금리보다는 높은 수익을 얻고 싶지만 그렇다고 큰 위험을 부담하고 싶지 않은 투자자들이라면 고려해볼 만하다.

그런 관점에서 개인투자자들의 상품투자 역시 나쁘지 않지만 이 경우 실물을 거래하기보다는 실물 관련 파생상품이나 관련 기업의 주식형 펀드에 가입하는 것이 유리하다.

그 이유는 금의 실물거래는 거래비용이 지나치게 크기 때문인데, 최근에는 실물 가격지수에 그대로 연동하는 인덱스펀드와 대부분의 자산(90퍼센트 정도)을 채권에 투자하고 향후 발생할 이자(10퍼센트 정도)에 해당하는 금액을 레버리지가 큰 실물지수 펀드의 옵션 상품에 투자하여 수익이 날 경우에는 고수익을 내지만 실패할 경우에도 원금이 보장되는 상품들이 다양하게 출시되어 있다. 금에 실제 투자를 원하는 경우는 인덱스펀드에, 안정성을 우선으로 하는 경우에는 옵션 상품에 투자할 수 있을 것이다.

그외에도 다른 실물펀드, 즉 원자재펀드의 경우 개인투자자들이 접근할 수 있는 투자는 대부분 후자의 형태를 취하고 있어 실물 투자는 기업이나 법인을 제외하면 그리 쉬운 편은 아니다.

선박펀드나 SOC(사회간접자본)펀드들은 이들 상품과 구조가 약간 다르다. 우선 이들 펀드는 확정 수익을 보장하므로 은행 금리보다는 높은 수익을 얻고 싶지만 그렇다고 큰 위험을 부담하고 싶지 않은 투자자들이라면 고려해볼 만하다.

선박펀드의 경우는 자금을 모아서 배를 산 다음 해운회사에 임대하여 일정 부분 임차료를 받는 것이다. 펀드 투자자들은 이 임대료를 수익으로 배분받게 되는데 임대 기간이 끝나면 해운회사에 배를 팔고 이 매각 대금으로 펀드를 해산한다. 물론 선박펀드나 SOC펀드는 배를 빌려 쓸 해운회사와 정해진 기간 동안 약속된 임대료를 받기로 임대 계약이 되어 있고, 만기 후 배를 매각할 대금까지 결정되어 있기 때문에 정해진 수익을 보장받을 수 있다. 해운회사 입장에서는 배를 리스하는 것과 같은 결과가 되고, 투자자 입장에서는 만기까지는 확정금리의 이익을 얻는다는 점에서 채권에 대한 만기 투자와 유사하다.

이렇듯 금융상품은 다양하지만 그 원리는 한 가지이며, 그 복잡한 금융상품의 구조는 사실 다음 네 가지가 전부라고 볼 수 있다.

(1) 저금리지만 확실하게 안정성을 보장받는 상품(예금, 국공채).
(2) 안정적이지만 예금이자에 대해서는 약간의 리스크가 있고 대신 그 리스크만큼의 수익률이 보장되는 상품(채권형 펀드 등).
(3) 원금에 대한 리스크가 제한적으로 있지만 대신 수익률이 큰

상품(ELS, ELD, 실물펀드 등).

(4) 원금 보장은 안 되지만 리스크와 수익률이 무한대인 상품(주식형 펀드 등).

　네 가지 중에서 투자자들은 유동성이 좋을 때는 (4), (3), (2), (1)의 순으로, 경기가 나빠지고 유동성이 축소될 때는 (1), (2), (3), (4)의 순으로 비중을 높이면서, 자신이 안을 수 있는 위험을 정한 다음 투자를 하는 것이 금융공학이다. 따라서 수익에 대한 기대 못지않게 감당할 수 있는 위험을 생각하는 투자 자세를 가지는 것이 미래의 자산관리에서 중요하다는 사실을 기억하자.

최근 금값 상승의 원인은 국제 자본이 마땅한 투자처를 찾지 못하고 있기 때문이다. 채권투자는 추가 금리 인상이 우려되어 망설여지고 예금에 투자하기에는 수익률이 너무 떨어진다. 따라서 국제 투기자본의 원자재 상품투자가 늘어나면서 새로운 지수선물상품이 속속 만들어지고 이렇게 새로운 시장이 만들어지면 다시 유동성을 끌어들이는 순환구조가 형성되고 있는 것이다. 향후 자산 버블에 의한 인플레 위험이나 달러 약세 등을 감안하면 금은 이러한 위험을 감당하는 데 가장 적절한 상품이 될 것이다. 따라서 금에 대한 투자는 금 자체의 가격 논리뿐 아니라 시장 전체에 대한 위험 분산과 포트폴리오 확대라는 측면에서 긍정적이다.

16

재테크에 대한 편견과
오해를 버려라

지금 당신은 왜 재테크를 하려고 하는가?

조기은퇴가 걱정되어 증권사 객장을 들락거리고 재테크 강의를 쫓아다니는가?

조금만 공부하면 연간 수익률 10퍼센트 이상을 보장받을 수 있다고 생각하는가?

많은 사람들이 재테크에 대해 잘못 알고 있는 편견과 오해를 살펴보자.

장기투자 상품의 함정

장기적인 구조에서 원금 보장형 상품은 사실 터무니없다. 30년 후 받게 될 연금에서
원금을 보장받는다 해도 물가상승률을 감안하면 현재의 25퍼센트로 쪼그라든 것과 같다.

다음의 몇 가지 명제를 생각해보자.

사례1 1,000만 원의 자금을 연 15퍼센트의 수익률로 30년간 투
자하면 얼마나 될까? 답은 6억 5,000만 원이다. 그러나 그만한
돈을 저축으로 모으기 위해서는 매달 100만 원씩 50년 이상 저
축해야 가능하다.

사례2 1억을 2배로 불리려면 몇 년이나 걸릴까? 현행 최고 금
리처럼 5퍼센트 기준이라면 14.4년이 걸리는데 물가상승률 3.5
퍼센트를 감안하면 현재 10억 원의 가치는 20년 후에는 불과 5억
원 수준밖에 되지 않는다.

사례3 사우디의 알 왈라드 왕자는 3만 달러의 현금과 40만 달
러의 주택담보 대출로 투자를 시작했다. 그는 우리 돈으로 대략
4억 3,000만 원으로 건설회사를 차렸고, 자산이 20억 달러를 넘

어서자 증권시장에서 시티은행을 비롯한 세계 각국의 기업을 사들이기 시작했다.

먼저 〈사례 1〉과 〈사례 2〉를 살펴보자.

변액보험을 판매하는 설계사들이 자주 활용하는 '72의 법칙'을 생각해보자. 금융상품을 선택할 때 필수적인 것은 이자에 이자가 붙는 복리상품인데, 이때 복리로 원금이 2배가 되는 데 걸리는 시간을 계산하려면 대개 72를 금리로 나누면 된다. 예를 들어 연리 10퍼센트 상품이라면 72 나누기 10을 하여 대략 7년이 걸린다는 답이 나온다. 연리 7.2퍼센트라면 10년이면 2배가 된다.

또 역산을 통해 특정기간에 돈을 2배로 불리려면 얼마의 수익률을 올려야 하는지도 계산할 수 있다. 예를 들어 10억의 자금을 10년 안에 2배로 만들고 싶으면 72를 10으로 나눈 값, 즉 7.2퍼센트의 이율 혹은 투자수익률을 올려야 하고, 15년 만에 2배로 불리고 싶으면 4.8퍼센트의 수익률이면 가능하다.

그러나 이 계산에서 간과하기 쉬운 것은 인플레, 즉 물가상승률인데 물가 역시 2배가 오르는 기간(가치가 2배로 떨어지는 시간)을 계산할 수 있다. 예를 들어 물가상승률이 3퍼센트라면 24년이면 지금 보유자산의 구매력이 절반으로 떨어지고, 5퍼센트라면 15년 후에 절반이 된다는 것을 알 수 있다.

우선 72의 법칙을 기준으로 수익률과 물가상승률을 단순 계산을 해보아도 현재 우리가 가지고 있는 자산들(예금, 보험, 적금, 연금 등)은 물가 상승에 따라 자산가치 하락 위험에 노출되어 있고, 그 정도는 상당히 심각하다. 즉, 부동산이나 주식과 같은 자산들은 자산가치의 변동이 장기적으로는 물가상승률을 반영하지만(물론 가격 하락으로 인한 손실의 위험도 크지만), 이미 지급이 확정된 자산들은 자산가치 하락의 정도가 대단히 심각하다는 의미다.

그런 측면을 보완하기 위해 등장한 상품이 변액보험이다. 즉, 연금 월 100만 원씩의 상품은 결과적으로 자산가치 하락을 반영할 때 미래에는 거의 의미가 없는 금액이 될 수도 있기 때문에 가능한 한 물가상승률을 완충하고자 설계된 것이다.

그러나 이 부분도 다시 한 번 생각해보자. 현 은행 금리는 대략 4~5퍼센트이고 이자소득세는 16.5퍼센트다. 그런데 물가상승률이 연 4퍼센트 수준이라면 지금의 예금이나 보험은 물가상승률을 절대로 따라잡지 못하며, 이때 우리는 그동안 애써 모은 소중한 자산의 가치가 하락하는 것을 앉아서 지켜보아야 한다.

그래서 이 부분을 보완하기 위해 사업비를 제외한 일부 자금으로 수익률이 좋은 위험상품에 투자해서 물가 상승으로 인한 가치 하락을 보전한다고 한다. 그 때문에 변액 종신이나 연금에서 이야기하는 상품 구조는 대단히 매력적이다.

예를 들어 종신보험에서는 최저 사망보험금을, 연금보험에서는 내가 불입한 원금을 보장한다는 것이다. 원금을 보장받는다는 사실은 무척 매력적이다. 그러나 장기적인 구조에서 원금 보장형 상품의 원금 보장은 사실 터무니없는 것이다. 30년 후 받게 될 연금에서 원금을 보장받는다고 해도 물가상승률이 5퍼센트라고 하면 실제로는 현재의 25퍼센트로 쪼그라든 것과 같다.

이것은 두 가지 의미에서 충격적이다. 첫째는 내가 받게 될 연금 가능액은 실제 예시된 수익률을 올린다고 가정해도 미래의 물가상 승률을 감안할 때 실구매력이 상상을 초월할 정도로 낮다는 의미 이고, 둘째는 그나마 원금만 보장이 될 경우에는 엄청난 손실을 입 는다는 뜻이다.

더욱이 모 선도 보험사의 상품이 예시하는 수익률을 꼼꼼히 따 져보면 월 100만 원씩 10년간 납입하는 변액보험에서 수익률이 10퍼센트일 경우 72의 법칙에 의하면 원금 1억 2,000만 원은 미래 가치 기준으로 약 3억 원 이상으로 커지지만, 실제로는 약 1억 9,000만 원의 금액이 된다. 그 이유는 납입 보험금은 월 100만 원 씩 납입한 것이지 일시납으로 1억 2,000만 원을 납입한 것이 아니 기 때문이다.

따라서 만기가 긴 상품에서 원금 보장은 의미가 없다. 그래서 보 험상품이나 적립식 상품에서 '72 나누기 금리'라는 계산에 의해서 몇 년이면 원금의 2배가 된다는 법칙은 양두구육(羊頭狗肉)에 해 당한다. 이것은 투자기간이 긴 장기투자형 상품의 함정이라고 볼 수 있다. 그러나 반대로 1년 만기로 수익률 가능성이 10퍼센트지 만 원금 보장이 된다면 대단히 매력적인 상품이 될 수 있다.

이렇게 놓고 보면 당신의 가슴은 답답해질 것이다. 월급에서 간 신히 100만 원을 떼어서 보험에 절반쯤 넣고 50만 원 정도를 투자 하는 것이 서민들의 삶인데, 이러한 가정에서는 재테크를 통해서 부자 되기는 고사하고 원금을 지키기에도 급급해지는 상황이 올 수 있다.

부자가 아닌 사람이 감당해야 할 리스크

재테크를 통해 '상대적인' 부자가 되겠다는 발상은 신기루를 좇는 것일지도 모른다.
재테크란 성공한 사람들의 몫이지 성공하기 위한 사람들의 도구가 아닐지 모른다.

더구나 부자가 아닌 사람이 감당해야 하는 리스크는 대단히 불공평하다.

원래 재테크란 리스크를 비용으로 생각하느냐 수익으로 생각하느냐의 문제라고 압축할 수 있는데, 서민의 입장에서 감당할 수 없는 리스크인 사망 리스크와 질병의 리스크를 헤지하기 위해서 가입하는 보험은 원금 보장형을 선택하였다 하더라도 자산 손실을 가져온다.

그러나 반대로 수익을 낼 확률이 있는 투자에서는 리스크를 헤지한 비용만큼 투자 여력이 줄어들고 이때 수익으로 취할 수 있는 리스크의 가능성은 줄어든다. 즉, 소멸성 상품은 가입이 필수적이지만, 이익을 낼 수 있는 투자 기회는 그만큼 줄어들기 때문에 부자와 빈자의 격차는 더욱 벌어질 수밖에 없다.

그렇다면 부자가 되려면 어떻게 해야 할까? 연 10퍼센트 투자수익률을 올릴 수 있는 적립식 펀드에 가입하여 실제로 기대수익을 올려주었다 하더라도 물가상승률을 감안하면 예상보다 금액이 적다. 더구나 거치식(목돈을 맡기는 투자)에서 누리는 72의 법칙에 해당되지 않는다. 수익률이 앞으로도 수십 년간 연 10퍼센트 이상 지속적으로 보장될 것이라는 가정은 거의 망상에 가깝다. 결국 당신이 선택할 수 있는 가장 확실한 길은 비즈니스에 대한 투자다. 앞서 예시한 알 왈리드 왕자의 경우 왕족의 신분으로 건설공사의 수

주 혜택을 보았기 때문이든 혹은 사업에 재능이 있어서든 간에 그것은 어디까지나 비즈니스에서 성공한 결과다.

최근 부자가 된 사람들을 잘 살펴보라. 대개 30대에 투자한 결과를 40대에 회수한 사람들이다. 샐러리맨이라면 그 기업에서 임원이 되고 스톡옵션과 수억의 연봉을 받아서 부자가 되었다. 벤처 기업이라면 30대(혹은 20대)에 노력한 결과 그 노하우로 벤처를 설립해서 부자가 되었다. 족발집으로 성공한 사람은 전체 족발집 주인의 1퍼센트도 되지 않지만, 그는 30대에 10년간 노력해서 족발을 맛있게 만드는 노하우를 개발한 것이다.

이것은 무엇을 말하는가? 어쩌면 재테크를 통해 '상대적인' 부자가 되겠다는 발상은 신기루를 좇는 것일지도 모른다. 특출한 재능이 있지 않는 한 내가 재테크로 버는 만큼 남도 같이 벌고 내가 늘어나는 만큼 사회도 같이 늘어난다면 상대적 의미에서 재테크로 부자가 되기란 정말 쉽지가 않다. 결국 재테크란 성공한 사람들의 몫이지 성공하기 위한 사람들의 도구가 아닐지 모른다. 냉정하게 말하면 부자가 되는 길은 자산투자의 수익률로 따라잡을 수 있는 것이 아니다. 부는 자산투자수익률을 압도하는 부가가치를 만들어낸 사람들의 몫이다. 그래서 당신이 현실에 안주하거나 실패한 사람이라면 지금 당장이라도 쓸개를 씹으면서 절치부심해야 한다.

당신이 샐러리맨이라면 뒤처진 처지를 한탄하거나 40대에 퇴출될 운명을 걱정하면서 증권사 객장을 들락거리기보다는 지금이라도 직장에서 인정받고 선두로 나서기 위한 노력을 기울여야 한다.

이치는 단순하다. 노력하지 않으면 보상도 없다. 부자가 되려면 지금 당장부터 노력해야 한다. 세상의 부자들은 노력의 결과로 만들어진 것이다. 당신이 부자가 되고자 한다면 다른 사람들이 열심히 일하고 스스로를 연마하고 능력을 키워 나갈 때, 나는 무엇을 하고 있었는지를 뜨겁게 반성하는 것이 그 출발점이다.

당신은 혹시 조기은퇴가 걱정되어 재테크 강의를 쫓아다니고 있지 않은가? 그렇다면 당신은 그 시간에 은퇴보다는 임원이 되고 CEO가 되는 꿈을 꾸는 것이 더 가능성이 있다. 또 지금 당신이 지닌 가치를 활용해서 창업을 할 때도 그 분야에서 성공할 수 있는 역량을 키우는 것이 유리하다.

그러나 아무리 생각해도 현재의 능력이나 환경으로 보건대 도무지 자신이 없어서 마지막 수단으로 재테크를 선택하겠다면 어떨까? 그렇다면 먼저 스스로 질문해보라. 당신은 재테크에서 평균을 뛰어넘어 그야말로 선두에 설 수 있는가? 그리고 그만큼의 지식을 쌓고 노력해서 주식이든 부동산이든 채권이든 투자에서 쟁쟁한 전문가들을 제치고 이길 수 있는가? 스스로 그런 재능이 있다고 생각하는가? 아니면 지금부터 시작하면 가능하리라고 믿는가?

재테크에 대한 오해

재테크에 성공하려면 연체동물처럼 유연하게 수익을 낼 때는 투자하고 상황이 나쁘면 빠질 줄 알아야 한다. 그럴 자신이 없다면 적은 수익이라도 '항상' 내는 것이 옳다.

많은 사람들이 재테크에 대해 잘못 알고 있다. 그 중 대표적인 오해는 다음과 같다.

조금만 노력하면 잘할 수 있다?

첫째는 조금만 노력하면 재테크를 잘할 수 있다고 생각하는 것이다. 그러나 한번 상상을 해보라. 당신이 초등학교부터 지금까지 교육받고 일하면서 얻은 노하우를 익히는 데 얼마나 많은 시간을 필요로 했는가? 그럼에도 현재 당신은 어떤 위치에 있는가? 그런데 만약 당신이 수많은 금융전문가들이 포진한 금융시장에서, 혹은 앞서간 500만 명의 투자자들이 존재하는 주식시장에서, 또 수십만 명의 전문가(혹은 그것으로 직업을 영위하는 사람들)가 즐비한 부동산 시장에서 고작 책 몇 권을 읽고 강의를 듣고, 신문을 읽는다고 해서 제일 앞줄에 설 수 있다고 생각하는가?

설령 그럴 수 있다고 해도 당신은 상상을 초월하는 고통과 좌절, 그리고 실패를 수업료로 지불해야 할 것이다. 당신이 그저 부동산 업자의 말을 듣거나 신문을 보고, 혹은 자신의 안목으로 투자 판단을 할 수 있다면, 혹은 주식투자를 배운다면 부자가 될 수 있겠는가? 만약 그렇게 생각한다면 당신은 어떤 일을 해도 절대 성공하지 못할 것이다.

재테크라는 것은 인간이 만들어낸 수단 중에서 가장 어렵고 가장 까다롭고 예민한 제도라는 점을 기억하라. 재테크란 좀 과장하여 생각하면 인간이 자신의 역량을 총동원하여 벌어들인 자산을 두고 서로 쟁취하기 위해 싸우는 마지막 전쟁터다. 1차 전선인 노동에 의한 부가가치 창출에도 실패한 사람이 그것을 다투는 2차 전쟁에서 승리하기란 거의 불가능에 가까운 일이다.

냉정하게 보면 재테크란 애써 벌어들인 자산이 시간이 흐르면서 가치가 하락하는 것을 막으려 애쓰는 행위이고, 때로는 자산을 늘리기는커녕 보험처럼 예기치 못한 위험을 방어하기 위해 비용을 지불하기도 하는 것이며, 그 중에서 일부는 자산을 지키는 것 이상의 수익을 내기도 하는 것이다(물론 이것은 평균 이하의 손해를 내는 사람들의 주머니에서 나온다).

시장 진입장벽이 없다?

둘째, 누구나 쉽게 뛰어들 수 있는 진입장벽이 없는 시장이다.

당신이 지금 당장 은행에서 돈을 인출해 강원랜드를 찾는 일은 목욕탕에서 혼자서 등을 미는 것보다 더 쉬운 일이다. 독설을 섞는다면 굳이 돈을 보태주겠다는 사람이 늘어나는데 시장의 파이가 커지는 것을 반대할 이유는 전혀 없는 것이다.

자신에게 솔직하게 물어보라. 당신이 주식투자를 하건, 부동산 투자를 하건 혹시 그 매매행위 자체를 즐기고 있지는 않은지? 혹은 당신이 지금 하고 있는 일에서 잃은 자신감을, 또 지금 당신이 정말 노력해야 하는 부분에서 태만한 자신을 자위하기 위해, 자신의 노력이 부족함을 인정하지 않기 위해 재테크에 나서고 있지는 않은가? 혹시 나는 살아남기 위해 나름대로 최선을 다하고 있다는 자기 위안을 위해 재테크 공부를 하고 있지는 않은가?

같은 공부를 해도 등급이 있다. 만약 어떤 아이가 고등학교 때 수학의 정석을 공부하는 대신에 블랙잭을 잘하는 법을 열심히 연구하면서 나름대로 뒤처지지 않기 위해 노력하고 있다면, 그 아이의 문제는 무엇일까? 그것은 바로 공부는 괴롭지만 블랙잭은 즐겁다는 것이다.

도박은 돈을 벌기 위해서가 아니라 잃기 위해서 하는 것이다. 재테크 역시 그렇다. 당신은 돈을 벌기 위해서 하는 것이 아니라 사실은 잃기 위해서 하는 것이다. 재테크는 처음에는 벌기 위해 나중에는 만회하기 위해 하는 어리석은 게임이다. 비록 당신이 초심자의 행운으로 처음에 돈을 벌었다 하더라도 어느 순간 평가액이 당신이 번 돈의 최고치에서 하락하면 그때부터 당신은 그것을 만회하기 위해서 매달린다. 물론 처음에 잃었을 경우에는 더 말할 나위가 없다. 따라서 자신의 본분을 도외시하고 재테크에만 매달리는 것은 시시포스처럼 높은 산에 바윗돌을 밀어 올렸다가 굴러 떨어지면 다시 밀어 올리는 일을 끝없이 반복하는 것이나 다름없는 행위다.

지금 당신이 거래하는 주식에는 증권거래세와 수수료가 붙고, 사고파는 부동산에는 양도세·취득세가 붙으며 보유하고 있는 부동산에는 재산세가 붙는다. 그리고 중개업자 몫의 수수료가 더해진다. 채권을 투자하면 소득세와 중개 비용이 든다. 물론 보험도 마찬가지다.

이렇게 세상의 어떤 투자수단도 전체의 일부는 비용으로 지불된다. 물론 그 비용은 당신이 지불하고 있다는 사실을 기억하라.

나도 얼마든지 대박을 낼 수 있다?
셋째는 자신도 대박을 낼 수 있다는 것으로 이는 투자에서 대박을 낸 사람들이 있다는 데서 생기는 오해다.

물론 대박을 내는 사람은 분명 있다. 세상에는 로또에 두 번 당첨되는 사람도 있고, 밭을 갈다가 고려청자를 발견하는 억세게 운 좋은 사람도 있고, 등산 중에 100년 묵은 산삼을 캐는 사람도 있다. 같은 관점에서 주식이나 부동산으로 돈을 번 사람도 있다. 그러나 그들의 성공 신화는 등산하다가 산삼을 캔 사람처럼 우연의 결과물이다.

내가 아는 한 잘 알려진 주식 전문가 중에 주식으로 부자가 될 수 있는 사람은 없다. 과거 코스닥 시장이 1년 사이 20배가 오르는 비정상적인 상황에서 황당한 투자를 감행한 사람 중에 돈을 번 사람은 있지만, 정상적인 사고 구조를 가진 사람이 이성적 판단으로 떼돈을 번 경우는 없다.

부동산 역시 수십 년간 논밭을 부치며 살다가 행정수도가 개발되어 부자가 되거나 돈을 버는 족족 땅을 사두었는데 그 땅이 수십 배 오른 경우도 있지만, 그렇게 오른 땅값은 복리예금의 상승률을 앞설 때도 있지만 뒤질 때도 있다. 어떤 국면에서는 땅값이 폭등하기도 하고 주식이 대박 나기도 하지만, 결과적으로 당신의 일생에서 그것을 맞이할 가능성은 극히 적다. 다만 어쩌다가 보유한 주식이 10배가 오르거나, 우연히 산 땅이 그린벨트가 해제되어 대박이 터지는 경우도 있지만, 그것 역시 행운의 몫이다.

대개 사람들은 열 가지 중에 실패한 일곱 가지는 운이 없었다고 생각하고, 성공한 세 가지는 안목이 있었기 때문이라고 해석한다. 고민 끝에 산 땅이 5배가 오르면 당신은 자신의 선택에 도취하겠지만, 사실 그것은 행운이다. 만약 당신이 그만큼의 안목이 있어 행운이 지속된다면 그것 역시 복리 효과에 의해 당신이 이 나라의 땅을 모두 사들이는 데는 50년도 걸리지 않을 것이다.

주식에서 대박 난 사람들이 왜 지금 다른 사람들에게 주식으로 성공하는 법을 가르치며 돈을 벌고 있다고 생각하는가? 부동산 족집게로 소문난 사람이 왜 다른 사람들을 모아서 족집게 강좌를 연다고 생각하는가?

그들은 자신의 성공이 행운의 결과임을 잘 알고 있는 현명한 사람들이다. 도박판에서 처음에 돈을 땄을 때 과감히 일어선 것이다. 옆집 사람이 길에서 돈을 주웠다고 나도 하루 종일 땅바닥을 쳐다보면서 걸어 다닐 수는 없지 않은가?

투자수익률은 기하급수적이다?

넷째는 투자수익률은 기하급수적이지만, 일해서 번 돈은 산술급수적이라는 것이다.

이 말은 맞기도 하고 틀리기도 하다. 세상의 이치는 공평하다. 왜 일해서 번 돈이 고작 얼마간의 임금인상으로 그치고, 왜 영업이익은 2배 3배씩 증가하지 않는가? 그것은 자산가치의 원리 때문이다. 그것은 늘 적정 가치를 구현한다.

당신이 자산을 지키는 방식은 두 가지뿐이다. 자기가치를 높여서 물가상승률보다 나은 임금을 받거나 대우를 받는 것이 가장 합리적인 투자다. 재테크의 수익률은 때로는 50퍼센트, 때로는 200퍼센트가 되지만 그것은 동전 던지기와 같다.

당신이 재테크를 지속하는 한 그것은 한 번은 100퍼센트가, 한

번은 마이너스 30퍼센트가 되고 이런 반복은 결국 투자수익률을 원금 유지에 급급한 수준으로 떨어뜨린다. 재테크란 노동의 가치와 달라서 중간에서 새어나가는 비용들이 자산가치 증가분을 잠식하기 때문에 평균적으로는 금리 이상의 수익을 내기가 정말 어려운 것이다.

따라서 당신에게 가장 확실한 재테크는 자신의 수익을 가치 하락을 감안하고도 단 1퍼센트라도 매달 지속적으로 늘려나가는 것이다. 어쩌다 몇 년째 수십 퍼센트의 수익을 내더라도 이후 서너 번만 마이너스 수익률이 되면 다시 본전이 되는 것이 투자다. 재테크에 성공하려면 연체동물처럼 유연하게 수익을 낼 때는 투자하고 상황이 나쁘면 빠질 줄 알아야 한다. 당신은 과연 그렇게 할 수 있는가? 그럴 자신이 없다면 적은 수익이라도 '항상' 내는 것이 옳다.

재테크의 투자수익률은 절대 기하급수적이 아니다.

당신은 투자에서 계산한 것만큼의 복리수익을 내지 못한다. 당신은 황당한 생각을 하고 있다. 복리투자가 중요하다는 사실은 알면서도 그것이 '지속성'을 전제로 한다는 사실을 간과한다.

당신이 꿈꾸는 '월 10퍼센트의 기대수익률로 30년간', 혹은 서두에서 말한 '15퍼센트씩 30년간'이라는 말은 당신이 열 일을 제쳐두고 재테크에 뛰어들어야 할 것 같은 위기감을 심어주지만 사실 그것은 증권, 보험, 부동산의 브로커들과 자산관리회사가 만들어낸 엑스터시일 뿐이다. 그들은 그 과정에서 당신이 정작 무엇을 지켜야 하고 무엇을 해야 하는지에 대한 사려를 흔들어버린다.

기억하라. 투자는 자산을 고정시켜두고 그것에서 발생하는 이율로 투자하는 것이다. 그것은 당신이 살아남기 위해 필요한 최소한의 안전자산을 확보한 다음 나머지로 더 큰 부자의 꿈을 꾸어보는 것이지 당신이 가진 모든 것을 올인하는 것이 아니다. 요즘처럼 흥청거리는 주변의 분위기에 휩쓸려 주식으로, 부동산으로, 해외투자로 몰려다닌다면 축제가 끝난 뒤 당신은 흥분이 가라앉은 뒤의 씁쓸한 상실감만 맛보게 될 것이다. 단적으로 말하자면 재테크는 부자가 되는 수단이라기보다는 부자에게 일방적으로 유리한 게임이다.

재테크란 애써 벌어들인 자산이 시간이 흐르면서 가치가 하락하는 것을 막으려 애쓰는 행위이고, 때로는 자산을 늘리기는커녕 보험처럼 예기치 못한 위험을 방어하기 위해 비용을 지불하는 것이며, 그 중에서 일부는 자산을 지키는 것 이상의 수익을 내기도 한다. 재테크란 노동의 가치와 달라서 중간에서 새어나가는 비용들이 자산가치 증가분을 잠식하기 때문에 평균적으로 금리 이상의 수익을 내기가 어렵다. 몇 년째 수십 퍼센트의 수익을 내더라도 이후 서너 번만 마이너스 수익률이 되면 다시 본전이 되는 것이 투자다. 재테크에 성공하려면 연체동물처럼 유연하게 수익을 낼 때는 투자하고 상황이 나쁘면 빠질 줄 알아야 한다.

17

포트폴리오
어떻게 구성할 것인가

해외자산 투자가 급증하고 있는데 해외펀드 정도는

포트폴리오에 편입해야 시대에 뒤처지지 않을 거라고 생각하는가?

그렇다면 먼저 당신의 포트폴리오의 구성 원칙이 무엇인지 생각해보자.

수익성 추구를 위한 포트폴리오

자산의 규모가 작을수록 위험관리를 해야 하고 자산의 규모가 클수록 위험부담을 안아도
좋은데 현실은 그렇지 않다. 부자를 꿈꾼다면 수익보다 리스크를 더 중요하게 생각해야 한다.

포트폴리오 개념은 여러 가지 의미를 가지고 있다. 서류가방이라
는 본래적 의미에 충실할 때 그것은 위험을 분산한다는 소극적인
의미를 지니지만 자산시장의 예측 불가능성에 초점을 맞추어서 가
능성이 높은 후보들을 편입한 다음 솎아내는 데 사용한다면 적극
적인 개념이 된다. 그러나 자산관리에서의 포트폴리오는 대개 위
험을 분산한다는 뜻이지 수익의 기회를 놓치지 않겠다는 의미는
아니다.

최근 유행하는 해외자산이나 실물자산에 대한 투자들은 이러한
정통적인 포트폴리오 개념에서는 조금 벗어나 있는데, 이것은 자
산 운용사나 자산 판매기관들의 영업전략 때문이기도 하지만 전통
적으로 리스크 관리보다는 수익을 중시하는 국내 투자자들의 성향
때문이기도 하다.

위험관리란 단순하지만 쉽지 않은 개념이다. 포트폴리오 역시
마찬가지다.

예를 들어 앞서 설명한 개념 속에 등장하는 스프레드에 관해 생

각해보자. 미국 증시는 주가수익률이 15퍼센트에 이르고, 일본은 13퍼센트, 한국은 10퍼센트이라고 하자. 이때 한국 시장은 저평가 되어 있고 미국 시장은 고평가되어 있으므로 미국 시장의 자산을 줄이고 한국 시장의 자산을 늘린다면 그것은 수익을 목표로 한 스프레드 투자다. 반대로 한국 시장의 변동성은 평균 9.6퍼센트인데 글로벌 평균은 4.0퍼센트이므로 한국 시장의 비중을 줄이고 선진 국 시장의 비중을 늘린다면 그것 역시 충분한 이유가 된다. 이때 두 포트폴리오는 같은 시장을 두고 위험을 늘리느냐, 안정성을 늘 리느냐는 목적성을 가진다.

그렇다면 최근 우리가 관심을 가지는 실물시장(부동산, 선박, 원 자재펀드)과 해외자산(해외 부동산, 해외주식 펀드)은 어떤 성격을 가 지는 것일까? 그것은 바로 수익성 추구를 위한 포트폴리오다. 간 단히 생각하면 위험관리의 개념은 관리할 위험이 존재할 때 생겨 난다.

예를 들어 한 달에 100만 원을 벌어 10만 원을 투자하는 사람에 게는 위험관리란 설득력이 없어 보인다. 반대로 1,000억 원의 자 산가가 100억 원을 투자하면서 수익률에 목을 매는 것도 큰 의미 가 없어 보인다.

그러나 사실은 반대다. 100만 원 중에 10만 원을 투자하는 사람 의 손실과 1,000억 원에서 100억 원을 투자하는 사람의 손실은 비 교할 수조차 없다. 자산의 규모가 작을수록 위험관리에 충실해야 하고 자산의 규모가 클수록 위험부담을 안아도 좋은데 현실은 그 렇지 않다. 100만 원을 가진 사람은 공돈 만 원이 생기면 생기는 족족 로또를 사버리고 1,000억을 가진 사람은 돈이 생기면 저절로 쓰고 남은 돈이 은행에 모이게 된다. 그래서 부자는 더 부자가 되고 가난한 사람은 더 가난해진다.

만약 당신이 부자를 꿈꾼다면 수익보다 리스크를 더 중요하게 생각해야 한다.

해외 부동산을 포트폴리오에 편입할 것인가

해외투자 자유화와 원화 강세의 장기화 등을 고려하면 4~5년 후부터 신흥국에 대한 부동산투자가 본격적으로 전개될 가능성이 커 보인다.

먼저 최근의 해외투자 움직임의 경향을 살펴보자.

실물투자는 부동산과 소재투자로 나눌 수 있다. 소재의 경우는 기업을 중심으로 한 법인 거래의 규모가 크고, 개인이 투자하기에는 제약이 많기 때문에 제외하고, 부동산의 경우를 살펴보자.

부동산투자는 합법 투자와 편법 혹은 불법 투자 두 가지가 있는데 실제 거래 건수를 살펴보면 불법 투자가 주류를 이루고 있다. 하지만 개정 외환거래법은 한도는 늘리고 규정은 강화하는 쪽으로 나가고 있어 앞으로는 합법적인 거래가 증가할 것으로 보인다.

최근 정부는 원-달러 환율 급락과 관련하여 거주용 부동산 취득 한도를 50만 달러에서 300만 달러로 확대했으며 부동산 취득 신고를 한국은행에서 시중은행으로 바꾸었다. 또 국세청 통보 기준도 과거 20만 달러에서 30만 달러로 상향함으로써 해외 부동산투자의 빗장을 열어주었다.

이것은 미국의 경우 주택을 구입할 때 70퍼센트까지 대출이 가능하다는 점을 고려하면 국세청 통보 기준으로(국내 실정상 한도 300만 달러에 대한 확대보다는 국세청 통보 기준이 더 중요하게 작용한다) 수십억 원에 달하는 부동산 투자도 기술적으로는 가능해진 셈이다. 따라서 앞으로는 중산층이나 부유층, 유학생, 주재원을 중심으로 한 해외 부동산투자가 러시를 이룰 것으로 보인다.

이런 완화조치로 통계에 잡힌 거래 건수는 아직 미약하지만 비율은 급증 추세를 보이고 있다. 자료를 보면 지난해 한도가 50만 달러였을 때 거래 건수 26건에 854만 달러로 월 평균 4.3건에 140만 달러가 송금되었으나 올해의 경우 50만 달러 이상의 송금만도 월 평균 4건에 220만 달러였다(2006년 2월 기준). 또 국가별로는 캐나다 6건, 미국 3건, 중국 3건, 태국 1건으로 미국에 대한 선호도가 높고 이것은 작년에도 마찬가지였다.

이런 현상은 국내 부동산의 거품 논쟁과 규제, 저금리 환경, 유학생의 급증 등 여러 가지 환경을 제외하고도 원화 강세가 가장 큰 이유로 작용하고 있다. 국내에 자산을 투자할 경우에는 원화 강세의 효과를 누릴 수 없지만 해외자산에 투자할 경우에는 원화 강세의 직접적 혜택을 입을 수 있다는 점에서 해외 부동산투자가 늘어난다고 볼 수 있다.

특히 최근 해외자산 투자에서 환차손은 대개 주식과 같은 단기간의 투자에서 발생하며, 부동산과 같은 장기투자재의 경우에 원화 약세는 장기투자의 대안으로 부상할 수 있다는 점에서 오히려 해외 부동산투자의 르네상스 시대가 열리는 것으로 볼 수 있다.

실제 일본의 경우 과거 거품경제 시대에 해외자산 투자가 급증했고, 이때 투자된 상당 규모의 자산들은 이후 일본의 부동산 가격 급락의 직격탄을 피하고 장기적으로는 대규모 환차익까지 입었다는 사실에 비추어볼 때 매력적인 요소가 있다고 할 수 있다.

그러나 이런 해외 부동산투자에는 상당한 주의가 필요하다. 먼저 투자자가 거주자인지 장기 체제자인지에 따라, 또 거주자일 경우 영리법인인지 개인인지에 따라 허용 규모와 절차가 달라진다. 더욱이 나라마다 각기 다른 부동산 관련 법률과 부동산 가격 동향, 환율과 경기 등을 종합적으로 고려하지 않고 단지 환율이나 기타 시세차익만 기대하고 투자하기에는 많은 위험이 따른다.

예를 들어 지금 미국의 부동산을 사들이면 환율 기준으로 1~2년 전에 비해 10퍼센트 이상 저가에 구입하는 것이지만, 동일 기간에 미국 부동산 가격의 상승이 그 이상이었다면 가격 메리트가 사라지는 것이다. 더구나 미국의 평균 보유세가 1퍼센트(캘리포니아 주 1.24퍼센트) 수준인 점, 현재 부동산 가격의 고점 징후가 있다는 점을 고려한다면 그 대상은 극히 제한적이라고 할 수 있다.

기본적으로 해외 부동산투자는 원화 강세의 절정기에 해외 부동산 가격이 침체를 벗어나서 상승기로 전환하는 시점이 가장 적당하다고 볼 수 있는데, 현재 미국의 경우 후자의 조건에서는 더더욱 바람직하지 않을 수도 있다.

또한 명목상의 투자 목적이 아닐 경우 유학생의 주택 구입은 자금출처 확인서를 제출해야 하므로 사전에 반드시 증여세를 내야 한다는 점, 부모가 직접 사려면 2년 이상 해외 실거주 증명이 이루어져야 한다는 점을 고려하면 일반인에게는 여전히 쉽지 않다.

더욱이 투자 목적으로 구입을 하는 경우에는 해외에서 영업활동을 해야 하고 해외법인을 설립해야 한다. 사업허가증과 부동산 임대허가증을 받은 다음 법인 명의로 부동산을 취득하는 것만 가능하고, 거주용 부동산의 취득은 불가능하다.

또 이 경우에는 투자의 목적(상업용, 임대용, 사업용)을 구분해야 하고 예외는 단지 외국환 업무 취급기관이 물권 혹은 임차권과 같은 권리를 취득하고자 하는 경우와 거주자가 비거주자로부터 상속 증여를 받는 경우, 정부기관이 비거주자로부터 권리를 취득하는 경우로 엄격히 제한하고 있다.

이렇듯이 주거용 부동산에 대한 해외투자는 여전히 장벽이 높고 쉽지가 않은 데다 위험부담이 크기 때문에 일반인에게는 가까운 투자수단은 아니다.

그래서 현재 이루어지는 대부분의 부동산투자는 유학생 부모나 기타 특수한 조건에 맞지 않는 경우 신흥국에 집중되어 있고 투자 목적의 부동산투자는 페이퍼 컴퍼니를 설립하거나, 유한회사 등을 설립해서 이에 출자하는 형식으로 부동산 개발사업을 진행하는 경우가 대부분이다. 하지만 이것 역시 개인투자자에게는 상당한 거리가 있다.

더구나 이런 개발사업은 대부분 베트남, 태국, 중앙아시아, 중국, 인도 등을 타깃으로 삼고 있는데 이러한 사업의 경우 수익성은 크지만 사업의 지속성과 안정성을 담보하기 어렵다. 물론 해외 부동산투자의 수용 위험(외국 정부나 이제 준하는 기관이 내국인의 권리를 박탈하는 것), 전쟁 위험, 송금 위험(외국의 분쟁, 환거래 제한, 외국 정부에 의한 몰수) 등에 대한 수출보험공사의 해외투자보험이 있지만 모든 거래를 안전하게 보호해주는 것은 아니다.

결론적으로 해외 부동산투자는 아직은 상당한 자산가들의 머니게임일 뿐 개인투자자의 경우 적극적 의미에서든 소극적 의미에서든 포트폴리오에 편입할 대상은 아니다. 하지만 향후 필연적으로 진행될 해외투자 자유화와 원화 강세현상의 장기화 등을 고려하면 해외 부동산 취득이 자유로워지겠지만 이 경우에도 인구가 증가하고 경제성장이 본격적으로 시작되는 신흥국에 대한 부동산투자가 현재의 선진국 중심 투자보다 포트폴리오 측면에서 훨씬 유망한 선택이 될 것으로 보인다.

해외 주식을 포트폴리오에 편입할 것인가

해외투자는 고수익보다는 국내의 자산에 대한 리스크 헤지의 개념으로 접근해야 한다.
따라서 리스크가 큰 신흥국 증시보다 선진국 증시의 비중을 확대하는 것이 유리하다.

그러나 해외 주식투자에 눈을 돌리면 이야기는 달라진다. 해외 주식투자는 부동산과 달리 이미 국경이 사라졌고 상당히 보편화되어 있다. 다만 해외 주식투자가 투자 자산의 리스크를 줄이기 위한 목적보다는 수익률을 높이려는 쪽으로 집중되어 있다는 점이 우려되지만 해외 주식투자는 개인투자자들에게도 이미 하나의 재테크 수단으로 자리잡아가고 있다.

이것은 스프레드와 포트폴리오에 눈을 뜬 데 따른 자연스러운 결과이기는 하지만 해외펀드 역시 10년 이상의 장기투자일 경우(변액보험 등)에는 환율에 대한 진지한 고려가 필요하다.

그렇다면 해외 주식투자가 2006년부터 주식형 펀드의 20퍼센트 수준에 이를 정도로 급증하는 이유는 무엇일까?

국내 주식시장에 대한 인식 변화

그 이유는 우선 국내 주식시장에 대한 인식의 변화 때문이다. 자산을 운용하는 기관투자가가 가치논리의 입장에서 볼 때 국내 시장에서는 더 이상 과거와 같은 획기적인 투자수익률을 올리기 어렵다고 판단하고 있는 것이다(물론 모멘텀의 관점과는 입장이 다르다).

"기업가치의 재평가가 빠르게 진행되어 이유 없이 저평가를 받는 종목을 찾기 힘들어졌다. 쉽게 돈 버는 시대에서 어렵게 돈 버는 시대로 변하고 있다."는 한 펀드매니저의 설명처럼 주가수익배율(PER)과 주가순자산비율(PBR)로 대표되는 저평가 종목 찾기라는 양적 재평가는 마무리되어가고 있다.

국내 기관투자가의 입장에서는 유동성의 획기적인 유입으로 특정 종목군에서 선도적으로 주가 상승이 일어나면 그 업종 대비 저평가된 종목을 찾기 쉽지만, 지금으로선 어느 업종이 앞서 나갈 것인지를 가리기가 힘들다는 고백이기도 하다.

사실 어떻게 보면 이것이 국내 기관투자가들의 운용능력의 한계일지도 모른다. 즉, 키 높이 맞추기에 익숙한 운용능력으로 미래를 앞서갈 종목을 찾기란 쉽지가 않다. 오히려 그보다는 한국 대비 저평가 요인이 있거나 그 나라에서도 밸런스가 맞지 않는 종목을 찾아내기가 차라리 쉽다는 의미가 되기도 하지만, 아직 국내 기관의 해외투자는 그렇게 활발하지 못하고 주류는 여전히 다국적 자산 운용사가 점하고 있다.

변동성 대비 장기 수익률

국내 투자자들이 외국으로 눈을 돌리는 두번째 이유는 변동성 대비 장기 수익률 때문이다. 2003년 미국의 주가 반등 이후 2004년부터는 브릭스(BRICS, 브라질·러시아·인도·중국의 영문 머리 글자를 딴 것)와 유럽, 아프리카 중동지역의 주가 강세가 이어지고 있다. 이들 국가의 주가지수는 더욱 높아지는 반면 국내 지수는 오히려 수익률이 떨어지고 있는데 이것은 근본적으로 국내 주식시장이 경제력에 걸맞은 크기를 갖추지 못했다는 데서 기인한다.

미국의 경우 시가총액 대비 시장 크기는 52.9퍼센트인 데 비해 우리나라는 불과 0.9퍼센트밖에 되지 않는다. 그만큼 국내 시장이 변동성의 위험에 노출되어 있다는 뜻이다. 우리나라가 세계의 얼리어답터로서 세계 IT 경기를 반영하는 거울과 같은 역할을 한다고 하더라도 주가 변동성이 무려 9.6퍼센트로 지나치게 높아 여전히 한국 주식시장은 위험자산이라는 인식이 견고하다. 이 때문에 2006년 초와 같은 주가 하락의 빌미가 보이면 투자자들은 이 변동성의 위험에서 탈출하려 하는데, 이 같은 투자자들의 움츠린 심리는 또다시 변동성을 키우면서 악순환이 이어지는 것이다.

해외투자의 가장 큰 문제는 바로 이 철학적인 부분의 충돌에 있다. 국내 투자의 변동성 위험을 회피하려는 투자자들이 정작 투자를 하는 해외 주식시장은 선진국처럼 변동성이 낮은 시장이 아니라 신흥시장처럼 오히려 변동성이 더욱 크고 이미 상당히 상승한 시장에 투자하는 모멘텀 관점의 투자를 하고 있다는 점이다. 즉, 겉으로는 국내 주식보다 외국 주식을 택하는 이유로 안정성을 내세우지만 실제 선택은 국내보다 더 공격적인 양상을 보여주고 있는 것이다.

결국 해외투자의 목적으로 표면적으로는 포트폴리오의 안정성을 내세우지만 실제로는 좀더 높은 수익을 올리고자 하는 욕심에서 비롯한 것이므로, 이 점이 바로 해외 주식투자의 리스크로 작용한다. 특히 해외투자는 대개 3년 정도의 장기투자가 요구되기 때문에 지금 당장 수익을 냈다 하더라도 실제 2~3년 후 해외 주식시장의 움직임을 예측하기가 어려워 국내 시장보다 절대 위험이 낮지 않다는 점을 반드시 기억해야 한다.

하지만 투자자들은 실제로는 문제가 되지 않는 환율 등의 문제(환 헤지를 하면 문제가 없다)에만 관심을 기울일 뿐 이들 신흥시장의 주가 상승이 우리나라 1980~1990년대의 양상을 따를 수 있다는 점은 간과하고 있다. 즉, 신흥국들의 경제 발전은 부패와 양극화 등으로 사회문제를 유발하거나 이데올로기 문제를 일으킬 수 있고, 이 경우 그 영향은 예상보다 크고 빠르게 전개될 수 있다는 점에서 커다란 리스크가 잠재해 있다는 점을 반드시 염두에 두어야 한다.

따라서 해외투자는 부동산과는 반대로 고수익보다는 국내의 자산에 대한 리스크 헤지의 개념으로 선진국 자산에 투자하는 것이 타당하다. 또 신흥 증시에 대한 지나친 편중보다는 글로벌 지수를 벤치마킹하거나 선진국 증시의 비중을 확대하는 것이 유리하며, 굳이 국내의 수익률에 만족하지 못하고 해외투자를 할 경우에는 신흥국의 컨트리 리스크(국가위험도)가 한국보다 훨씬 크다는 점을 반드시 염두에 두고서 투자해야 할 것이다.

당신이 부자를 꿈꾼다면 수익보다 리스크를 더 중요하게 생각해야 한다. 자산관리에서의 포트폴리오는 대개 위험을 분산한다는 뜻이지 수익의 기회를 놓치지 않겠다는 의미가 아니다. 최근 국내 주식시장의 수익률이 떨어지면서 좀더 높은 수익을 올리고자 중국, 인도, 베트남 등의 해외주식과 해외펀드로 눈을 돌리는 투자자들이 많아졌다. 하지만 신흥국들의 경제 발전은 부패와 양극화 등으로 사회문제를 유발하거나 이데올로기 문제를 일으킬 수 있어 국내 투자보다 리스크가 높다는 사실을 염두에 두고 투자해야 할 것이다. 부자가 아닐수록, 자산의 규모가 작을수록 위험관리에 충실해야 한다.

18

새로운 기회,
처녀상품에 주목하라

시장에 넘치는 게 투자 상품이라지만 어떤 상품에 투자해야 할지 모르겠다고?

시장논리를 알면 답이 보일 수도 있다.

상품을 개발하는 사람의 입장에서 생각하면 기회가 보일 것이다.

사업은 수익 가능성이 있는 곳에서 시작된다

통닭집을 개업하는 데도 나비효과처럼 알게 모르게 인플레와
수출입 동향, 실업률과 날씨까지도 영향을 미치게 된다.

주식이든 부동산이든 간에 기관투자가(혹은 부정적 의미에서의 업자 포함)들이 움직이는 데는 이유가 있다. 시장 전망이 불확실하거나 수익을 낼 가능성이 낮은 상황에서 상품을 만들어 파는 업자는 사기꾼이다.

기본적으로 사업이란 전망이 좋고 수익의 가능성이 커 보이는 데서 출발한다. 또 당신이 작은 치킨집을 시작하건, 삼겹살집을 운영하건 간에 당신이 창업을 하려는 가장 큰 이유는 수익성 때문일 것이다.

자신이 시작하는 비즈니스에 대해 먼저 수익성에 대한 검증부터 하는 것은 당연한 일이다.

그러나 불행하게도 검증의 결과는 대개 틀리다. 그 이유는 통닭집을 하나 개업하는 데도 우리가 상상할 수 있는 모든 변수가 개입되고 거기에 불가측 변수까지 개입되기 때문이다. 예를 들어 금리 대비 임차료의 적정성, 닭 한 마리당 이익 수준, 세율, 국민 1인당 통닭 소비량과 주변 상권에 포함되는 세대 수, 세대 구성원

의 연령비, 지역의 소득 수준, 경쟁업체의 수, 사업자의 능력 등의 일반적인 요소뿐 아니라 접근성·유동성과 같은 입지 변수와, 심지어 조류독감이나 인테리어, 프랜차이즈 본사의 신용, 인근의 신규 개업까지 불가측 변수들이 개입되고 심지어는 나비효과처럼 알게 모르게 인플레와 수출입 동향, 실업률과 날씨까지도 영향을 미치게 된다.

따라서 만약 이것이 자산 거래의 방향성에 관한 문제라면 더욱 심각해진다. 주식이라면 국제 경기, IT 표, OECD 경기선행지수, 글로벌 금리 등과 같은 거시 변수부터 국내 유동성과 인플레 정책 등의 국내 요인에 투자자들의 심리변수까지 그야말로 고려 가능한 모든 지표들을 개인이 판단하고 실행하는 것은 거의 불가능에 가깝다.

그래서 대개의 투자행위는 온갖 언설을 빌려서 합리화하려고 해도 사실은 단지 모멘텀으로 움직일 뿐이고, 공식적인 견해보다는 현재 시장의 심리가 쏠리는 방향으로 투자하는 형태가 일반적이다. 그것은 당신이 아무리 현자가 되려고 해도 벗어날 수 없는 질곡과도 같다. 더구나 개인의 가장 큰 단점은 객관화의 단계가 필요하다는 점이다. 시장이 움직일 때, 그 움직이는 방향에 대해 어느 정도 신뢰하느냐가 심리변수를 결정하는데 대중이 모두 신뢰도를 가지는 시점이 곧 정점 국면이라는 점은 결국 개인이라는 주체의 한계를 느끼게 해주는 것이다.

새로운 상품에 주목하라

처음 상품이 소개되면 운용사의 각오가 남다르다. 초기 시장 진입에 성공하는 것이 무엇보다 중요하므로 수익률 관리가 잘되어 초기 가입자들은 기대 이상의 수익률을 올릴 수 있다.

사실 객관화라는 것은 대단히 어렵다. 모두가 정점이라고 신뢰하는 국면이라면 더 이상 살 사람은 없고 팔려는 사람만 있어야 하지만 사실 이 국면은 정점이 아니다. 이때는 누구나 정점이라는 생각을 하고 있다고 생각할 뿐 사실은 모두가 정점이라고 생각하지 않기 때문이다. 정점에서 모두가 정점이라고 생각하는 국면은 절대 오지 않는다.

모멘텀이란 한 번 형성되면 그것이 완전히 소진될 때까지 움직인다. 가격이 상승할 때 초기에 매도한 사람은 재진입의 기회를 노리고, 뒤늦게 승차한 사람은 여전히 이익을 기대한다. 모멘텀의 정점이라는 것은 이론상 가장 많은 사람이 가장 많은 이익을 낸 국면인데 이 국면은 대개 시장의 흥분이 최고조에 달해 있어서 그 대열을 이탈하기가 어렵다.

파동으로 그리면 3파동에 매입한 사람이 이익을 실현하고 싶은 상황이 4, 5파동이고, 그동안 참여하지 못했거나 1파동의 고점에서 작은 이익으로 큰 기회를 놓친 사람들이 진입의 기회를 포착하는 것이 5파동이라면 결국 4, 5파동이 모멘텀의 정점인데 이 거래에 참여한 사람에게는 보이지 않는 것이다.

하지만 기관투자가의 입장은 좀 다르다. 기관투자가는 절대 1파동에서 이익을 내지 못한다. 기관투자가들의 자금은 3파동의 국면에서 최고조에 달하고 순유입과 순유출이 명확하게 감지된다. 다

그림 18　파동이론

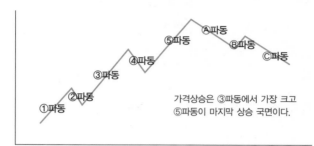

ⓐ파동
⑤파동
ⓑ파동
ⓒ파동
④파동
③파동
②파동
①파동

가격상승은 ③파동에서 가장 크고
⑤파동이 마지막 상승 국면이다.

시 말해 기관투자가에 돈을 맡기는 사람은 국면을 이해하지 못하
지만 돈을 받는 사람은 자금의 유출입에 대해 실시간으로 포착할

●●● 파동이론

미국의 시장분석가 엘리어트가 1939년《자연의 법칙》이라는 저서를 통해 "주가
는 상승 5파와 하락 3파에 의해 끝없이 순환한다."는 가격순환법칙을 내세움으로
써 정립된 가격이론. "주가는 연속적인 파동에 의해 상승하고 다시 하락함으로써
상승 5파와 하락 3파의 여덟 개 파동으로 구성된 하나의 사이클을 형성한다."는
것이 골자인데, 1번, 3번, 5번 파동은 주가의 진행 방향과 같은 방향으로 움직이
고 2번, 4번 파동은 주가의 진행 방향과 반대 방향으로 움직인다고 설명하고 있
다. 또 하락 3파는 1번에서 5번까지의 상승 국면이 끝나면 시작되는 하락 국면으
로 이것은 다시 세 개의 파동으로 나뉘어지며 이 파동들은 각각 A, B, C파동으로
부른다. 이 이론의 골자는 가격 상승의 대부분은 3파동이라 불리는 두번째 국면
에서 폭발적으로 나타나고, 가격 하락의 대부분도 C파동이라 부르는 두번째 하락
국면에서 강력하게 나타난다는 것이다.

수 있다는 뜻이다.

따라서 기관투자가들이 갑자기 돈이 몰려들기 시작하는 상황에서는 좋든 싫든 자금을 운용할 상품을 개발하게 되고 이렇게 상품개발 의지가 투영되는 상황은 모멘텀의 절정이 시작되기 직전이다. 특히 법인이나 큰손의 자금은 후행적이고 거시경제적 측면에서 가격 상승의 논거가 확보될 때 급속하게 유입된다. 따라서 기관투자가의 입장에서 운용상 필요한 상품을 설계할 이유가 늘어나거나, 그럴 필요를 느끼는 상황은 곧 유동성의 힘이 커진다(심리가 흥분한다)는 의미로 해석할 수 있다.

따라서 기관투자가들이 설계하는 최초의 상품은 항상 고수익을 가져다준다. 예를 들어 뮤추얼펀드가 갓 출범할 당시 가입한 사람들은 고수익을 거두었지만, IMF 이후 반등을 시작한 종합주가지수가 400~500포인트대에 이르렀을 때 많은 사람들은 추가 상승에 대해 확신하기 힘들었다. 결국 사람들이 주식투자에 본격적으로 나선 것은 모두가 확신하기 시작한 1000포인트 언저리였고, 이것은 그리 머지않아 주식시장의 폭락으로 이어졌다. 하지만 이때 등장한 뮤추얼펀드는 '미래에셋'이라는 종합금융그룹을 일으키는 시발점이 되었고, 초기 가입한 투자자들은 최소 2배 이상의 수익을 거두었다.

이것은 두 가지 측면에서 중요하다. 먼저 기관투자가들에게 돈이 들어오기 시작하자 대부분의 기관투자가들은 과거의 방식을 그대로 답습했다. 예전에 하던 대로 창구에 앉아서 주식형 펀드의 판매에만 주력했고 그들의 상품은 예전의 투자상품과 다를 바가 없었다. 과거 IMF 이후 기관투자가들의 비윤리적 펀드 운용으로 이미 피해를 본 투자자들에게 기관투자가의 주식형 펀드에 가입하는 것은 과거의 악몽을 떠올리는 것이었다. 이때는 시장의 상승을 예견한 똑똑한 투자자들이 택할 마땅한 상품이 없었던 것이다.

시장의 유동성은 유동성을 끌어들이고 그것을 폭발시킬 분출구를 필요로 했지만 시장은 여전히 구태에 안주했다. 수익률이 낮은 펀드에 수익률이 높은 펀드의 주식을 끌어다 놓기도 하고, 펀드끼리 물타기마저도 공공연하게 이루어졌다. 시장은 장기 상승하는데 상품은 여전히 조기 상환형 스팟펀드를 양산했다.

이때 등장한 뮤추얼펀드는 시장의 요구를 정확히 읽은 것이었다. 시장에 펀드가 상장됨으로써 만기 전에 이익 실현도 가능하면서 중기투자를 표방하고, 펀드 간의 독립성을 확고하게 유지할 수 있는 뮤추얼펀드의 등장은 향후 주식시장의 방향성을 가늠할 좋은 지표였다.

이 새로운 상품의 의미는 판매자가 남들이 안주할 때 시장의 기호를 충족시키고 시장의 요구를 읽을 줄 아는 안목 있는 사람, 즉 사업할 줄 아는 사람임을 알려주는 것이었고, 이렇게 안목 있는 사람(기관)이 운영하는 돈이라면 맡겨도 좋다는 신호로 해석해도 좋은 것이었다.

더 확대 해석하자면 이런 마인드를 가진 사람이 새로운 상품을 들고 나왔다면 이미 그 상품의 경쟁력은 최고라고 볼 수 있다.

두번째는 이미 뮤추얼펀드라는 새로운 상품이 먹힐 수 있는 유동성이 존재한다는 반증이었다. 사람은 관성에 따르기 쉽고, 이 관성의 힘은 기존의 방식을 답습하는 것이다. 따라서 어지간한 유동성이 없다면 새로운 상품은 먹혀들지 않는다. 즉, PDP라는 시장이 존재하기 때문에 타임머신 PDP가 개발되는 것이지, PDP 시장이 위축되는 상황에서 신제품을 내놓는 바보는 없다. MP3 시장이 커야 아이팟이 성공하고 MP3폰이 등장한 이치를 생각하면 답은 단순하다.

여기에서 얻을 수 있는 교훈은 자산시장에서 새로운 상품이 등장하면 그것을 선택하거나 추이를 예의 주시하라는 것이다. 이것은 이후 적립식 펀드 열풍에서도 마찬가지로 반복된다.

적립식 펀드가 등장한 초기에 가입한 사람들의 수익률은 상당히 높지만 뒤늦게 가입한 사람은 생각보다 수익률이 크지 않다. 적립식 펀드의 수익률은 설정 대비 수익률이지 가입한 이후의 수익률이 아니다. 이런 사례는 무수히 많다.

ELS와 같은 상품도 마찬가지다. 처음 상품이 소개되면 그것을 운용하는 회사의 각오는 남다르다. 초기 시장 진입에 성공하는 것이 무엇보다 중요하기 때문에 수익률 관리는 절체절명의 과제가 된다. 그 결과 초기 가입자들의 수익률은 기대 이상으로 높다. 하지만 뒤늦게 우후죽순으로 쏟아지는 상품들은 확신에 의해 만들어지는 상품과는 성격이 달라진다. 신상품을 출시할 때는 최대한 성공 가능성을 재단하지만 이후의 상품들은 상품을 위한 상품이 되기 쉽다.

자산시장의 새로운 움직임에 주목하라

우리가 주목해야 하는 것은 신뢰할 수 있는 투자자의 움직임은
최소한 개인보다는 옳고, 나보다는 무조건 옳다는 것이다.

이런 원리는 금융상품뿐 아니라 실물투자나 자산시장의 방향성을
가늠하는 데도 도움이 된다. IMF 이후 서울 시내 곳곳에 빌딩들이
매물로 쏟아져 나오고 기업의 구조조정으로 사옥들이 대거 매각
될 때, 싱가포르 투자청이 파이낸스 빌딩을 사들이고, 스타타워가
론스타에 넘어가면서 서울 시내 오피스 빌딩들이 대거 외국계 펀
드의 손에 넘어가는 과정을 지켜보면 향후 부동산 가격의 상승을
예상할 수 있어야 한다. 또 은행과 알짜 기업을 비롯한 IMF 구조조
정 매물들이 외국인의 손에 넘어가는 것을 보면, 현재 이 기업들이
매물로 넘어가는 것은 금융위기 하의 국내 자본과 외국계 자본의
금리와 유동성의 괴리로 인한 미스매치일 뿐 실제 가치 측면에서
는 글로벌 기준으로 저평가된 상태임을 알아챌 수 있어야 한다.

실제로 이후 한국 부동산시장과 주식시장에서 매물을 사들인 외
국계 기업들의 수익률은 타의 추종을 불허할 정도로 높았으며, 이
러한 현상은 지금도 계속되고 있다.

거시적으로 보면 외환위기 이후 외국계 은행들과 리먼브라더스
같은 투자회사들이 속속 한국 진출을 서두르는 모습에서 당시 1년
에 서너 차례씩 등장했던 각종 위기설의 근거가 얼마나 심리적인
것이었는지를 알 수 있다. 만약 한국의 2차 금융위기가 가상의 시
나리오대로 현실화될 우려가 컸다면 외국계 펀드들이나 은행, 투
자회사들이 그렇게 공세적으로 한국 시장을 사들이기는커녕 오히

려 가장 먼저 한국 시장을 떠났을 것이다.

국내 자본이야 위기 가능성을 감지하더라도 공멸을 피하기 위해 마지막까지 끈을 놓을 수 없지만 외국계 자본은 철저히 이익을 추구하기 때문에 이들의 행동은 결과적으로는 항상 옳을 수밖에 없다. 그럼에도 위기설은 항상 내부에서 등장하고, 그때마다 외국인들은 왕성한 식욕으로 국내 자산시장을 잠식했다.

이렇듯 우리가 주목해야 하는 것은 신뢰할 수 있는 투자자(기관이나 투자회사)의 움직임은 최소한 개인보다는 옳고, 나보다는 무조건 옳다는 것이다. 특히 정보의 정확한 해석은 개인의 입장에서는 거의 불가능한 것이다.

사람들은 심리적으로 자신이 취득한 정보들 중에서 자신에게 유리한 것만 받아들이고, 거기에 근거해 판단하려는 약점이 있다. 그것은 인지부조화로 인한 것인데, 만약 내가 어떤 상황을 부정적으로 보고 있다면 긍정적인 뉴스들이 부정적인 뉴스를 압도할 때 불안해진다. 반대로 내가 긍정적으로 보고 있는데 부정적인 뉴스들이 쏟아진다면 그것 역시 불안하다.

그러나 열 가지 정보 중에서 만약 하나의 새로운 정보가 내가 생각하는 방향과 일치하면 거기서 위안을 얻고 그것을 내세워 자신의 판단을 합리화하려고 든다. 다시 말해 정보를 이용해서 객관적인 판단을 하는 것이 아니라, 주어진 정보 중에서 이미 내가 무의식적으로 결정한 방향과 일치하는 정보에 더 가산점을 주는 것이다.

정보에 매몰되지 않도록 주의하라

개인이 정보의 함정에 빠지는 가장 큰 이유는 개인 능력의
문제라기보다는 그 상황의 주인이기 때문이다.

정보 해석의 교란은 우리가 생각하는 것보다 훨씬 부정적이고 심
각한 결과를 가져온다. 예를 들어 강남 아파트 값이 아무리 부정적
인 요인으로 도배를 해도 신문에서 공급 부족을 지적하면 100가지
의 부정적 요인을 무시하고 단지 그 논리 하나로 추가 상승을 확신
하게 된다. 반대로 정부에서 준비 중인 핵폭탄에 가까운 부동산 대
책도 그것이 실제 시장에 시차를 두고 미칠 영향을 냉정하게 바라
보기보다는 정권이 바뀌면 그만이라는 논리 하나로 모든 부정적
요인을 덮어버리는 것이다.

대중의 판단은 항상 그런 식으로 움직인다. 대중은 정작 자신들
이 그렇게 양떼처럼 몰려 있을 때가 가장 위험하다는 사실을 깨닫
지 못하고 오히려 뭉치면 산다는 희한한 논리에 사로잡히고 만다.

그러나 기관이나 정부와 같은 조직의 관점은 다르다. 정부가 기
획하는 것은 구조적 필요에 의한 것이고, 리스크 비중이 낮다. 또
자산관리자들이 기획하는 상품은 늘 새롭고 공격적이지만 초기 상
품들의 성공 가능성은 상당히 높다. 자산관리자들의 기준은 이익
보다 리스크에 대한 평가가 최우선적이고 리스크를 고려한 상황에
서 내놓은 처녀상품의 매력은 큰 것이다.

더욱이 개인이 정보의 함정에 빠지는 가장 큰 이유는 개인 능력
의 문제라기보다는 그 상황의 주인이기 때문이다. 예를 들어 주식
투자를 할 때 자신의 계좌에 보유한 종목에 대해서는 늘 긍정적인

입장에서 보려고 하지만, 그 종목을 보유하고 있지 않은 입장에서
는 결론이 달라진다.

운용자의 입장이 개인의 입장을 늘 이기는 이유는 시스템의 힘
이 정보에 대한 객관적인 판단을 가능하게 해주기 때문이다. 그래
서 일류 펀드매니저들이 운용하는 펀드의 수익은 대단할 수 있지
만 그 펀드매니저가 자신의 계좌에 돈을 넣고 주식투자를 한다면
수익률은 떨어지기 쉽다. 그것이 바로 상황의 힘, 즉 객관화의 힘
이다.

다른 사례로 코스닥 시장의 출발을 되짚어보자.

코스닥이 처음 출발했을 때, 그것이 단순히 나스닥을 벤치마킹
한 진부한 상품인지 아니면 존재 이유가 충분한지를 살펴야 한다.
IMF 이후 기존 질서가 위협받고 침체된 소비를 살리고, 고용을 늘
리고 부의 효과를 창출하려면 금융위기 과정에서 이미 불신을 받
은 기존의 산업구조와는 다른 새로운 산업의 등장이 요구되었을
것이다. 물론 여기에서 당시 부패한 정치권의 냄새나는 이야기는
빼고 생각하자.

어쨌든 코스닥시장의 출발은 역사적, 철학적, 사회경제적 측면
에서 필요한 일이었고 정부가 승인한(혹은 지원한) 새로운 금융시
장, 혹은 상품은 초기에는 반드시 성공한다는 점을 감안하면 코스
닥시장에 대한 투자는 몇십 년에 한 번 있을까 말까 한 기회였음이
분명하다.

당시 다음커뮤니케이션을 장외에서 5,000원씩에 사들이고, 이
동통신회사들의 주식이 1만~2만 원대에 명동 사채시장에서 거래

될 때 그것을 사들인 사람들은 지금 이 나라 자산시장을 쥐락펴락 하고 있지만, 모두가 이제 시작이라고 말하는 시점에서 뛰어든 사람들은 얼마나 참담하게 실패했는지를 되돌아보자.

그런 측면에서 금융시장에서 등장하는 새로운 뉴스에 항상 주목해야 한다. 이미 당신도 알고 있는 식상한 이야기들은 아무리 많이 등장해도 그것은 또 한 마리의 양을 무리 속으로 끌어들이는 것 외에는 아무런 역할도 하지 못한다. 하지만 당신이 처음 접하는 신선한 상품이, 혹은 변화가, 혹은 제도가 왜 갑자기 등장했는지, 그리고 그 새로운 상품의 주체는 무엇인지를 유심히 살펴보면 그 속에 숨은 보배를 쉽게 발견할 수 있다.

신상품과 새로운 시장의 탄생을 늘 주목하라. 그것은 당신에게 엄청난 기회를 안겨줄 것이다.

자산시장에 새로운 상품이 등장하면 그것을 선택하거나 추이를 예의 주시하라. 뮤추얼펀드가 처음 등장했을 때는 만기 전에도 이익 실현이 가능했으며, 적립식 펀드 역시 초기에 가입한 사람들은 상당한 수익률을 올렸다. 처음 상품이 소개되면 그것을 운용하는 회사의 각오는 남다르다. 초기 시장 진입에 성공하는 것이 무엇보다 중요하므로 수익률 관리는 절체절명의 과제가 되는 것이다. 그 결과 초기 가입자들의 수익률은 기대 이상이다. 하지만 뒤늦게 우후죽순으로 쏟아지는 상품들은 확신에 의해 만들어지는 상품과는 성격이 달라진다는 점을 명심하라.

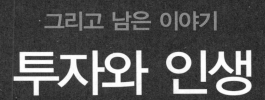

그리고 남은 이야기
투자와 인생

부자가 되려면, 투자에 성공하려면 우리는 어떤 마음으로 세상을 살아가야 할까?
초판에는 싣지 못했던 시골의사의 투자에세이를 '책속의 책' 형태로
《시골의사의 부자경제학》 안에 담았습니다. 〈투자와 인생〉 편 중
'부를 꿈꾸는 3단계'는 자신이 꿈꾸는 부의 계획을 세우는 데 큰 도움이 될 것입니다.

그리고 남은 이야기를 시작하며

《시골의사의 부자경제학》은 '부자가 되기 위해서 이런 부분을 생각해보자'는 제안을 하기 위해 쓴 책입니다. 오랜 기간 구상해온 책이다보니 하고 싶은 얘기, 담고 싶은 얘기가 많았습니다. 어떻게 부자가 될 것인가와 어떻게 살아야 하느냐가 별개의 문제가 아니겠기에 부자가 되기 위해 필요한 마음가짐에 대한 글도 책 속에 담고 싶었습니다.

하지만 다소 철학적인 내용이나 추상적인 이야기들은 책과 어울리지 않아 초판에서는 제외됐었습니다. 이와 같은 이유로 책의 성격과 맞지 않아 또는 편집상의 문제로 담지 못했던 내용들을 '책 속의 책' 형태로 추가하게 되었습니다. 좀 어수선할 수 있겠다 싶어 망설여지는 점이 없지 않습니다만, 저를 위해 애써주신 분들에 대한 제 입장에서의 신의성실 원칙이라 생각하시면 좋을 것 같습니다.

시골의사 박경철

1

성공에 이르는 길

성공에 왕도는 존재하는가

도가도비상도(道可道非常道)
도를 도라고 말하면 그것은 늘 그러한 도가 아니다
(말로 설명된 진리는 진리가 아니다).

명가명비상명(名可名非常名)
이름을 이름지우면 그것은 늘 그러한 이름이 아니다
(변하지 않는 이름은 없다).

무명천지지시(無名天地之始)
이름이 없는 것을 천지의 처음이라 하고

유명만물지모(有名萬物之母)
이름이 있는 것을 만물의 어미라 한다.
고 상무욕이관기묘(故 常無欲以觀其妙)
그러므로 욕심이 없으면 그 묘함을 보고

고 상유욕이관기요(故 常有欲以觀其邀)
늘 욕심이 있으면 그 가장자리만 본다.

차양자동출 이이명(此兩者同出 而異名)
그런데 이 둘은 같은 곳에서 나왔으나 이름만 달리할 뿐이니

동위지현 현지우현(同謂之玄 玄之又玄)
똑같은 것을 일러 이것도 현묘하다 하고 저것도 현묘하다 하니

중묘지문(衆妙之門)
모든 묘함이 바로 이 문에서 나온다.

이는《도덕경(道德經)》의 제1장에 등장하는 구절이다.

또 위진현학시대를 이끈 위(魏)나라의 왕필(王弼)은 도가의 무(無)와 유(有)에 관한 설명을 체(體)와 용(用)의 관계에서 바라보고, "변화가 무궁한 천지만물에 대해 그 본체인 '무'는 적연부동(寂然不動)하지만, 결국 그 본체가 있어야만 개개의 현상도 존재할 수 있다."고 말하면서 불가의 체용론(體用論)을 유가사상에 접목하는 데 큰 기여를 한다.

이 두 가지 구절의 의미는 무엇일까? 인간이 도달하고자 하는 완전법칙은 존재하지 않으며, 인간이 추구하는 방정식은 거시적인 원리로서 존재하지 않는다는 뜻이다.

과학적 사고의 발달은 전 분야에 걸쳐 물질을 내세우고 정신을 밀어냈다. 뉴턴 이래 기계론적 세계관은 자연의 질서를 규명할 수 있을 것이라고 생각하면서 세상의 모든 질서를 방정식으로 풀어낼

수 있을 것이라는 믿음을 가졌다. 그렇게 보면 인간 역시 단백질과 소수의 무기물로 이루어진 모형 위에 작은 미세전기 에너지가 작동하는 기계에 지나지 않는다. 이런 극단적 사상은 유물론적 사고와 맞물려 인간을 소외시키고 인간의 존재 위에 과학을 올려놓았다.

그러나 과학은 질서를 규정하는 질서, 원리를 규정하는 원리를 이해하지 못했다. 우리가 질서라고 여긴 원리 위에는 그것을 운영하는 원리가 존재하고 다시 그 위에는 그것을 지배하는 원리가 존재한다. 그래서 원리를 규명하려는 인간의 시도는 단 하나의 보편적 원리인 '순환'으로 파악하거나 그렇지 않으면 아무리 다가서도 빛에 도달할 수 없는 어둠 속에 숨어 있다. 어쩌면 이것은 자연의 피조물인 인간이 안고 있는 숙명인지도 모른다. 존재와 근원에 대한 탐구는 유사 이래 인간의 목표였고 그것에 도달할 수 없기에 인간이 존재하는 것이기 때문이다.

당신이 찾고 있는 원리

지금 당신이 추구하는 성공원리, 재테크, 주식투자의 방법론 역시 어둠일 뿐이다. 모든 인간이 목표로 하고 있는 돈에 대한 욕망은 기실 서로가 가진 것을 빼앗으려는 어둠의 전투일 뿐이다.

그것은 노동의 대가만 충실히 취할 수 있었던 원시시대부터 서로가 얻은 사냥감을 빼앗고 서로의 사냥터를 빼앗으려는 전투와 음모, 계략으로 얼룩졌다. 다만 지금은 총칼과 힘이 아닌 좀더 세련된 방식을 추구하려는 것뿐이다. 그래서 지금도《삼국지》가 성공학의 교과서로,《손자병법》이 성공학의 입문서로 여겨지는 것이다.

다른 사람보다 우월한 재테크 방식을 찾아내려 애쓰고 주식투자에서 남보다 더 많은 수익을 낼 수 있는 방정식을 찾아 헤매는 것은 기본적으로 출발이 틀린 것이다.

수십억 인간의 다양한 특성을 한 개의 상수로 규정할 수 없듯이 그것을 변수로 포함하는 방정식 역시 존재하지 않는다. 때문에 지금 당신이 찾으려는 성공의 방정식은 영원히 찾을 수 없는 신기루이며 그것의 원리는 바로 지금 당신의 생각일 수도 있고, 아예 존재하지 않을 수도 있다.

결국 지금 당신에게 필요한 것은 성공을 위해 근검, 절약하고 열심히 살아야 한다는 원리가 전부이기도 하고, 그게 마음에 들지 않는다면 원리가 아예 없기도 한 것이다.

애써 방법을 찾아다니지 마라. 지금 당신이 찾고 있는 도(道)는 도가 아니다. 누가 당신에게 "그것을 알려주마."라고 말한다면 그는 당신에게서 한 푼의 돈이라도 빼앗으려는 곤궁한 사람이다. 누가 당신에게 "이것이다."라고 말한다면 그것은 그 스스로에게도 필요 없는 것이다.

> 세상은 무수한 사람들이 서로 속고 속인다. 많은 사람들이 마치
> 원리가 있는 듯 위장하고 화려한 색깔로 당신을 유혹하겠지만,
> 정작 그 유혹에서 벗어나는 순간 당신은 가장 자유로워질 수
> 있다.

변화를 이해하라

《주역(周易)》의 〈계사전(繫辭傳)〉에는 "궁즉변 변즉통 통즉구(窮則變 變則通 通則久)."라는 말이 나온다. 이는 다하면 변하고 변하면 통하며 통하면 지속된다는 뜻이다.

《주역》이라는 책은 '변화에 대한 책'이다. '변화'는 역설적으로 수천 년을 이어오면서도 변하지 않는 지고지선(至高至善)의 이치다.

공자(孔子)가 책을 묶은 가죽 끈이 일곱 번이나 끊어질 정도로 열심히 읽었다는 《주역》의 근본 이치는 어떤 일이 막히면(뜻대로 되지 않거나 그것이 한계에 이르면) 변화하고, 변화하면 통하게 되며, 통하면 영원하다는 궁즉변의 이치를 설명하는 통변론(通變論)이다.

《주역》에서는 이것을 다음과 같이 설명한다.

"달이 차면 이지러지고, 해가 중천에 이르면 기울게 되는데 사물의 이치야 말해 무엇하겠는가? 그것이 다함에도 변하지 않으면 소멸할 것이요, 막혔다고 여겨지면 변화하여 그것이 서로 통하게 하면 영원할 것이다."

이렇듯《주역》은 철저한 부정에서 긍정으로 나아가는 길을 이야기한다.

지금 막혔다는 생각이 든다면 즉시 변화를 모색하되 그 변화의 시점은 반드시 해가 중천에 이를 때가 되어야 한다. 아직 아침도 오지 않은 여명기에 햇살이 더디다고 석양을 준비하는 것은 어리석은 일이고, 해가 중천에 떠 있다고 어둠을 준비하지 않으면 그것 역시 무모한 일이다.

성공을 꿈꾼다면 철저한 자기 평가가 선행되어야 하고 그 결과 지금 자신이 막혀 있다고 여겨지면 변화를 준비해야 한다. 더 이상 아무것도 할 수 없는데 그 자리에 머무는 것은 매너리즘이다.

요즘 화두가 된 블루오션 역시 막히면 변하라는 이치와 같다. 지금 당신이 막혀 있다면 무엇이 변해야 할지를 생각하라. 단, 당신의 변화는 막힘에 대한 부정이지 도피를 위한 변명이어서는 곤란하다. 지금 당신이 막힌 이유가 나태함이라면 성실을, 자만이라면 근면을, 부족함이라면 단련을 하는 것이 필요하다. 자기 부정이 전제되지 않은 변화는 도피일 따름이다.

주변에서 성실히 살았음에도 여의치 않다는 이야기를 많이 듣는다. 사실 그것은 일부는 맞고 일부는 틀리다. 사회구조의 변화로 인해 열심히 산다는 이유만으로 성공하기 어려운 세상이 된 것은 분명하지만 비록 그렇다 하더라도 그것이 전부는 아니다. 변화를 행하지 않았기 때문이다. 변화란 성실과 근면에 버금가는 중요한 덕목이다. 스스로 최선을 다했음에도 막혔다고 여겨지거든 변화하라.

이는 재테크에서도 마찬가지다. 당신이 지금 처한 상황에서 막히지 않는다면 나아가야 하고, 막힌다면 그것의 원인을 자기 중심에서 성찰하는 것이 필요하다. 지금의 처지가 곤궁한 것이 단지 재테크가 여의치 않기 때문인지, 본분을 다하지 않았기 때문인지를 먼저 알아야 한다. 실제로 자기의 본업에서 성공하지 못한 사람이 재테크에서 성공을 거두기란 더더욱 어렵다.

그러나 그것이 단지 부분적인 문제라 여겨지거든 그 안에서 다시 변해야 한다. 종목 선택을 잘못해 주식투자가 막히거나 업자의 말만 듣고 잘못 산 부동산에서 막혔다면 그것을 통하게 하는 방법은 한 가지뿐이다. 그 방법은 오로지 변화를 읽고 스스로 변화하는 것이다.

돈의 흐름도 삶처럼 끊임없이 변한다. 경기도 순환하고 유동성도 변화한다. 이 변화의 흐름을 읽지 못하고 단지 현재의 흐름만 믿고 안주하면 반드시 그르치게 된다. 언제나 그 변화를 주시하고 막히면(상대가 변하면) 반드시 먼저 변화해야 하고 그럼으로써 통하게 해야 한다. 이것이 통변론이 가르치는 궁극의 이치이다.

살아남으려면 변화하라.
막히면 막힐수록, 잘나가면 잘나갈수록 더 많이 변화하라.
그리고 '이 세상에서 가장 어리석은 자는 바로 나'라는 생각으로 죽을 만큼 정진하라.

때를 기다려라

《삼국지연의(三國志演義)》에는 조조(曹操)가 하북을 평정할 때 기다림으로 승리를 하는 이야기가 나온다.

조조에게 패한 원소(袁紹)의 아들 원희(袁熙), 원상(袁尙)은 요동으로 도망하여 공손강(公孫康)에게로 갔다. 하후돈 등 측근들은 조조에게, "공손강이 오랫동안 굴복하지 않았는데 지금에 와서 원희, 원상이 또 가담하였으니 장차 우리의 큰 후환이 될 것입니다. 공손강이 아직 군사를 일으키지 않은 틈을 타서 속히 가서 친다면 요동을 가히 얻을 수 있을 것입니다."라고 조언했다.

그러자 조조는 웃으며 말했다. "제공의 호위를 빌릴 필요도 없을 것 같소. 며칠 후면 공손강이 두 원 씨의 머리를 가져올 것이오."

여러 장수들은 모두 이 말을 믿지 않았다. 그런데 며칠이 지나지 않아 공손강이 과연 사람을 보내어 원희, 원상의 머리를 가져왔다. 여러 장수들이 모두 크게 놀라 조조의 귀신같은 혜안에 감복해 마지않았다. 이때 조조는 도리어 크게 웃으며, "과연 곽가(郭嘉)의 짐작을 못 벗어나는군." 하고 말하며 곽가가 죽기 전에 조조에게 남겨준 편지를 꺼내었다. 그 편지에는 이렇게 적혀 있었다.

"듣건대 원희, 원상이 요동에 가서 가담했다 하니 명공께서는 절대 군사를 쓰지 마십시오. 공손강은 일찍부터 원 씨들이 요동을 병탄할까봐 두려워하였는데, 이번에 두 원 씨가 가서 가담하였으니 반드시 이를 의심할 것입니다. 만약 군사로 치신다면 그들은 힘을 합해 항거할 것이나 늦추어준다면 공손강과 원 씨는 반드시 서로 목숨을 도모하려 할 것입니다. 이것은 매우 자연적인 이치입니다."

이렇게 기다려서 승리를 취하는 전략을 가리켜 격안관화(隔岸觀火)의 전략이라 부른다. 이것은 소극적으로 넋을 놓고 강 건너 불구경을 하는 것이 아니라 상대의 정황을 잘 살피고 주시하면서 때를 기다리는 적극적인 기다림이다. 즉 기다려서 운을 취하는 것이 아니라, 오히려 내 강한 힘을 누르고 억제함으로써 결과적으로 승리하는 것이다.

또 병법(兵法)의 대가 손자(孫子)는 "강물에 거품이 일 때는 강을 건너지 마라. 강물에 거품이 일 때는 상류에서 강물이 불어났다는 신호이므로 이때 강을 건너면 화를 입는다."라고 말한다. 강을 건너려 할 때 거품이 인다는 것은 상류에 비가 많이 내려 홍수가 났다는 의미일 수도 있고, 적군이 강을 막아 급류가 형성되어 있다는 뜻일 수도 있기 때문에 섣불리 강을 건너지 말고 때를 기다리라는 것이다.

이때 거품을 보는 것은 안목이다. 강물의 흐름이 평소와 다름없어 보이고 지금도 충분히 건널 수 있지만, 강을 건너기 전에 그것을 잘 살펴 내 힘을 함부로 사용하지 않는다면 미래에 닥칠 화를 제거할 수 있다.

이 두 가지 사례는 기다림으로써 화를 면하는 경우와 기다림으로써 더 큰 이익을 얻는 경우를 말하는 것이지만, 반대로 '변화'의 관점에서는 지나치게 소심하고 '안주'하는 것으로 해석될 수도 있다.

변화와 기다림의 사이

이 변화와 기다림의 사이에서 우리가 얻을 수 있는 교훈은 무엇일까? 다함을 알고 변화를 하되, 그 변화는 때를 아는 것이어야 한다는 것이다. 때가 이르지 않았는데 무조건 변화를 생각하거나 다하였음에도 변화하지 않는 것은 모두 잘못된 일이다.

먼저 지금 주변의 모든 상황을 정돈해보자. 가정에서는 변화가 필요치 않은가? 회사에서는 막혀 있지 않은가? 대인관계에서는 궁하지 않은가? 지금 내가 가진 자산의 운용은 그 흐름이 강물처럼 유연한가?

그리고 그 중에서 막혔다고 여겨지는 것을 우선순위에 올리고 그것을 소통하기 위해 최선의 노력을 경주하는 것이다. 그러나 변화는 때를 아는 것이어야 하고, 소통의 방식 역시 좀더 쉬운 방향이나 누구나 할 수 있는 생각이 아닌 독창적이고 힘들면서 많은 노력을 필요로 하는 것이어야 한다. 만약 그것을 통하기 위해 쉬운 길만 찾는다면 그것은 변화가 아니라 후퇴이며 이러한 후퇴는 곧 스스로를 쇠퇴의 길로 몰아갈 것이기 때문이다.

　우리는 사회에서 또는 내 안에서 이런 질서를 유연하게 체득해야 한다. 봄, 여름, 가을, 겨울이 변화하고, 낮과 밤이 교대하듯이 성한 것은 쇠하고, 쇠하면 성한다는 이치를 마음으로 받아들이고, 변화를 거부하거나 그렇다고 애써 변화를 꿈꾸지도 말고, 변화를 두려워하지도 않으며 변화를 기다리지도 않아야 한다.

　변화란 지금도 일어나는 순환이며 생명이다. 인체 역시 태어나서 지금까지 끊임없이 변하고 있지만 우리는 단지 10년 전의 사진을 꺼내 볼 때만 그 변화를 깨달을 뿐, 불과 10분 전, 한 시간 전과 지금의 내가 다름을 알지 못한다. 이처럼 우리 주변에서 일어나는 무수한 사건들과 기회들을 보고도 어제와 오늘의 변화를 알지 못하다가 어느 날 변해버린 세상을 탓하면서 후회하는 것이 인생이다.

　변화는 내가 살아가는 생명이고 몸짓이고, 공기이고 호흡이다. 유연하게 변화하고 궁하기 전에 다함을 깨닫고 궁하기 전에 변함으로써 소통하여 쇠퇴함이 없어야 한다. 그러나 그 변함을 정해진 때로 여기거나 맹목적인 목표로 삼아 봄에 추수를 준비하고 가을에 파종을 생각하는 어리석음은 때를 모르는 것이다. 그러므로 이러한 변화는 오히려 구렁텅이로 빠져들게 된다.

　　항상 변화를 관찰하고 그것을 마음속에 받아들여 하나가 되도록 하라. 그리고 성공하려면 때를 알아야 함을 반드시 기억하라.

최선을 다하라

《장자(莊子)》 양생주편(養生主篇)에 포정해우(包丁解牛)라는 고사
가 있다.

포정이라는 백정이 문혜군(文惠君)을 위해 소를 잡는데, 소에 손
을 대고 어깨를 기울이고, 발로 짓누르고, 무릎을 구부려 칼을 움
직이는 동작이 모두 음률에 맞았다. 문혜군은 그 모습을 보고 감탄
하여 "어찌하면 기술이 이런 경지에 이를 수가 있느냐?"라고 물었
다.

이에 포정이 다음과 같이 말했다.

"제가 반기는 것은 도(道)입니다. 손끝의 재주 따위보다야 우월
합니다. 제가 처음 소를 잡을 때는 소만 보여 손을 댈 수 없었으나,
3년이 지나자 어느새 소의 온 모습은 눈에 띄지 않게 되었습니다.
요즘 저는 정신으로 소를 대하지 눈으로 보지는 않습니다. 눈의 작
용이 멎으니 정신의 자연스런 작용만 남습니다. 그러면 천리(天理)

를 따라 쇠가죽과 고기, 살과 뼈 사이의 커다란 틈새와 빈 곳에 칼을 놀리고 움직여 소의 몸이 생긴 그대로 따라갑니다. 그 기술의 미묘함은 칼질의 실수로 아직 살이나 뼈를 한 번도 다친 적이 없습니다.

솜씨 좋은 소잡이가 1년 만에 칼을 바꾸는 것은 살을 가르기 때문입니다. 평범한 보통 소잡이는 달마다 칼을 바꾸는데, 이는 무리하게 뼈를 가르기 때문입니다. 그렇지만 제 칼은 19년이나 되어 수천 마리의 소를 잡았지만 칼날이 방금 숫돌에 간 것과 같습니다. 저 뼈마디에는 틈새가 있고 칼날에는 두께가 없습니다. 두께 없는 것을 틈새에 넣으니, 널찍하여 칼날을 움직이는 데도 여유가 있습니다. 그러니까 19년이 되었어도 칼날이 방금 숫돌에 간 것과 같습니다.

하지만 근육과 뼈가 엉긴 곳에 이를 때마다 저는 그 일의 어려움을 알고 두려워하여 경계하며 천천히 손을 움직여서 칼의 움직임을 아주 미묘하게 합니다. 살이 뼈에서 털썩하고 떨어지는 소리가 마치 흙덩이가 땅에 떨어지는 것 같습니다. 칼을 든 채 일어나서 둘레를 살펴보며 머뭇거리다가 흐뭇해져 칼을 씻어 챙겨 넣습니다."

문혜군은 포정의 말을 듣고 양생(養生)의 도를 터득했다며 감탄했다.

성공을 꿈꾸려면 목숨을 걸어라

이것은 우리에게 많은 암시를 주고 있다. 지금은 경박단소(輕薄短小)의 시대이다. 또 재주가 많으면서도 그에 따르는 원리가 없는 재승박덕(才勝薄德)이 득세하고, 통찰보다는 세기(細技)가 주도하는 세상이다.

그러나 그것은 겉으로 드러나는 일면일 뿐이다. 한 인간의 가능성을 살펴볼 때 필자처럼 여러 가지 잔재주는 많아 보이지만 결국에는 한 가지도 매듭을 잘 짓지 못하는 사람과, 우직하지만 한 가지에 끝까지 매달려 결국 그 이치에 도달하는 사람이 있다면 성공은 당연히 후자의 몫이다.

때로는 전자의 인간형이 쉽게 성공하는 듯하고 먼저 앞서 나가는 것처럼 보이지만 사람의 밑천이 드러나는 데는 그리 오랜 시간이 걸리지 않는다. 어떤 사람은 젊은 시절에 타고난 재주를 앞세워 교만하게 되지만, 직장에서나 사회에서나 결국 자신의 본류에서 깊이를 갖지 못한 사람이 도달할 길은 언제나 처음 출발점에서 몇 미터 앞일 뿐이다.

마라톤을 시작할 때는 누구나 제일 앞줄에 설 수 있고, 또 누구나 처음 1킬로미터는 쉽게 앞서나갈 수 있다. 하지만 2킬로미터, 10킬로미터를 지나면서 점점 한계가 드러나게 되어 있다. 이와 마찬가지로 일에 미쳐 코피가 터지고, 공부에 미쳐 눈에서 핏물이 떨어질 정도로 자신을 담금질해보지 못한 사람이 성공을 꿈꾸는 것은 100미터도 달릴 수 없는 사람이 마라톤 대열에서 제일 먼저 전력질주를 하는 것과 같다.

성공을 꿈꾸려면 목숨을 걸어라. 그리고 백척간두에 서서 마지막 한발을 내딛는 심정으로 피를 토하고 뼈를 깎아라. 그래서 당신이 쥔 칼날이 두께 없는 두께가 되어 틈새 없는 틈새를 공략하는 포정의 경지에 이르게 하라. 그러고서도 실패한다면 그제야 당신은 운을 탓하거나 운명을 원망할 수 있을 것이다. 운명에 대한 원망도 그것을 할 수 있는 경지가 따로 있는 것이다.

원칙을지켜라

동양사상의 집대성인 《논어(論語)》의 중심을 관통하는 핵심은 바로 정명론(正名論)이다. 그 중에서도 《논어》 〈안연편(顏淵編)〉에는 이런 말이 나온다.

군군 신신 부부 자자(君君 臣臣 父父 子子)

이것은 《논어》의 사상인 정명론의 정수이다. 임금은 임금답고, 신하는 신하답고, 아버지는 아버지답고, 아들은 아들다워야 한다는 이 이치는 인간이란 기본적으로 사회적 존재이며 사회 속에서 주어지는 역할은 항상 '관계' 속에 놓여 있다는 것을 의미한다.

회사에서는 사장이나 사원으로, 학교에서는 교사나 학생으로, 집에서는 아버지와 아들, 아내와 남편으로, 사람이 속한 사회는 이관계의 그물망 속에서만 존재한다. 때문에 천주교의 수사나 불가의 선객처럼 '세속을 떠난다'는 개념은 이런 사회적 관계망을 벗어나려는 시도에서 출발하고 그것은 곧 속세와의 인연을 단절한다는 의미이기도 하다.

왜 인간은 깨달음을 얻기 위해 이 관계망을 벗어나야 하는 것일까? 그 이유는 단 하나다. 인간의 근원과 본질, 즉 존재의 근본 원리에 있어 신과 초자연적인 장치에 무게를 두면 결과적으로 인간이 맺을 수 있는 근본관계는 신과의 관계로 단일화하기 때문이다. 즉 신의 피조물인 인간이라는 측면에서 신에게 충실할 수 있는 가치는 신과의 계약일 뿐 인간의 문제에서는 벗어나는 것이다. 이 경우에는 신과 인간관계에서 동일하게 적용될 수 있는 공통 선을 제외한 인간과의 관계에서만 요구되는 가치들은 부정된다. 예를 들어 돈이나 지위, 권력은 무망하고 불필요한 것이다.

그러나 우리는 세속적 인간이다. 세속적 인간이라는 말은 곧 인간과의 관계가 신과의 관계보다 우선한다는 뜻이고 우리는 종교를 통해 이 두 가지 중 하나를 선택하기를 강요받는다. 때문에 신과의 관계를 부정하고 인간의 관계를 중심으로 사유하는 유가의 철학은 어떤 면에서는 가장 인간적이고 가장 세속적인 가치라고 할 수 있고, 이 세속적 가치의 중심에는 공자의 정명론이 자리를 잡고 있다.

이때 아버지가 아버지답고, 신하가 신하다운 것은 세속적 질서를 유지하기 위한 고육책이자 필요충분조건이다. 이것을 사회적 질서에 복종하고 주어진 권위에 도전하지 않으며 현재 자신의 자리에서 최선을 다하라는 의미로 해석한다면, 이는 근시안적인 해석이다. 왜냐하면 이것은 인간이 살면서 가져야 할 근본 원리를 설명한 것이기 때문이다.

이렇게 자기가 스스로 맡은 직분에 최선을 다하고, 한 치도 소홀히 하지 않는 마음을 일으키는 것은 곧 인(仁)이다. 또 그 인을 실천하는 것은 용(勇)이고, 그것을 아는 것은 지(智)이며, 그것을 행하는 것은 예(禮)이다.

이런 원리는 결국 당신이 추구하는 이상과 배치되는 것이 아니라 그것에 가장 가까이 갈 수 있는 지름길이다. 이 생각은 지금 나와 관계하는 모든 것에서 최선을 다하는 것이 곧 바른 길이라는 큰 원리다. 즉 이것을 소극적 의미에서 현실에 만족하라는 뜻으로 해석하는 것은 오독이다. 내가 하는 일에 최선을 다하는 인, 내가 만나는 사람들에게 신의를 지키는 예, 내가 마땅히 감당해야 할 일을 감당하는 용기를 내는 것은 사회 속 인간의 의무이며 그것은 대단히 적극적인 요구다.

그래서 맹자는 이를 이어받아 "임금이 여자를 좋아하면 백성도 좋아하고, 임금이 음악을 들어 좋거든 백성도 좋게 하는 것이다."라며 한발 나아가고, 결국 "임금이 임금답지 않으면 마땅히 폐하여야 한다."고까지 나아간다.

이것은 우리에게 많은 시사점을 남긴다. 당신이 부자가 되고 싶든 성공을 꿈꾸든 그것은 인간의 도를 버리는 데 있는 것이 아니라, 오히려 인간의 도를 지키고 그 안에서 최선을 다하는 것이 용기라는 역설적 가르침이기 때문이다.

《장자》〈거협편(胠篋編)〉에 "방안에 감추어둔 것을 미루어 아는 것이 예지(聖)이고, 앞장 서는 것이 용(勇)이고, 맨 뒤에 나오는 것이 의(義)이고, 가부를 미리 아는 것이 지(知)이며, 고르게 나누는 것이 인(仁)이다. 이 다섯 가지를 갖추지 못하고 도둑이 된 자는 천하에 없다."는 말이 있다.

우리는 성공을 위해 신의를 버리고 약자를 짓밟고 일확천금을 꿈꾸지만, 그것은 용기가 아니라 악행이며 그것을 통해 얻은 것들은 스스로를 사회의 일원에서 내치는 것이다. 그것은 인간답지 않은 일이며, 스스로 인간으로서의 의무와 권리를 폐기하는 것이다.

때문에 진정 성공을 꿈꾸는 사람일수록 현재에 최선을 다하고, 작은 것에 충실하며, 관계를 중시하되, 만약 인의가 어긋나고 관계를 부정하는 장면을 보면 과감하게 용기를 내어 그것과 맞서 싸우는 것이 바로 당신을 가장 인간답게 하고 가장 높은 곳으로 이끌게 될 것이다.

성공을 꿈꾸거든 원칙을 지켜라.
성공을 꿈꾸거든 인의예지를 마음에 새겨두라.
성공을 꿈꾸거든 내 가족, 이웃,
동료에게 최선을 다하라.
성공을 위해 원칙을 부수고 타인을 핍박하고,
교만해지고, 도둑질을 하고 싶은 유혹이 들 때면,
그것을 스스로 밀쳐버리는 용기를 내어 바른길을 가라. 비록 그
길이 멀다 하더라도 그 길로 가라.
그리하면 당신은 뜻을 이룰 수 있다.
심지어 당신이 도적질을 한다고 해도
이 원칙은 지켜야 하는 것이다.

통찰은 간과함을 필요로 한다

"꽃을 본다."

　이 말에서 당신과 내가 소통하는 꽃이란 같은 꽃이지만 다른 꽃이다. 우선 '꽃'이라는 말에 당신이 무의식적으로 형상 없이 떠올린 이미지는 꽃이 아니라 '말'이었다. 당신이 이미지로서의 꽃을 만나려면 이 말 다음에 실제 꽃의 모양을 하나하나 그려본 다음에야 당신이 '꽃'이라는 말을 들었을 때 어떤 꽃을 떠올렸는지를 스스로 알게 된다. 이것이 대개 우리가 사물을 인식하는 수준이다.

　당신이 어스름한 새벽에 숲길을 가다가 새끼줄을 보았다. 이때 당신이 새끼줄을 보고 뱀으로 착각해서 움찔하고 놀랐다면 그것은 당신이 받아들이는 오감의 매너리즘 때문이다. 그러나 당신은 순간 물러서서 그것을 자세히 살핀 다음 뱀이라기엔 질감이 딱딱하고, 움직임이 없으며, 길이가 길었다는 것을 알고서야 안도의 한숨을 내쉰다.

이때 새끼줄을 보고 놀라는 당신의 마음은 숲길에 뱀이 있을 수 있다는 두려움이다. 이 두려움은 때때로 당신을 보호하지만 때로는 당신에게 숲을 즐길 수 없게 하는 마음의 올가미가 된다. 이렇듯 우리는 통찰적인 부분과 미시적인 부분의 대립 속에 살아간다.

숲길에서 뱀을 밟을까 두려워 땅만 보고 걸어간다면 당신은 그 숲을 지난 다음에도 그 숲에서 들리던 아름다운 새소리와 들꽃의 아름다움, 하늘을 향해 뻗은 나무들의 군무를 알지 못한다. 그러나 당신이 숲을 느끼고 오래된 나뭇등걸에 자란 작은 들풀에 취할 때 언젠가 뱀에게 발을 물릴 수도 있다. 그래서 통찰은 간과를 필요로 한다.

이번에는 김춘수 시인의 〈꽃〉을 감상해보자.

내가 그의 이름을 불러 주기 전에는
그는 다만
하나의 몸짓에 지나지 않았다.
내가 그의 이름을 불러 주었을 때,
그는 나에게로 와서
꽃이 되었다.

내가 그의 이름을 불러 준 것처럼
나의 이 빛깔과 향기(香氣)에 알맞은
누가 나의 이름을 불러다오.
그에게로 가서 나도

그의 꽃이 되고 싶다.

우리들은 모두
무엇이 되고 싶다.
너는 나에게 나는 너에게
잊혀지지 않는 하나의 눈짓이 되고 싶다.

이 시에 등장하는 꽃은 대상이다. 그리고 그것을 불러주는 '나'
는 그것을 인식하는 주체다. 지금 이 순간 설악산 계곡의 어느 골
짜기에 피어 있는 아름다운 꽃 한 떨기는 스스로 피어 있지만 없는
것이다. 그 꽃은 누군가의 눈에 띄어 '꽃'이라는 인식이 덧씌워지
지 않는 한 꽃이 아니다.

우리가 인식하는 세계가 그렇다. 인간이 인식하는 세계는 지극
히 작고 편협하다. 전 우주를 생각하고 흘러간 억겁의 세월을 생각
하면 지금 이 순간 우리가 알고 있는 세상은 한 점의 먼지에도 미
치지 못한다. 지금 우리가 모르는 시간의 저편, 공간의 저 너머에
무엇이 존재하고 무엇이 기다리는지 우리는 알지 못한다. 때문에
우리가 아는 한 줌의 지식은 미시적으로 접근하면 할수록 한계에
부닥친다.

우리가 지구를 알고 은하와 태양계를 다 안다고 해도 시공간이
만들어낸 거대한 차원의 공간에서는 그것 역시 한 줌의 먼지일 뿐
이다. 그래서 이치를 알기 위해 양적인 지식에 집착하면 마치 남극
에서 길을 잃어버린 탐험가처럼 우리는 영원히 이치의 주변을 맴

돌 뿐 그것을 깨달을 수 없다.

격물치지(格物致知)의 원리는 그래서 중요하다. 사물의 이치를 깨닫기 위해 죽도록 그것을 부여안는 것이 격물치지다. 양명학(陽明學)의 아버지 왕양명(王陽明)은 어린 시절에 격물치지를 위해 뜰 앞의 나무를 하루 종일 보고 또 보았다고 한다. 나무가 자라는 이치가 어떠한지, 봄바람과 가을바람이 나무의 삶에 어떤 영향을 미치는지, 나무가 잎을 틔우고 꽃을 피우는 과정을 아침부터 저녁까지 심지어는 침식을 전폐하고 들여다보느라 청년기를 다 보냈다.

물론 그것에서 그가 얻은 이치는 없었으나 그는 그것으로 일생을 통해 이루어낼 학문의 모든 준비를 끝냈다. 심지어 바위와 마주앉아 이치를 궁구(窮究)하는 마음과 인내는 그가 생각한 "꽃을 보지 않으면 꽃은 없다."는 암중화(巖中花)의 인식론을 이끌어냈고 그는 양명학의 태두로 우뚝 서서 한국의 실학사상에까지 깊은 영향을 남긴다.

동서고금을 통틀어 이치에 닿은 사람은 모두 그러했다. 그들은 초인적인 인내와 노력으로 눈에 보이고 귀에 들리는 이상의 이치를 탐구했다. 모두가 꽃을 보고 "꽃이다."라고 할 때 꽃이 피고 지는 이치를 보고, 모두가 "눈이 내린다."고 할 때 자연의 순환을 생각했으며, 누군가가 상(喪)을 당하면 기의 순환과 인식을 뛰어넘는 윤회의 사상으로 연결 지었다. 이것은 이치를 구하는 방식의 문제가 아니라 이치를 접하고자 하는 자세를 상징한다.

우리가 고작 한 줌의 지식으로 수백만, 수천만이 부딪치는 곳에서 이길 수 있다고 생각한다면 그것은 교만이다. 사회는 살아 움직이는 생물이다. 그 안에서 성공을 꿈꾸는 것은 나를 제외한 수천만 으로 이루어진 거대한 가상의 생명을 상대로 어르고 달래는 치열 한 전투를 치루는 것과 같다.

성공을 생각하거든 먼저 당신이 세상에서 가장 어리석고 못난 사람이라고 자인하는 데서 출발하라. 지금 당신의 작은 지위가 또 는 지식이, 혹은 재산이 남보다 많고 우월하다고 생각되거든 그 모 든 것이 단지 우연일 뿐 지금까지 주어진 행운이 앞으로도 이어질 것이라고 생각하지 마라. 그리고 당신이 지금 아무것도 가진 것이 없고 스스로 누추하다고 여겨지면 다행스러운 일이라고 생각하라. 당신은 버릴 것이 별로 없기 때문에 차라리 채우기 쉽다.

어설프게 알고 어설프게 가지면 그것을 버리지 못하는 미련이 더 괴롭고 힘들게 한다. 성공을 꿈꾸거든 쓸데없는 것들은 모두 버리고(간과하고) 통찰력(이치)을 키우라. 한 가지의 이치를 깨달으면 다른 이치를 여는 눈은 저절로 열린다.

의심하고 또 의심하라

"의심하라."

불가에서 이치를 궁구하는 방법 역시 의심하는 것이다. 도를 득한 스님들은 혹독한 과정을 거친다. 그들은 수십 년간 바위굴에 들어 앉아 문밖에 나서지 않고, 그곳에서 앉은 채 잠을 자며 몸을 누이지 않았다. 그러면서 그들은 대부분 미쳐갔고 그 중에 아주 드문 소수의 선각자들만이 이치를 깨닫고 노래하며 어깨춤을 추었다.

그들이 이치를 발견하는 데 필요한 것은 책이나 기존의 가르침이 아니었다. 그들은 책을 불사르고 문자를 버리고 인식을 뒤집었다. 불립문자(不立文字), 교외별전(敎外別傳), 직지인심(直指人心)이라는 불가의 말은 스스로를 노리는 화살이요, 시퍼런 날로 심장을 노리는 단검이었다. 그들은 단 하나의 화두를 들고 의심이 풀릴 때까지 그것을 되뇌고 의심에 의심을 거듭했다.

그것은 고매한 사상도 거창한 철학도 아니었다. 그들에게 타파의 대상은 관념이고 상식이었다. 그들은 문고리를 잡고 깨치고, 겨울철 얼음을 깨고 세수하다가 개울물에 비친 자기 얼굴을 보고 깨쳤다. 그들이 깨친 것은 깨우친 것과 다르다. 그들은 존재하는 숨겨진 이치를 관찰하여 깨우치는 것이 아니라 이미 정해진 관념의 벽을, 또는 상식의 두터운 경계를 박차고 깨부순 것이다. 그래서 도는 깨우침에 있지 않고 깨침에 있는 것이다.

손자는 경계해야 할 다섯 가지 상식, 즉 '오변의 계(五變의 戒)'를 이야기하며 이 상식의 위험을 경고한다. 길이 있으면 그것을 지나가는 것이 상식이지만 지나가서는 절대로 안 되는 길이 있다. 적이라면 반드시 싸워서 이겨야 하지만 쳐서는 안 될 적이 있다. 작은 성(城)이라 할지라도 피해야 할 성이 있다. 아무리 작은 땅이라도 쳐서 취하면 안 되는 땅이 있다. 임금의 명령이라 하더라도 복종하지 않아야 할 명이 있다.

이것은 무조건적으로 따르는 상식의 위험을 경고하는 절창(切創)이다. 비록 임금이라 하더라도 광해군, 연산군과 같은 군주를 따르면 반드시 화가 있고, 상관의 명이라도 천안문이나 광주에서의 발포처럼 따라서는 안 되는 명이 있다. 또 티베트나 체첸처럼 지배해서는 안 되는 땅이 있고, 킬링필드의 학살처럼 가서는 안 되는 길이 있다.

따라야 할 상식과 깨어야 할 상식

우리는 상식과 관념에 지배된다. 하지만 성공을 꿈꾸는 사람은 따라야 할 상식과 깨어야 할 상식을 구분할줄 알아야 한다. 모두가

가는 길이라고 해서 바른 길은 아니고 모두가 하는 일이라고 해서 옳은 일은 아니다.

당신이 상식이라고 여기는 것을 끊임없이 의심하고 회의하라. 누가 당신을 부추기면 그것은 그가 궁벽하다는 뜻이고, 누가 갑자기 말이 많아지면 그것은 당신에게 감출 것이 있다는 뜻이며, 누가 갑자기 집을 팔면 그가 떠나려는 것일지도 모른다.

머릿속으로 상상하고 이루지 못하는 관념은 그림 속의 빵과 같다. 그것은 하등 내 배를 불려주지 못하면서 오히려 나의 의지만 약화시킨다. 그것은 때로는 합리화로 때로는 패자의 망상과 변명으로 남을 뿐 관념의 벽을 깨고 나서지 못하면 성취는 없다. 성공하기를 원하는가? 그렇다면 상식을 깨라.

성공하는 사람은 상식을 깨는 사람이며 이때 그가 깬 상식은 바로 안주와 매너리즘이다. 또한 성공하는 사람은 관념의 벽을 깬다.

이면을 읽어라

모순이 가진 교훈을 생각해보자. 이것은 단순히 이율배반을 이야기하는 것이 아니다. 모순은 바로 이치를 이야기하는 것이다.

《주역》에 무극에서 한 번 움직이니 양이 일어나고 한 번 뒤집으니 음이 일어나 태극이 된다고 가르치듯 사물의 이치는 반드시 양면성을 가지고 있다. 음과 양은 그것을 가르치는 것이다. 남자와 여자, 낮과 밤, 부자와 빈자는 모두 양극단이지만 동시에 같은 속성을 지닌다. 그것은 새로이 만들어진 별개의 문제가 아니라 하나가 뒤집어 다른 하나가 되는 것이다.

남자와 여자도 기본적으로는 사람이라는 범인(凡人)에 속하고 부자와 빈자는 뒤집으면 거꾸로 빈자와 부자가 될 가능성의 크기를 말하는 것이며, 낮과 밤은 곧 다가올 어둠과 빛을 담고 있는 것이다. 차가운 얼음은 시간이 지나면 녹고, 뜨거운 물은 언젠가는 식기 마련이다. 태양도 언젠가는 그 에너지가 소진될 것이고, 지구도 언젠가는 블랙홀로 남아 흔적도 없이 사라질 것이다.

때문에 세상에 모든 일 중 십중팔구는 뜻대로 되지 않고, 내가 내린 판단 중 열에 아홉은 기대와 다르다. 그러므로 성공을 꿈꾸는 당신의 생각은 항상 그 다음을 생각하고 모순의 조화를 이해하는 것이어야 한다.

싸움에서 나의 힘이 강함을 믿고 적의 힘을 알지 못하면 대부분의 전투에서 승리한다고 해도 결국 한 번은 크게 져서 멸망하게 되는 화근이 됨을 알고, 돈을 가지면 여유로운 부자의 마음보다 가난한 빈자의 마음을 염두에 두고 그것을 써야 뒤탈이 없다. 투자를 해도 내가 주식을 잘 안다고 주식만 쳐다보면 기회를 놓치고, 내가 땅을 잘 안다고 땅만 사들이면 문제가 생긴다.

무엇을 준비할 때는 그것의 좋은 결과 10가지보다 그것이 잘못될 100가지를 먼저 생각하고, 무엇을 배울 때는 아는 10가지보다 몰랐던 100가지를 더 배워야 한다. 인간은 교만하다. 그런데 그 교만의 결과는 자기가 아는 범주에서만 생각하게 한다. 따라서 내가 그것의 이면을 이해하기 전에는 절대로 나를 믿지 말고, 일단 내가 그것을 믿었다면 이쪽저쪽 돌아보는 좌고우면하지 말고 결행하는 것이 좋다.

나를 부정할 때 상대가 보인다

이 세상의 가장 큰 적은 바로 자기 자신이다. 이렇게 자신을 철저히 부정하고 나를 의심하면 그제야 상대가 보이게 된다. 상대는 언제나 표정으로 나를 대한다. 내가 상대방에게 보여주는 내 모습이 나의 전부가 아니듯이 상대가 내게 보여주는 것도 그의 전부가 아니다.

상사에게 건의를 할 때 상사의 생각을 읽을 수 있는가? 혹은 투자를 할 때 지금 시장이 내게 보여주는 것들을 얼마나 믿을 수 있는가? 당신을 고용한 오너가 실제로는 돈을 벌고자 복지사업을 시작하는데 당신이 사회봉사에 합당한 계획을 가지고 가면 그는 당신 앞에서 웃으면서도 함께 일할 수 없는 사람이라 여길 것이다. 반대로 오너가 진정 뜻 깊은 일을 하고자 하는데 당신이 손익계산서를 먼저 내밀면 당신을 신의가 없는 사람이라 여길 것이다.

사업을 시작할 때는 그것으로 벌 수 있는 이익을 먼저 세우지 말고 그것으로 잃을 수 있는 손해를 먼저 점검하고, 당신이 실패하였을 때 그것에 절망하기보다는 지금 다시 일어설 수 있는 작은 희망이 무엇인지를 먼저 찾아야 한다. 이것은 쉽지 않은 일이지만, 가능한 일이다.

성공하고자 한다면 사물이 보여주는 것보다
그것의 이면을 동시에 파악하는 능력을 먼저 키워라.

부자가 되는 길

부를 꿈꾸는 3단계

우리 시대 사람들의 부에 대한 목표는 생각보다 훨씬 소박하다. 사람들은 가능성이 적다고 판단되는 일일수록 그것을 과장하고 확대해서 표현하는 습관이 있기 때문에, 실제 "얼마만큼의 부가 필요한가?"라는 물음에는 대개 "다다익선"이라는 식으로 반응한다. 하지만 실제 속내마저 무조건 많은 부를 목표로 하는 것은 아니다.

 1단계의 부 : 일용할 양식을 위한 부

대개 이 시대의 보통 사람들이 생각하는 일차적인 부는 일용할 양식에 관한 부분이다. 이 나라의 건강한 가정의 건실한 가장들이 가지는 가장 큰 목표는 "나와 내 가족이 일용할 양식에 대해 걱정하지 않는 것", 나아가서는 "그 상태가 나이가 들거나 은퇴를 하거나, 혹은 실직이나 사고와 같은 불의의 환경에 처했을 때도 변함없이 유지되는 것" 아마 그 이상도 이하도 아닐 것이다.

그래서 많은 사람들의 진짜 속내는 매일같이 고등학교 3학년 교실에서 수능시험 예상 점수를 계산해보며 한숨을 짓는 아이들의 마음과 그리 다르지 않다. 아이들이 매일같이 하루에 한 문제만 더 맞추겠다는 각오로 공부하면 1년 만에 365점을 더 얻을 수 있다고 계산해보는 것과, 가장들이 자신의 아파트 시세와 저금통장의 평가액을 더해보며 만약 지금 당장 실직한다면 한 달에 이자수입이 얼마나 될까를 계산해보는 심리는 오십보백보이다.

혹자는 과거에 비해 생활수준이 풍요로워져 빈곤감을 대치할 수 있다고 하지만 기본적으로 인간의 박탈감이란 상대적인 것이다. 과거 호롱불 아래에서 보리밥이라도 배불리 먹지 못하던 시절에 비하면 길거리 노숙자들의 배가 더 부를 수도 있지만, 대신 지금은 과거보다 훨씬 많은 비율의 상대적 부자들이 존재하기 때문에 나머지 사람들의 존재감을 더욱 궁핍하게 만든다.

우리가 정말 추구하는 부의 본질은 무엇일까?

잠시만 한눈을 팔면 사방에 신흥 부자들이 생겨나고, 신문에 등장하는 '바다이야기' 게임장 업주의 한 달 벌이가 수억 원대라는 이야기를 들으면 수완 없고 주변머리 없는 내 삶이 더욱 고달파진다. 하지만 그것도 잠시, 역시 대다수의 사람들의 가장 큰 고민은 여전히 지금 당장의 일용할 양식이다. 그러고 보면 빈곤감의 일차적 원인이 상대적이라는 말도 그리 설득력이 있는 것은 아니다. 상대적 부에 대한 박탈감은 그나마 일용할 양식이 해결된 사람들이 말하는 배부른 논쟁일 뿐 여전히 우리는 절대적 기준에서의 빈곤에 허덕이는 것이다.

왜냐하면 여기에서의 일용할 양식이란 문자 그대로 단지 '양식'을 지칭하는 것은 아니기 때문이다. 그것은 나와 내 가족이 최소한의 인간적 존엄성을 유지하면서 살 수 있는 수준의 경제적 능력을 말하는 것이다. 이 안에는 한 달에 한번쯤은 아이들과 여행을 다녀올 수도 있고, 한 달 내내 고생한 아내의 손을 이끌고 고기집을 찾을 수도 있고, 그리고 나의 미래를 위한 적금과 보험 등을 붙이고 살아갈 수 있는 주택을 소유하는 것 등이 있다. 더구나 이때 가장 큰 전제는 이 정도 지출에 대해서는 큰 스트레스를 받지 않고 기꺼이 부담할 수 있다는 것이다.

어떤 사람은 그 정도라면 이미 부자라고 할 수 있지만, 부자들이 과거보다 늘어난 부에 비하면 과거 보통사람들의 삶도 이 정도 수준은 유지할 수 있어야 하는 것이다. 하지만 우리는 대개 그렇지 못하다. 또 설령 당신이 지금은 여기에 해당한다고 하더라도 미래 20년, 30년 후에도 그럴 수 있어야 한다는 강박으로부터 해방되어 있는 사람은 생각보다 많지 않다. 만약 당신이 이 두 가지의 전제가 이미 충족되어 있다면, 이제 당신이 바라는 추가적인 부는 생존으로서의 부가 아니라 장식으로서 부, 혹은 도구로서의 부를 취하려는 목적을 가지고 있는 것이다.

2단계의 부 : 잉여를 누리는 부

그렇다면 이런 형태의 부란 무엇일까? 일용할 양식에 대한 준비를 마친 당신은 이미 잉여를 누리는 사람이다. 이 잉여는 두 가지 종류가 있다. 한 가지는 현재 내 삶을 확장함으로써 타인에 대한

(이 시대의 대다수에 대한) 상대적 우월감을 즐기는 사람이 되는 것이고, 나머지 한 가지는 부 그 자체를 하나의 철학으로 혹은 성취의 동기로, 삶의 목적으로 삼는 것이다. 이런 수준의 부를 2단계의 부라 부르자.

이때 당신의 목적은 그랜저나 체어맨을 타고, 완벽한 방호가 제공되는 주상복합으로 주거지를 옮기며, 당신의 자녀에게 타고난 능력 외에 플러스알파를 보태주는 사교육을 시키게 되기를 꿈꾸는 것일 수도 있고, 경우에 따라서는 그 나머지를 누군가에게 덜어주고 나누는 삶을 목표로 할 수도 있다.

하지만 한 가지 분명한 것은 이것은 우리에게 주어지든 그렇지 못하든 크게 문제가 없다. 문자 그대로 이룰 수 있으면 좋지만 도달하지 못하더라도 문제가 없는 삶, 그것이 바로 일용할 양식을 준비한 당신의 부에 대한 철학이다.

때문에 일용할 양식을 위해 투쟁하는 자와, 잉여를 위해 분투하는 자의 갈망과 의지는 현저하게 다를 수밖에 없다. 전자는 생존이지만, 후자는 장식이기 때문이다.

3단계의 부 : 권력이자 독배가 되기도 하는 부

마지막으로 큰 부자, 즉 우리가 재벌급이라고 규정하는 부를 목표로 하는 경우는 처지나 상황이 아주 다르다.

이것은 시대를 규정하거나, 혹은 시대를 선도하는 부를 축적하는 것을 말하고, 또 내가 가진 부가 나의 통제를 벗어나는 것을 받아들이는 것이다. 이 정도의 부는 내가 아무리 쓰려도 해도, 전부

쓰지 못하고 단지 부를 늘리는 그 자체에 매달리는 것이다. 돈이란 내가 쓰려고 할 때 모두 쓸 수 있는 것이어야 한다.

당신이 단순히 '부자'가 아니라 정말 시대를 대표하는 부를 일구는 데 성공한다면 그것은 단지 당신의 목표를 이룬 성취감에 지나지 않을 뿐, 이미 부가 아니다. 당신은 어떤 경우라도 당신이 소유한 부로부터 벗어나지 못하고, 당신은 그 부의 노예가 되어 평생을 그것을 지키고 늘리고 관리하는 데 봉사하게 된다. 그때부터는 내가 부의 주인이 아니라 부가 나의 주인이 된다. 내가 가진 수천억 원, 수조 원의 재산이 어떻게 늘어나는지 줄어드는지가 보이지 않고, 나는 단지 그 '부'를 이유도 없이 단지 말똥구리처럼 굴리며 일생을 부를 위해 헌신하게 된다.

이런 수준의 부는 주어진다고 하더라도 거부하는 것이 좋다. 그것은 돈이 아니라 '권력'이고 '기준'이며, 때에 따라서는 나를 죽이는 독배(毒杯)가 되기도 하는 것이다. 돈에 대한 철학이나 가치관이 확고하고, 부를 다루는 그 자체를 장인정신으로 바라보는 안목이 없다면 대개의 사람들에게 그것은 불필요한 짐이며 고(苦)일 뿐이다. 이것을 3단계의 부라고 하자.

1단계의 부를 위한 재테크

이제 입장을 정리하자. 지금 우리가 필요로 하는 부, 즉 1단계의 부는 일생동안 걱정 없이 일용할 양식을 해결하는 수준으로 정하자. 만약 거기서 굳이 과욕을 부린다면 잉여의 몫까지 늘리는 것, 즉 2단계의 부를 목표로 하자. 당신이 재테크로 이룰 수 있는 범위는 바로 여기까지다. 만약 당신이 3단계의 부, 즉 시대적 부자를 갈망하는 사람이라면 당신이 재테크에 관한 공부를 하고 재테크에 관심을 가지는 그 자체가 이미 그 목표로부터 멀어지는 지름길이 된다.

그렇다면 1단계의 사람들, 이 시대의 대부분의 가장들, 혹은 청년들은 이 목표를 이루기 위해 어떤 재테크를 해야 하고, 그 결과는 과연 어떨까?

안타깝게도 이것이 가장 힘들다. 왜냐하면 부란 구심력을 가지기 때문이다. 부는 그 크기가 클수록 위기를 기회로 만들고, 가진 부의 크기가 작으면 작을수록 기회를 위기로 만들기 때문이다.

예를 들면, 유전 징후가 있는 대륙붕을 한번 탐사하는 데 1억 원이 든다고 가정하자. 그런데 석유 시추에서 성공할 확률은 10퍼센트 정도이다. 그러나 이 탐사에서 석유가 발견된다면 그 가치는 100억 원이다. 이때 당신에게 1억 원의 돈이 있다면 당신이 이 사업에 뛰어드는 것은 무모한 도박이다. 하지만 당신에게 10억 원이 있다면 그것은 당신의 부를 결정적으로 늘려줄 절호의 기회다. 이것은 곧 리스크와 기회란 부의 크기에 따라 달라지는 개념이라는 것을 알 수 있다.

최근 자산규모 1,500억 원의 한국기업지배구조개선펀드(KCGF), 일명 장하성 펀드가 대한화섬의 지분 5퍼센트를 취득하자 대한화섬의 시가총액이 단 이틀 만에 2,000억 원까지 늘었다. 그러나 만약 당신이 대한화섬의 주식을 매수했다면 십중팔구는 오히려 주가가 하락했을 것이다.

당신이 1,000억 원의 자산가라면 종합주가지수가 100포인트씩 하락할 때마다 지속적으로 10억 원씩을 사들일 수 있고, 그 결과 설령 지금부터 대세하락이 시작되더라도 나라가 망하지 않는 한 시기의 문제일 뿐 당신은 최악의 경우에도 반드시 투자한 돈을 회수하고도 남는 충분한 이익을 올릴 수 있다. 더구나 이때 투자된 돈은 당신 자산의 고작 5~10퍼센트일 뿐이다.

하지만 1,000만 원이 전 재산인 당신은 이런 방식의 투자를 할 수도 없고 해서도 안 된다. 그것은 당신의 잉여가 아니라 전부이기 때문이고, 또 당신이 가야 할 길이 너무 멀어서 당신은 언제까지나 그것을 여유만만하게 기다릴 수가 없을 것이기 때문이다.

안타깝지만 그렇기 때문에 부자가 아닌 사람이 부자가 되기란, 부자가 더 부자가 되기보다 100배나 힘들고 위험하고 어렵다. 따라서 당신은 불가피하게 리스크를 안고 높은 수익률을 올려야 하지만, 사실 당신이 그런 생각을(높은 수익률) 하고 있는 이상 당신이 무엇을 하든 그 자체가 곧 위험이다. 그래서 당신은 두어 번의 성공과 실패를 반복하고, 운이 좋아 1,000만 원이 5,000만 원이 되더라도 다시 1,000만 원, 혹은 500만 원이 되기가 쉽고, 이런 일이 반복될수록 결국 당신의 성과는 50퍼센트에 수렴하게 된다(사실은 그 과정에서 들어간 비용으로 인해 대개는 더 줄어들게 된다).

그렇다면 대체 어떻게 해야 할까?

당장 눈에 보이는 계산법으로는 무슨 수를 써도 일용할 양식을 확보할 수 없는데, 그렇다고 고수익을 쫓지도 말아야 한다면 그저 좌절을 씹으면서 세상을 한탄하고 말아야 하는 것일까?

솔직하게 말하면 당신이 가장 유리한 방법은 고수익을 추구하되 당신의 범주에서 가능한 한 리스크를 기회로 만들어나가는 수밖에 없다. 즉 투자를 하고 재테크를 하되 당신은 그와 더불어 재테크 외의 부분에서도 부단히 수익을 늘려 가면 지금 당신이 가진 리스크가 그만큼 기회로 바뀐다는 것이다.

5,000만 원의 전 재산을 주식에 투자했다면, 혹은 5,000만 원을 빌려서 1억 원을 부동산에 투자했다면 그리고 그 외에는 단돈 만 원의 여유도 없다면 이미 당신의 투자는 리스크의 그물에 갇혀 버리는 것이다. 하지만 당신이 더 열심히 일하고 노력해서 매월 100만 원씩의 추가 수익을 당신의 본업에서 낼 수 있다면 시간이 흐르면 흐를수록, 당신의 리스크는 기회로 바뀌게 된다.

자산가치란 결국 단기적으로는 파동을 그리며 등락을 거듭하는 것이지만, 멀리 보면 반드시 증가하는 것이다. 따라서 설령 당신의 투자가 지금 당장은 여의치 않더라도 결국에는 그것을 보전하는 시간을 벌 수가 있고, 당신은 그것을 기다릴 여유를 얻을 수 있다.

재테크는 인내심이라는 양분으로 자란다. 당신이 일용할 양식이라는 일차적 목표가 절박하면 할수록 스스로의 본업에서 조금이라도 더 나은 성취를 이루어나가야 하고, 재테크란 그러한 전제에서 당신에게 희망이 될 수 있는 것이다.

2단계의 부를 위한 재테크

이번에는 1단계의 목표가 이루어진 사람들이 2단계의 부를 얻기 위해 재테크를 하는 경우를 생각해보자.

이것은 앞서의 경우보다 훨씬 가능성이 높고, 실제로 성공의 확률도 높다. 당신은 이미 두번째 단계의 목표는 이루면 좋고, 설령 이루지 못하더라도 도리가 없다는 생각이 깔려 있다. 또 이 경우에는 절박함이 없고, 내가 가진 부의 전부를 던질 이유도 없으며, 실제 그리하지도 않기 때문에 당신은 이미 리스크로부터는 상당히 해방되어 있는 사람이다.

이런 범주에 드는 사람들은 굳이 그것을 알려주려 들지 않아도 스스로 자산을 배분한다. 이때 그 사람의 투자자산은 리스크로부터 상당히 보호를 받는 포트폴리오를 구성하고 있기 때문에 비록 수익률이 획기적으로 높지 않더라도 안정적이고 누적적으로 자산을 증가시키게 된다. 사실 이 경우가 재테크에 있어서는 가장 유리하고 성공가능성이 높다. 그래서 본인의 노력으로 재테크에 대한 안목만 키우면 수익률도 높아질 수 있고, 많은 성과를 거둘 수 있다.

이것은 냉정하게 보면 앞서 1단계에 해당하는 다수의 절박한 사람들이 잃어버린 판돈을 느긋하게 나누어 챙기는 상황을 만들어낸다. 좀더 솔직하게 말하면 가장 좋은 방법은 1단계의 부는 자신의 노력으로 스스로의 본업에서 이루고, 2단계의 부는 재테크로 이루는 것이 가장 합리적이다.

하지만 사람들은 대개 조급하다. 그리고 신랄하게 말하면 그 내면은 스스로의 본업에서 더 많은 성취를 이루기 위해 고생하기를 두려워하고, 재테크에서 좀더 쉽고 편한 길을 찾으려는 것이다.

그러나 세상의 모든 리스크에 노출된 1단계에 해당하는 사람들이 재테크를 통해 다음 단계로 넘어가기란 동일한 돈을 벌기 위해 더 많은 일을 하는 것보다 어렵다. 물론 가능성이 없는 것은 아니지만 리스크를 전부 기회로 바꾸는 역량이란 그야말로 피눈물 나는 공부와 노력을 필요로 한다.

"이로운 말은 귀에 거슬리고, 몸에 좋은 약은 입에 쓰다."고 했다. 하지만 반드시 고민해보라. 혹시 내가 재테크를 통해 얻으려는 것이 좀 쉽고 편하게 큰돈을 벌고 싶은 욕망은 아닌지? 만약 그렇다면 당신은 이미 파울라인에 발을 디디고 출발 신호를 기다리고 있는 것이다.

3단계의 부를 위한 재테크

시대를 관통하는 부, 혹은 시대를 규정하는 부를 얻고자 노력한다면 지금 당장 재테크 따위는 잊어버려야 한다. 그것은 시대의 변화에 대한 통찰, 산업의 미래와 정치·사회적인 변화에 대한 동물적 감각, 그리고 용기와 운이 동시에 따라야 한다. 그것은 돈을 굴려서 얻어지는 것도 아니고, 그것을 목표로 삼는다고 이루어지지도 않는다. 그저 당신의 통찰과 안목이 시키는 대로 묵묵히 나아갔을 뿐인데, 어느 날 당신에게 주어지는 산타클로스의 선물과 같은 것이기 때문이다.

다만 이 마지막 3단계의 부자가 된다면 당신은 이제 부자가 되는 과정보다 부자로 사는 것에 대한 고민이 필요하다. 앞서 말한 대로 이 정도의 부를 이루는 것은 오로지 과정의 결과물이지 목표는 아니었기 때문이다. 처음에는 안목을 믿고 나아갔을 뿐이지만, 그 결과 부자가 되면 그때부터는 그 부를 통제할 능력을 잃어버리기가 쉽다. 놀랍게도 이런 사람들은 자신의 성취를 스스로 '운'이라고 평가절하해버리는 실수를 범하곤 한다.

IT시대의 도래를 예측하고 맨손으로 시작한 벤처 사업가가 큰돈을 손에 쥐게 되면, 그 과정을 복기(復棋)하기보다 주어진 돈에 열광하고, 당황하며 나중에는 스스로의 성공 과정을 잊어버린다. 그다음에는 순식간에 주어진 부의 노예가 되어 나중에는 그것에 만족하지 못하고 더 많은 부를 늘리는 데만 집중하다가 결국에는 파멸을 맞이하는 경우도 많다.

돈이란 일정 수준 이상이 쥐어지면, 그때부터는 그것의 구심력으로부터 도피하고, 나를 지키려는 노력이 더 필요하다. 그래서 정주영 씨처럼 자수성가한 부자들이 마지막까지 떨어진 구두와 헤진 단벌 양복을 고수하는 것은 단순히 융통성이 없거나 미련하기 때문이 아니다. 그들은 과정을 통해서 돈이 무엇인지를 이미 알고 있기 때문이고, 그래서 그들은 진정한 부자일 수 있는 것이다.

정리하면 당신이 1단계의 부를 목표로 한다면 재테크와 삶, 이 두 가지를 조화롭게 공존시키면서 그 누구보다 치열하게 살아야 한다. 다른 사람보다 부자가 되려면 다른 사람보다 재테크에 대해 많이 아는 것도 중요하지만 다른 사람보다 1시간 덜 자고, 1시간 더 일하면서 스스로를 담금질한다면 당신은 이미 그 과정만으로도 재테크의 승률을 상당히 높이는 것이다.

당신이 2단계의 부를 목표로 한다면 그때는 재테크의 노하우와 지식을 충분히 습득하고, 스스로를 적절하게 통제하면서 자근자근 목표를 밟아나가는 것으로 충분하다.

　마지막으로 시대를 대표하는 부자가 되려면 지금 당신의 머릿속은 주식시세나, 아파트 가격이 아니라 다음 시대를 주도할 새로운 물결을 고민하고, 그것이 눈에 보이는 순간 당신의 전 생애를 걸고 뛰어들어야 할 것이다.

평균의 움직임을 주시하라

환경문제가 뜨거운 화두로 떠오를 때마다 우리는 문제의 심각성에 대해 진지하게 고민한다.

새만금을 지키기 위해 김용옥 교수가 크레인 위에 올라가서 1인 시위를 하는 모습은 지식인의 의무일 수 있고, 천성산 도롱뇽을 지키기 위해 지율스님이 목숨을 건 단식을 하는 것도 생명을 중시하는 종교인의 입장에서 보면 아름다운 일이다.

이 문제를 더 크게 본다면 역설이 성립할 수 있다. 예를 들어 지금 우리가 동경하는 자연의 삶으로 돌아가기 위해 5,000만 전 국민이 산으로 들어가서 통나무집을 짓고 땔감을 태워 난방을 한다면 어떤 일이 벌어질까? 또 5,000만의 인구가 모두 농약을 치지 않은 유기농 농산물만 고집한다면 어떻게 될까?

그리고 공해를 없애기 위해 모든 화학공장을 폐기 처분하고, 원자력 발전소를 없애고, 기름을 때는 화력발전소를 풍력이나 수력 발전으로 돌리면 어떻게 될까? 이 경우 그 많은 사람들이 필요로 하는 수원은 어디서 감당하고, 그 많은 사람들이 입을 옷과 연료와 식량은 어떻게 조달할지를 생각해보지 않을 수 없다.

아름답던 산천이 가든과 모텔로 뒤덮이고, 삼천리강산의 허리가 고속도로로 잘려나간 것이 과연 인간이 더 가지려는 단순한 이기심 때문일까? 아니면 늘어나는 인구를 감당하기 위한 인간 자체의 자기 노력일까?

동물의 세계에서는 개체가 증가하면 스스로 개체를 줄이지만 인간은 스스로 개체를 줄이기보다 자신의 영역을 확대하고 홀로 살아남기 위해 지속적인 파괴를 자행한다. 그러나 만약 인간이 아직은 스스로 개체를 줄일 수밖에 없는 시기까지 도달하지 않았을 뿐, 언젠가 인간 역시 한계에 이르면 스스로 개체를 줄일 수밖에 없을 것이라는 측면에서 이 문제를 생각한다면 어떻게 될까? 그리고 인간이 먹이사슬의 최상층부에 있기 때문에 그 시기가 가장 느리게 닥칠 뿐이라는 관점에서 본다면 어떤 해석이 가능할까?

만약 이 역설이 성립한다면 지금 환경운동을 벌이는 사람들은 시대착오적일까? 어쩌면 인간이 현재 파국을 향해 가고 있지만, 이렇게 제동을 거는 사람들이 존재함으로써 결과적으로 그 속도를 조절하며 파국을 면하게 하는 것은 아닐까?

아주 큰 눈으로 본다면 인간이 늘어나는 개체 수는 한계에 이르면 선발 국가부터 서서히 정점에 이르고(우리나라를 보면 알 수 있다), 정점에 이른 국가는 복원을 시작한다(유럽과 미국의 환경을 보면 알 수 있다). 그리고 아직 생존 자체가 절박한 국가는 생존을 위해 파괴를 자행하지만, 결국 그 나라들도 일정 지점에 이르면 성장이 정체되고 복원과 보존이 중요한 문제로 대두되는 시점이 올 수 있다. 그러면 "이 자체가 인간이라는 개체의 자기 조절 과정이 아닐까?"라는 생각을 해본다면 어떤 추론이 가능할까?

보편적 개념은 곧 고정관념이다

우리가 생각하는 보편적 개념은 고정관념이다. 예를 들어 인구는 기하급수적으로 증가하고 식량은 산술급수적으로 증가한다는 인구론은 이미 오류가 증명되었다. 지난 세기 인구는 산술급수적으로 증가하고 식량은 오히려 더 빠른 속도로 늘어났다. 과거 인류는 기아가 가장 큰 고민이었지만 지금은 기아가 큰 문제가 되는 나라는 일부 국가로 국한되고 있다. 지금 방글라데시와 아프리카의 기아는 중세유럽이나 가까이 우리나라의 기근과 비교할 만하고, 《유토피아》가 쓰여질 무렵 감자 한 개를 훔치기 위해 목숨을 걸어야 했던 처절한 상황에는 이르지 못할지도 모른다.

30년 전 석탄의 고갈이 사회적 문제였지만 지금은 석탄의 고갈보다는 석유자원의 고갈이 더 문제가 되고 있다. 석유자원 역시 이미 예상 고갈시점을 넘어서고 있지만 연간 석유 생산량은 더욱 증가하고 있다. 인간은 필요에 의해 석탄에서 석유로 산업을 변화시켰고, 고갈이 예상되던 시점의 석유 가채 매장량은 탐사기술의 발달로 지난 10년간 몇 배로 늘어났고, 더불어 채굴 기술의 발달로 생산량을 급격히 증가시켰다. 더구나 이런 식의 확장 논리는 소수의 선각자들에 의해 제동이 걸리면서 새로운 길을 모색하게 한다.

또 환경이 정말로 인간을 질식시킬 정도로 악화되고 개체가 스스로 줄어들 수밖에 없는 상황에 이르기 전에 선각자들이 부단히 제기한 보호론은 처음에는 소수의 주장이지만 점차 설득력을 얻으면서 또 다시 새로운 패러다임을 만들어갈 것이다. 그런 관점에서 보면 인간만큼 유연하고 생산적이며 현명한 동물은 없다.

평균값이란 무엇이고 어떻게 움직이는가

이렇듯 사물은 어떤 시각으로 보느냐에 따라 희망과 절망의 경계선에 서게 된다. 경제 행위도 마찬가지다. 역사적 자각을 바탕에 둔 큰 눈으로 인간을 살피고, 시야를 좁혀 경제전반을 관조하며, 다시 돋보기를 들이대서 돈을 바라본다면 지금 우리가 다루는 돈이라는 주제도 나름대로 얼마든지 의미를 가질 수 있다.

돈은 천박한 것이고, 상업은 저급한 것이라는 인식은 편협하다. 돈은 인간의 가치를 평가하는 중요한 기준이며, 돈의 흐름은 곧 스스로 얼마나 가치를 부여 받는가에 관한 척도이기도 하다. 과거 돈이란 노동력의 대가이고, 그것을 사고파는 것은 천박한 일이라는 사고는 무형의 가치를 사는 행위 역시 가장 인간다운 행위라는 인식으로 전환할 필요도 있다.

시대는 변한다. 원본의 시대, 복제의 시대를 거쳐 지금은 상징의 시대에 와 있다. 우리는 화폐라는 이름으로 인쇄된 숫자와 모양이 지시하는 크기만큼 가치를 부여하고 그것으로 노동력을 사고판다. 하지만 그것 역시 지금은 계좌라는 이름의 컴퓨터에 나타나는 숫자로 가치를 규정하고 그것의 총량으로 삶과 죽음의 딜레마에 빠지기도 한다. 공장은 주권으로 대체되고, 이 주권은 한 번도 실체를 보여주지 않은 채 은행에서 이체된 또 다른 수치로 사고팔 수 있다.

인간이 언제부터인가 노동 또는 그 생산품을 금이나 은과 같은 불변하는 금속으로 대체하기로 약속을 한 다음부터 그것은 구리로, 합금으로, 다시 종이로, 그리고 컴퓨터상의 신호로 대체되었다. 이 과정에서 인간은 자산을 거래하고 자산을 주고받기에 점점 쉬운 구조로 진화했다.

사실 한 인간의 실제 가치는 아무도 알 수 없지만 우리는 언젠가부터 계좌에 찍히는 숫자의 크기만큼 가치를 규정지었고, 또 그 가치를 거래하면서 불평등이 심화되었다. 그러고 보면 인간의 불평등은 가치를 거래하면서부터 시작되었다고 볼 수 있고, 우리가 가치를 높이는 수단은 기본적으로 이 거래관계를 이해하고 내게 유리한 거래를 하는 것으로 귀착될 수 있다. 그렇다면 유리한 거래를 위해 선행되어야 할 것은 무엇일까?

거래의 기본은 적정 가치를 평가하는 눈이다. 상거래란 적정 가치를 주고받는 행위가 아니라 저평가된 것을 싸게 싸서 제값 또는 고평가된 가격으로 판매하는 것인데, 이것은 기본적으로 내가 산 가격 이상으로 누군가가 사줄 수 있는가라는 점에 핵심요소가 있다.

매수자는 항상 내가 산 가격 이상으로 누군가가 사줄 것이라는 생각을 바탕에 깔고 매수할 것이며, 매도자는 특별한 예외가 없는 한 더 이상 비싼 값으로 팔기는 어렵다는 생각을 하게 된다. 때문에 이 둘의 판단에서 가장 실패할 확률이 낮은 가격이 적정 가격으로 작용하고, 서로가 위험을 부담하지 않기 위해서는 평균 가격을 의식하게 된다.

거래는 평균 가격을 중심으로 정규분포를 보이게 된다. 이때 거래가 중심에 몰려 있는 가장 큰 이유는 중심 부근에서 사고팔아야 지나치게 낮거나 높은 가격에 거래하지 않을 가능성이 가장 크고, 중심에서 멀어질수록 이익은 커지지만 반대로 그것을 사거나 팔아줄 사람을 만날 확률이 낮아지기 때문이다.

이런 평균회귀심리는 비단 거래뿐 아니라 인간의 모든 행동의 바탕에 깔려 있다. 사람이 하는 거의 대부분의 결정은 평균값에 수렴한다. 평균값에서 멀어질수록 그 결정은 오류가 될 가능성이 크고, 평균값에 가까워질수록 손실과 이익의 수준은 낮아진다. 때문에 대부분의 보통 사람들은 이렇게 평균에 수렴하는 생각을 가짐으로써 평균으로 살아가고, 소수의 사람들은 평균에서 멀어짐으로써 물줄기를 새로운 방향으로 돌리거나 아니면 실패한다.

이때 이 사람은 선각자이거나 소외자이다. 이 점은 경제뿐 아니라 정치·사회적인 모든 인간의 행위를 규정하는 원리이다. 예를 들어 당신이 지하도를 건넌다고 생각하자. 복잡한 지하도에서 누군가와 어깨가 부딪혔을 때 당신이 "죄송합니다."라고 말하면서 가벼운 목례를 한다면 당신은 이 시대의 건강한 사회인이다. 그러나 당신이 만약 "에이, 씨."라는 신경질적인 말과 함께 상대를 한번 흘겨본다면 당신은 이 사회에서 꽤 불편한 사람이긴 하지만, 그렇다고 해서 사회적 부적격자라고 할 수는 없다.

어쨌건 이 두 사람은 보편적 범주에 속한다고 볼 수 있다. 그러나 만약 같은 상황에서 상대를 향해 주먹을 날리거나 혹은 극단적으로 주머니에서 칼을 빼서 상대를 찌른다거나 한다면 이 사람은 반사회적 인격장애자일 것이고, 반대로 어깨를 부딪쳤다는 이유로 땅바닥에 엎드려 무릎을 꿇고 용서를 빈다면 희극적인 사람이다. 우리는 일일이 사례별로 교육을 받지 않아도 이럴 때 대개 어떻게 해야 하는지 알고 있다.

그런데 어떤 시점에 만약 공중전화를 오래 사용한다고 다른 사람으로부터 피습을 당하고, 추월을 했다는 이유로 폭행을 당하고, 어깨를 부딪쳤다는 이유로 칼에 찔리는 일이 신문과 방송마다 연일 보도된다면 당신은 이것을 어떻게 해석해야 할 것인가?

살다보면 그럴 때가 있다고 생각해야 하는 것일까? 아니면 확률상 이제는 어깨를 부딪치는 정도로도 위험한 일을 겪을 수 있는 상황이 되었다고 해석해야 할 것인가? 전자에 따른 판단은 평소에 하던 대로 그냥 묵묵히 길을 가는 것이지만, 후자에 따른 판단이라면 당신은 방탄조끼를 코트 안에 겹쳐 입고, 만약의 경우 반격이 필요한 상황을 대비해서 스위스 칼이라도 하나 사서 주머니에 넣고 다녀야 할 것이다.

이때 사회의 반응이 움직이는 방향은 대단히 중요하다. 사회적 평균은 어지간해서는 흔들리지 않지만 그 평균이 강고하면 강고할수록, 평균에 대한 신뢰가 크면 클수록, 평균을 낸 기간이 길면 길수록 그것이 무너질 경우에 사람들의 반응은 격렬하게 나타난다.

처음 한두 사람이 길거리에 방탄복을 입고 나오는 상황은 다소 성급하지만 만약 방탄복을 입은 사람이 그로 인해 목숨을 건지거나, 혹은 주머니에 들어 있던 스위스 칼이 반격의 계기가 되어 그 사람이 위기에서 벗어나는 일이 발생하면 한 사람, 두 사람씩 점점 후자의 대열에 가세하게 된다.

그러나 이때도 여전히 평균은 움직이지 않는다. 평균이란 오랜 기간 동안 행동양상을 평균한 것일 뿐 최근의 단기적인 움직임이 전체 평균에 미치는 영향은 미미하기 때문이다. 때문에 이런 일이 만약 통제 가능한 기간 동안(한 달 정도) 지속되다가 조금만 잠잠해지면 대부분의 사람들은 다시 일상으로 돌아가고 그런 일은 찻잔 속의 태풍으로 남을 것이다. 하지만 일부는 그래도 혹시나 하는 마음으로 외투 속에 방탄조끼를 입고 다니는 수고를 계속할 것이다.

그러나 만약 이 일이 그 통제 가능한 기간을 넘을 경우에는 어떤 일이 발생할까? 사람들은 거리에서 서로 어깨를 부딪치지 않으려고 안간힘을 쓸 것이고, 만약 부딪치는 날에는 서로 찔리기 전에 찌르려는 공격적인 행동을 보일 것이며, 이 경우 법원에서도 정당방위를 인정하게 될 것이다.

이렇게 일시에 많은 사람들의 행동이 한 방향으로 몰려버리면 평균에 영향을 미치게 되고 결국 그 사회는 어느 정도 이성을 찾은 이후에도 최소한 주머니에 가스총이나 호신물품 같은 것들을 가지고 다니는 것이 당연하게 될 것이다. 이렇게 되면 평균값이 달라진다. 과거에는 어깨를 부딪치면 먼저 목례를 하는 것이 평균이었지만, 이제 그런 행동은 과거에 무릎을 꿇고 용서를 빌던 사람만큼이나 특이한 사람으로 취급될 것이다.

사례가 너무 우화적이고 희극적이지만 이렇게 물줄기가 바뀌는 곳에는 반드시 작은 계기가 있고, 그 작은 계기는 대부분의 경우 편차를 벗어난 이상 행동일 경우가 많지만, 가끔 이 작은 계기가 거대한 물줄기를 바꾸고 평균값 자체를 흔들어버리는 결정적 사건의 시작일 경우가 있다.

부자가 되는 길은 평균이 이동하는 길목에 있다

그러면 우리가 보아야 할 변화의 단초는 무엇인가? 어느새 대부분의 사람들이 그렇게 하고 있는 상황에 매몰되지 않고, 내가 먼저 그 변화를 읽고 변화의 선두에 서려면 어떻게 해야 할 것인가?

자고 나면 살인과 폭력이 보도되고 너도나도 방탄복을 입고 칼을 들고 나설 때 나도 같이 나서는 것이 평균이라면, 그 조짐을 읽고 방탄복과 주머니칼을 파는 사람이 되기 위해서는 어떻게 해야 하는 것일까? 만약 당신이 변화의 선두에 서기 위해 방탄복을 생산하고 호신장비를 매점매석한다면, 당신은 아마 백발백중 파산하거나 사들인 물건들을 다시 처분하느라 어려움에 처할 것이다.

그렇다고 그런 일이 생기는 것을 그저 방관하고 있다가 기회를 놓칠 것인가? 그렇다면 그때 그런 기회를 잡는 사람은 누구일까? 예를 들어 기회를 잡아 성공을 거둔 사람이 있다고 하자. 그의 성공은 우연일까, 필연일까? 즉 우연히 신문을 보고 방탄복 장사를 시작했는데 공교롭게도 그것이 사회적 평균의 붕괴와 불안으로 이어지면서 장사가 대박이 터진 것일까, 아니면 그 사람은 우연적 사건들을 배제하고 추세가 변화하는 결정적 고비를 간파하는 정확한 안목을 소유하고 있는 것일까?

가능성은 두 가지다. 어떤 사람이 우연히 자신이 운영하던 갈비집을 매도했는데 얼마 지나지 않아 광우병 파동이 터졌다면 이 사람의 성공은 우연이다. 그러나 컴퓨터 바이러스를 무료로 만들던 의대생이 미래사회는 컴퓨터가 지배할 것이고, 시간이 흐르면 흐를수록 바이러스도 증가할 것이라는 판단으로 컴퓨터 보안 회사를 차렸다면 이 사람의 성공은 우연이 아니다.

또 같은 상황을 두고 광우병이 터져서 갈비집이 망한 것을 보고 다른 갈비집들도 파동의 와중에 갈비집을 헐값에 매각해버렸다면 이 사람들은 일시적인 현상을 추세의 변화로 잘못 인식한 것이다. 하지만 286컴퓨터가 100집에 한 대도 없던 시절, 컴퓨터 바이러스가 등장하는 것을 보고 이것이 정보화시대를 알리는 신호탄이라고 해석한 사람은 평균이 이동할 자리에 미리 포진하고 있었던 사람이다. 사실 부자가 되는 길은 여기에 있다.

이는 최근 유행하는 블루오션 전략이라는 개념과 일맥상통하지만 사실 블루오션은 지나치게 관념적이다. 그 전략은 이익이 나는 곳에 여러 사람이 뛰어들어 레드오션이 된 시장에서 살아남기보다 블루오션을 개척하라고 말하지만, 블루오션이란 평균이 이동하는 길목에 미리 자리잡는 데 성공한 사안에 대한 결과적인 논리다.

우리가 블루오션이라고 칭송하는 사례들은 레드오션의 경쟁에서 살아남기 위해 진화를 거듭한 결과일 수도 있고, 새로운 추세를 감지하고 미리 준비한 것일 수도 있다. 예를 들어 LG전자가 초콜릿폰을 만들어 성공한 것은 추세 내에서의 변화일 뿐 진정한 의미에서의 블루오션이 아니다. 애플이 아이포드를 개발해서 성공한 것도 블루오션을 찾은 것이 아니라 추세 내에서 일어날 수 있는 성공일 뿐이다.

진정한 의미의 블루오션이란 과거 텔넷의 시대에 'www'의 시대를 예견한 사람, 무선 호출기의 등장을 두고 이동전화를 준비한 경우를 말하는 것이다.

당신이 은퇴 이후나 노후를 준비하는 단순한 재테크를 꿈꾼다면 이 글은 건너뛰어라. 그러나 당신이 정말 부자로 자리매김하고 싶다면 다른 글을 덮고 이 글만 읽어도 좋다. 당신이 지금 주식투자를 하거나 혹은 부동산에 투자하거나 기업을 운영하거나 벤처를 하거나 간에 당신이 도달할 길은 이미 정해져 있다. 당신이 평균이 허락하는 범주에서 안주하는 생각을 하고 있다면 부동산이나 주식 또는 기업으로 돈을 조금 벌 수 있을지는 몰라도 재벌 2세가 아닌 이상 시대를 선도하는 부자가 될 수는 없다.

그렇다면 당신이 부자가 되려면 어떻게 해야 하나? 그것은 평균이 허용하는 범위와 그것을 벗어나는 경계를 보는 눈이 있어야 하고, 평균의 범위를 벗어난 움직임이 일탈인지 추세의 변화인지를 해석하는 안목이 있어야 한다. 그러기 위해서 당신은 항상 평균에서 있으면서 평균이 무엇인지를 늘 파악하고 있어야 한다. 그러다 일탈의 조짐이 보일 때 그 일탈이 평균으로 회귀하는 단순한 일탈인지, 아니면 평균 자체를 움직이는 변화인지 간파하는 능력을 키워야 한다.

평균의 이동에서 시대의 변화를 읽어라

이것을 수학적으로 이야기한다면 평균과 표준편차의 개념이 될 것이다. 좀더 수학적으로 이야기한다면 인간의 행동은 정규분포곡선을 이루고 정규분포에서 편차 1.5 수준은 허용 가능한 범위이다.

예를 들어 광화문에 광고용 전광판이 만들어지고 그것이 실시간 뉴스나 중계방송을 전하는 것을 보고 당신이 친구들과 함께 광화문 네거리에 모여 앉아 소주잔을 기울이며 축구응원을 했다고 가정하자. 그것은 지나는 행인으로부터 일탈로 취급을 받을 것이며 당신은 너무 서두른 것이다. 그러다가 일단의 젊은이들이 그 자리에 모여 축구경기를 같이 관람하면서 직접 운동장에 나가지 못하는 아쉬움을 달래는 모습을 보면서 조만간 젊은이들의 집단관람이 추세가 될 것이라고 생각했다면 당신은 훌륭하다. 그러나 그것은 아직 평균을 움직이는 것은 아니다.

이때 "멀쩡한 집 놔두고 길거리에서 웬 소란이냐?"는 반응을 보인 당신은 이 분포에서는 메디안, 즉 정확히 평균을 살고 있는 보통사람의 안목이며 이러한 당신의 안목은 당신을 지금의 자리에서 평생 꼼짝도 하지 못하게 옭아매는 올가미가 될 것이다.

그러다 월드컵 응원을 위해 광화문 네거리에 모여든 인파를 바라보는 사람들의 마음이 울렁이기 시작한다. 분산된 평균은 안주하지만 길거리에 모여든 군중의 집약적인 에너지는 평균에 서서히 영향을 미치기 시작한다. 길거리 군중이 늘어나고, 길거리에 나오지 못한 사람들이 카페나 다방에 모이고, 가정에서 TV를 보던 사람들도 서너 집이 모여 같이 축구를 보기 시작하면 이것은 이미 평균을 움직인 새로운 물줄기가 형성된 것이다.

이때 당신이 현명한 정치인이라면 어떤 판단을 했어야 하는가?

대중은 정규분포의 꼭짓점을 차지하고 있지만 그것은 항상 분산적이다. 그러나 대중의 정서가 좌측으로 쏠리기 시작하면 밀도가 높아진다. 정규분포곡선의 중심에서 좌측으로 이동할수록 공간은 좁아지고 밀도는 증가한다. 그 힘은 폭발적이다. 이렇듯 대중의 분산이 대중의 밀집으로 나타난다는 사실을 간파한 당신은 안목이 있는 정치인이다.

하지만 효순이 미선이가 미군의 장갑차에 치어 사망한 후 연이어 각 도시를 뒤덮은 촛불시위의 물결을 보면서도 대중의 밀집을 간파했다면 당신은 이미 줄을 잘못 선 것이다. 그러나 당신이 대중의 힘을 간파하고 노사모를 만들어 대중에게 승부를 건 노무현에게 배팅을 했다면 당신의 정치적 안목은 정확하다고 할 수 있다. 당신은 평균의 이동 경로를 정확히 간파하고 있었고 정치인으로서 성공할 가능성이 있다고 할 수 있다.

만약 당신이 이렇게 변한 추세에 안주한다면 다시 추락의 길을 걷게 된다. 중심이 움직이면 평균이 급격하게 이동하지만, 이것은 다시 새로운 평균을 만들어낸다. 지금 당신이 대권을 꿈꾸면서 여전히 노사모를 흉내 내고 대중에 호소하는 방식을 택한다면 당신은 실패자다. 평균이 빠르게 움직일 때는 안주하면 이미 늦어 버린다.

이동한 평균이 자리잡기 위해 새로운 평균에 부여할 가치가 무엇인지, 새로운 평균이 원하는 것이 무엇인지를 간파한 채 단지 이동하는 평균의 방향만을 믿고 과거와 같은 판단을 내린다면 당신은 이미 흘러간 강물인 셈이다. 왜냐하면 이미 당신은 그저 평균에 속한 사람일 뿐 이 시대를 이끌 안목도 그럴 자격도 없는 사람이기 때문이다.

이런 시대적 변화는 경제에도 큰 영향을 미친다. 예를 들어 보수는 현재의 평균을 지키려는 사람, 수구는 과거의 평균으로 돌아가고 싶은 사람, 진보는 새로운 평균을 만들려는 사람이다. 이것이 경제적 입장에 투영된다면 클린턴이 집권하고 아칸소의 촌놈들이 새로운 리더십을 들고 나오는 순간 이미 기존의 자본가들에게는 재앙적 상황이 도래한 것이다.

새로운 리더십은 직전의 리더십이 기반한 곳에 둥지를 틀지 않는다. 신흥 리더십은 기존의 자본들을 가능한 한 배제하고 새로운 자본의 형성을 갈망한다. 이때는 소위 성장산업이 등장하고 새로운 산업이 전면에 부상한다. 벤처라는 이름의 신흥 자본들이 득세하고 이들은 순식간에 기존 자본가들의 아성을 위협한다. 한국에서는 국민의 정부가 같은 역할을 맡았다. 이들은 과거 그들의 적을 지원하던 기성자본보다는 새로운 자본의 형성을 후원하고 지지한다. 세계적으로 강력한 변화가 시작되고 산업은 급속하게 재편된다.

그러나 그 다음 시기에 부시정권이 집권하면서 양상은 또 달라진다. 전통적인 자본가들이 다시 반격의 기회를 잡는다. 석유, 군수, 유틸리티, 운송과 같은 기존의 자본가들이 정치권력을 후원할 기회를 잡고 이들은 다시 한번 날개를 펼친다. 그리고 직전에 등장했던 화려한 신흥 자본은 강력한 후원자가 사라지면서 스스로의 힘으로 살아남아야 하는 혹독한 시련을 겪는다.

한국에서는 여전히 변화가 중심이 되지만 그것은 한계에 부닥친다. 신흥 자본에 대한 과도한 지원은 곳곳에서 문제를 일으키고 전통산업이 복구할 기회를 맞이한다. 하지만 한국은 여전히 평균이 움직이고 있다는 점이 미국과 다르다. 미국은 좌로 움직인 평균이 우로 다시 이동하면서 좌우의 균형이 다시 중심으로 돌아왔지만 한국은 여전히 평균이 이동하는 중이다.

때문에 신흥 자본가들에 대한 호의적 환경이 완전히 사라지지 않고, 전통산업에 대한 우호적인 움직임도 보이지 않았다. 때문에 전통산업이 상대적으로 힘을 회복하였지만 여전히 신흥 자본에 대한 배려는 이어진다. 다만 과거와 같은 무조건적인 지원은 사라졌다.

평균의 움직임을 주시하라

정립과 반정립의 역사적 순환고리는 지금 움직이고 있는 평균을 고정하는 힘으로 작용할 것이다. 미국은 다시 좌우의 균형이 필요하고, 한국은 평균이 급속히 들어 올려지는 치열한 확장기를 거쳐 이제 다시 안정궤도에 들어설 것이다. 좌든 우든 그것이 역사의 선택이라면 그것 또한 어쩔 수 없는 일일지 모른다.

이때의 안정궤도가 지금 빠른 속도로 움직이고 있는 평균의 방향을 정지시키든, 혹은 다시 과거의 평균으로 회귀하든 더 이상의 빠른 속도를 유지하기에는 힘에 부칠 것이다. 편차가 확대된 상황에서 산만하게 퍼져 있는 상황은 조만간 다시 정규분포 안으로 들어올 것이고 이때의 중간 값이 어디냐에 따라 질서는 재편될 것이다.

이때 경제적 영향은 어떨까? 대중이 앞으로 어떤 방향성을 갖는지는 이것을 이해하는 가늠자다. 만약 평균의 이동이 지금처럼 계속된다면 기존의 질서는 완전히 재편되고 환경, 건강, 복지 쪽으로 질서가 재편될 것이다.

이때는 여전히 가능성만으로 승부를 할 수 있고 당신의 능력을 기업에 거래하기보다는 차라리 스스로의 능력을 무한대로 발휘할 수 있는 방법을 찾는 것이 옳다. 당신의 자산관리나 투자도 무작정 돈을 버는 방식보다는 노후를 대비하고 우아한 은퇴를 준비하는 쪽으로 방향을 잡는 것이 현명하다.

그러나 만약 반작용으로 평균이 다시 과거의 방향으로 회귀한다면 당신은 기업에 당신의 능력을 맡기고 당신이 운영하는 벤처나 당신이 꿈꾸는 사업들은 가능하면 기존의 질서 속으로 편입하는 것이 좋다. 벤처는 가능하면 대기업에 운영을 맡기고 중소기업은 정리하는 편이 유리하다. 그리고 당신이 재테크를 통해 꾸는 꿈들은 어쩌면 주식이나 부동산을 통해 이룰 수 있을지 모르고, 경우에 따라서는 그 결과가 당신이 상상하는 이상으로 큰 성과로 이어질 수도 있다.

이것은 정치적 질서가 경제를 구속한다는 의미가 아니라 추세를 파악하는 방식에 관한 이야기다.

역사는 그렇게 진화해왔고
당신이 서 있는 이 순간은
단지 그 역사 속의 한 장면일 뿐이다.

전문가란 무엇인가

필자는 항상 이 말로 인해 스스로 많은 적을 만들고 있다는 사실을 잘 알고 있다. 하지만 "전문가는 결단코 없다!" 단지 달인이 있을 뿐이다. 그런데도 이율배반적으로 필자의 책에 등장하는 출판사의 저자 소개에는 전문가라는 말이 최소 두세 번쯤 나온다.

재테크를 시작하는 사람들이 가장 먼저 시작하는 일은 교재를 찾는 일이다. 책에는 수많은 사람들의 성공담과 자화자찬이 담겨 있고, 가끔 실패를 이야기하더라도 그것 역시 결과적으로는 성공에 이르는 길을 알려주겠다는 것에는 별반 다름이 없다.

경제신문에는 수없이 많은 사람들의 코멘트가 실린다. 그리고 그곳에는 부동산 전문가, 은행 PB, 증권사 투자전략팀장, 애널리스트들의 이야기가 분석과 전망이라는 이름으로 등장한다. 그러나 거기에는 한 가지 맹점이 있다. 우리는 그곳에 원고를 기고하거나 혹은 그것을 업으로 삼는 사람들의 이야기를 금과옥조로 여기곤

한다. 그런데 필자를 포함한 그들은 "왜 그곳에다 글을 적거나 방송에 출연하거나, 직장에 다니는 것일까?"라는 가장 기초적이고 초보적인 의문을 떠올려보라.

그들은 증권시장이 급락하면 그 이유를 말하고, 지지선과 목표가를 이야기하고, 부동산 대책이 발표되면 부동산 시장의 전망을 이야기한다. 그러나 족집게 부동산 도사는 왜 스스로가 그 땅을 사지 않고 다른 사람에게 사라고 하는 것일까? 주식에 도통한 전문가들은 왜 사람들에게 투자유망종목을 추천하면서 스스로는 그것을 사지 않는 것일까? 이미 그들이 충분한 부자이기 때문일까?

아쉽게도 그곳에 돈의 논리가 숨어 있다. 앞서 말했듯이 가격은 예측이 불가능하다. 어떤 종목, 어떤 대상이라도 가격을 예측한다는 것은 기본적으로 불가능하다. 가격이란 당시 사람들의 심리의 반영이다. 예를 들어 누군가가 가격을 예측할 수 있고 실제 그것이 항상 들어맞는다면 기본적으로 시장은 존재할 수 없다. 시장이란 대상물을 사고파는 행위로서 존재한다. 또 대상물을 사는 사람과 파는 사람의 의견차이가 가격이다. 이때 누군가가 상승과 하락의 방향을 모두 맞힌다면 시장은 그 사람이 장악하게 된다. 복리효과를 감안한다면 누군가가 거래에서 연속적으로 100번 이상 방향을 맞힌다면 그 사람은 지구를 살 수도 있다. 시장이나 가격은 예측 불가능함으로써 존재하는 것이다.

전문가와 초보자의 차이
그렇다면 투자를 통해 돈을 버는 것은 무엇인가? 이것은 조금

복잡하고 정교한 개념이지만, 분명한 것 하나는 절대 가격 예측은 불가능하다는 것이다. 초보자의 행운처럼 인간의 행위란 가속도가 있기 때문에 상승이나 하락추세를 보이는 시장에서 방향성을 타 일시적으로는 수익이 날지 몰라도 그 행위가 반복되면 결국 그것 은 평균에 회귀한다.

전문가란 이러한 방향성을 말하는 사람들이다. 그들은 오랜 경 험으로 "시장은 예측할 수 없다."는 사실을 누구보다 잘 알고 있 다. 그래서 전문가들은 지금 시장의 방향성을 설명하고 바람이 남 쪽으로 불면 파란 깃발을, 북쪽으로 불면 빨간 깃발을 든다. 줄곧 북풍이 불다가 지금 남풍이 불면 10분 후에도 남풍이 불 것이라는 것이 합리적이기 때문이다. 물론 1분 후에 동풍으로 바뀌면 그때 는 다시 노란 깃발을 들면 된다.

전문가들은 남풍이 불면 파란 깃발을 들 줄 아는 사람이고, 초보 자들은 남풍이 불 때 다음에는 북풍이 불 것이라고 생각하는 사람 들이다. 그러나 바람이 갑자기 방향을 바꿔 서풍으로 변한다면 두 사람이 다 틀리지만, 이때 전문가는 다시 녹색 깃발로 바꿔들고, 초보자는 이번에는 북풍 차례라고 기다린다.

다시 말해 전문가는 모멘텀을 설명하는 해설자이다. 그들은 지 난 1년간 부동산이 올랐으면 내일도 오를 것이라고 생각하는 사람 들이다. 만약 지난 3년간 집값이 평당 1,000만 원에서 5,000만 원 이 되었다면 비록 조정은 있더라도 여전히 부동산이 좋다고 말하 는 사람을 전문가라고 부른다. 대개 전문가들의 이야기는 옳다.

지금 주식시장의 전문가들 중에는 주가가 상승하면 신문이나 방송에 등장해서 특정 주식을 추천하고 전망하는 일류 전문가들이 많지만, 필자가 아는 한 그 중의 상당수는 반대로 주가가 하락할 때 싱가포르, 홍콩으로 도망을 가거나 스스로가 거덜 난 경우도 적지 않다. 지금 부동산 전문가로 행세하는 어떤 사람은 쓸모없는 땅을 사서 소문을 낸 다음 쪼개 파는 기획부동산을 할지언정 절대로 자신의 돈으로 부동산을 사는 법은 없다.

이것은 전문가로서의 입장과 투자자로서의 입장이 다르기 때문이다. 지금 당신이 증권 계좌에 다섯 종류의 주식을 보유하고 있다면 당신의 의사결정 구조는 분명히 수천 개의 종목 중에서 그 다섯 종목이 가장 상승가능성이 높기 때문이어야 한다. 그러나 만약 지금 당신에게 여윳돈이 생겼는데 그 다섯 종목을 살 것인가를 자문해 보면 아마 그 중에 80퍼센트는 사고 싶은 생각이 들지 않을 것이다.

지금 당신이 강남구 대치동의 은마아파트를 보유하고 있다면 팔고 싶은 마음이 들지 않겠지만, 만약 그에 상당하는 돈이 있다면 은마아파트를 사겠는가, 아니면 다른 아파트를 선택하거나 투자를 보류하겠는가? 이런 생각을 해보면 입장이 달라진다.

이것이 바로 보유자의 심리와 전문가의 심리다. 돈을 가지고 무엇을 사려고 할 때 당신은 이미 전문가의 심리를 가지고 있다. 다만 무엇인가를 사들이는 순간부터 당신은 범부가 되고 당신의 손에는 파란 깃발만 쥐어지거나, 혹은 스스로도 감당할 수 없을 만큼 많은 일곱 색깔의 무지갯빛 깃발이 들려질 뿐이다.

따라서 전문가의 생각이란 자신이 직접 투자하지 않는 사람(혹은 남에게 말을 하기 위해 준비하는 사람)의 생각이고, 초보자란 스스로가 그 상황에 빠져 있는 사람의 생각이다. 그래서 실제 투자에서 전문가의 생각이 일부라도 유용하다면 그것은 전문가가 현자이거나 보는 눈이 다르기 때문이 아니라 상황에 매몰된 사람과 직업상 그것을 객관적으로 봐야 하는 사람의 차이일 뿐이다.

그래서 전문가는 자신의 계좌에 편입되어 있는 주식에 대한 전망을 하면 대개가 틀리고, 자신의 계좌에 보유하고 있지 않은 종목에 대한 이야기를 하면 대개 평균보다 나은 결과를 거둔다. 이는 한편으로는 주관과 객관의 차이가 얼마나 큰 것인지를 말해주는 것이기도 하고 한편으로는 자본시장의 아이러니이기도 하다.

축구경기를 보라. 경기에 임하는 선수들은 자기가 현재 어떤 플레이를 하고 있는지 경기 전체를 조망할 수 없다. 그는 단지 지금 자신의 위치에서 최선의 경기를 하기 위해 노력할 뿐 자신의 시야 밖의 움직임에 대해서는 알 수 없다. 그러나 그 경기를 해설하는 해설자는 선수의 움직임이 마음에 들지 않는다는 등 연신 선수들의 움직임을 질타한다. 하지만 막상 그에게 축구화를 신겨서 경기장으로 내려 보냈을 때 그가 할 수 있는 일이란 벤치워머(bench warmer) 외에 아무것도 없다.

축구해설자의 경기 설명은 가끔 내가 모르는 용어나 상황을 이해하는 데 도움을 줄 뿐, 궁극적으로 경기를 즐기는 것은 나의 몫이다. 그런 점에서 필자 역시 한 사람의 해설자에 지나지 않는다. 다만 필자는 신문선보다는 차범근이고 싶고, 또 그렇게 평가 받고 싶을 뿐이다.

재테크에 있어서 전문가의 역할이 바로 그것이다. 투자자들은 전문가의 이야기를 단지 객관적 관찰자의 이야기로 참고하면 된다. 그리고 전문가의 이야기들은 경기에 영향을 미치지 않는다는 점을 기억하라.

도전하는 사람이 되어라

진짜 부자가 되기 위한 요건은 무엇일까? 당신은 무엇을 준비해야 하는가?

인터넷 포털 사이트의 카페에서 부자라는 단어를 검색해보면 밤하늘의 별 만큼이나 많은 카페와 스터디 그룹들이 자리잡고 있고, 온라인 서점에서 부자나 재테크라는 단어를 쳐보면 그만큼이나 많은 수의 책들이 화면에 뜬다.

부자가 되기 위해 신문의 경제면을 열심히 읽고 재테크 책을 보고 강연을 들으면서 구루들의 이야기에 귀를 기울여야 할까? 만약 그것이 정답이라고 생각한다면 당신은 영원히 부자가 될 가능성이 없다.

사실 진짜 부자가 되는 사람은 스스로 부자가 되겠다는 의지가 없다. 부자가 된 사람들은 모두 자신의 영역에서 최고가 된 사람들이고 그 결과 부자가 되었을 뿐이다. 당신이 보쌈집을 하건 라면집을 하건 당신에게 주어진 가장 강력한 투자수단은 바로 당신이 몸담고 있는 영역이다.

인간은 한 가지 영역에 집중할 때 최선의 결과를 얻을 수 있다. 김포공항에서 구두를 닦는 사람의 손놀림을 보라. 그는 손님을 모아오는 일과 구두를 배달하는 일에서 출발해 결국 구두를 닦는 일에 1등이 되었을 것이다. 그는 누구보다 구두를 잘 닦기 위해 구두약을 바르고, 불에 그을려보기도 하고, 뜨거운 물을 한 방울 묻혀도 보고, 입김을 불어보기도 했을 것이다.

간고등어로 유명한 안동의 간잽이 이동삼 씨를 보라. 그는 평생을 고등어 배에 소금을 뿌리는 일을 했을 뿐이다. 그가 오른손으로 뿌리는 소금은 왼손에 잡아든 고등어의 무게에 따라 양이 미세하게 달라지고, 그래서 그가 간을 한 고등어는 크든 작든 일정한 염도를 유지한다. 그 과정에서 그는 자연스럽게 최고가 되었을 것이다.

같은 보쌈집을 운영해도 매일같이 새로운 재료를 넣고 고기를 삶아보는 노력을 게을리하지 않은 사람과 원래부터 하던 방식대로 평생을 해온 사람의 결과는 다르다. 구두 한 짝을 닦아도 불에 그을려보고 물을 묻혀보는 사람과 항상 구두약만을 바르는 사람이 내는 광택은 다르다.

당신이 부자를 꿈꾸는 것은 바로 보유한 자산이 일등이 되기를 바라는 것이다. 그렇다면 그 일등이 되는 과정이 언제나 다른 사람들이 해온 일들을 답습하고 다른 사람들이 하라는 것을 배워서 익힌다고 가능하겠는가? 그렇지 않다. 재테크 역시 나만의 철학과 노하우를 확립하고 그것을 개선하고 발전시키면서 세상의 변화에 끊임없이 조화를 이루어나가는 일이다.

앞선 사람은 소속원의 관점과 리더의 관점이 다르다고 말했다. 작은 집단에서 리더가 되면 그 집단을 지휘하는 안목을 가진다. 그러나 당신은 더 큰 조직의 일원일 뿐이다. 그러면 당신은 다시 더 큰 교집합의 리더가 되기 위해 노력해야 하고, 그 조직에서 리더가 되면 또 그것을 포함하는 집단의 리더가 되기 위해 끝없이 노력해야 한다. 도전이 멈추는 순간 그것은 정점에 이른다. 재테크는 과정의 결과일 뿐 목표가 아니다.

오감을 전부 활용해 이해하고 판단하자

리더가 되기 위해 당신에게 필요한 것은 안목을 기르는 것이고, 그러기 위해서는 많은 노력이 필요하다. 인간이 발전하기 위한 가장 큰 바탕은 옳은 판단이고, 옳은 판단은 탁월한 안목을 필요로 한다. 안목은 무엇인가? 그것은 같은 사물을 보아도 이해하는 방식이 다른 것이다. 그런 면에서 "아는 만큼 보인다."라는 말은 철학적이다.

당신의 눈에 비치는 사물들은 당신의 머릿속에서 재해석된다. 모든 사람이 무심코 지나는 태종대 자갈밭에서 수백만 원짜리 수석을 캐는 사람이 있다. 또 공원을 걷다가 이름 모를 들풀에 가슴 아파하는 사람은 그것을 잡초로 알고 스쳐가는 사람과는 다르다.

당신이 음악을 좋아한다면 길거리를 지나다가 들리는 모차르트의 선율에 가슴 저린 감동을 받을 테지만, 그 반대의 경우라면 당신의 귀는 소음에 시달릴 뿐이다. 같은 사물을 두고 그것에서 아름다움을 발견하는 눈, 그것을 해석하고 교감하는 당신의 뇌는 스스로에게 더 나은 발전을 요구한다.

부자가 되고 싶으면 도전하는 사람이 되라. 당신의 눈을 통해 들어오는 모든 사물의 형상에 자극받고 당신의 귀를 통해 들리는 소리들에게서 아름다움을 발견하라. 그 과정에서 당신은 세상을 푸는 지혜를 발견할 수 있다.

예술가가 작품으로 드러내고자 했던 영감을 포착해본 경험이 있는가? 베토벤이 신을 향해 절규하던 그 마음이 9번 교향곡 '합창'을 들을 때 느껴지는가? 무용처럼 말 한 마디 대사 하나 없는 몸짓을 보고 그것이 무엇을 말하는지 이해할 수 있는가? 현대미술관 앞뜰에 놓인 설치미술을 보고 그것을 만든 이의 영감을 떠올려본 일이 있는가? 당신이 그것을 이해할 수 있다면 그것은 작품이지만, 당신이 지나치면 그것은 고철덩어리에 불과하다. 당신이 소리를 듣고 작곡가와 연주자의 영감을 느낄 수 있다면 당신은 이미 언어라는 교착된 수단을 벗어나서도 타인과 교류할 수 있다.

사람의 표정을 보라. 웃는 사람, 우는 사람, 아픈 사람, 괴로운 사람이 보인다. 그것은 당신이 자주 접하는 방식의 표현이다. 그것은 언어가 아니지만 당신은 그것의 의미를 이해한다. 그러나 그것 이상의 이해가 가능한가? 누군가가 몸짓으로 또는 눈빛으로 당신에게 무슨 메시지를 전달하고자 하는지 당신은 알 수 있는가? 사랑하는 이성이 고백을 하려 한다면 그의 혹은 그녀의 표정과 눈빛에서 그것을 읽을 수 있는가?

굳이 고식적인 언어 수단을 이용하지 않고도 소리나 색깔로 또는 격식과 문법이 사라진 시어에서 말하고자 하는 것을 깨달을 수 있다면 이미 당신의 오감은 살아 있는 것이다. 오감을 일깨우는 것은 무엇보다 중요하다.

　길을 걸을 때 발바닥으로 전달되는 땅의 느낌을 느끼는가? 지금 앉아 있는 의자에 당신의 엉덩이가 닿아 있는 느낌을 이 글을 보지 않고서도 항상 느낄 수 있는가? 지금 당신의 뺨을 스치는 공기의 흐름을 예민하게 포착할 수 있는가?

　지금 당신의 오감은 어떠한가? 어느새 당신은 그것들을 전부 활용하는 방법을 잊어버리고 단순화된 수단으로 세상을 보고 이해하고 있지는 않은가? 당신은 지금 당신의 호흡을 통해 들어오는 공기가 폐를 거쳐 동맥을 타고 손가락마디와 발끝까지 흐르는 그 살아 있는 느낌을 당신은 느낄 수 있는가?

　당신이 사물을 판단하고 이해하는 경로는 혹시 눈에 보이는 것과 귀에 들리는 것, 손에 만져지는 것이 전부가 아닌가? 보이지 않는 것, 들리지 않는 것, 만져지지 않는 것들은 어떻게 해석하고 판단하는가?

　당신이 주식투자자라면 지금 당신의 눈에 보이는 컴퓨터 화면에서 빨갛고 파란 주가차트 말고, 그 너머에서 그것을 보고 한숨짓고 박수치는 다른 투자자들의 목소리가 들리는가? 당신이 지금 매입하기 위해 돌아보고 있는 그 땅을 보고 단순히 개발계획이나 입지조건 외에 그 땅이 전하는 가능성이 보이는가?

성공하고 싶다면 먼저 도전하는 사람이 되라

통찰적 사고를 하기 위해서는 다른 사람과 다른, 지금과는 다른 잣대가 필요하다. 예전에 당신이 보고 듣고 만져보고 판단했다면 이제는 느끼고 판단하는 능력을 키워라. 그러기 위해서 당신은 당장 이 순간부터 달라져야 한다. 하루에 잠은 여덟 시간 이상을 자는 것이 좋다는 망발을 잊어버려라. 지금부터 당신의 삶을 관리하고 자신을 단련할 준비를 시작하라.

그 방식은 무엇이라도 좋다. 지금 당장 맨발로 땅 위를 걷는 운동을 시작해도 좋고, 모차르트 전집을 사서 음률을 다 외울 때까지, 그것이 소음이 아닌 아름다운 선율로 들리고 오르가즘을 느낄 때까지 그것만 들어도 좋고, 황동규의 시집《풍장》을 사서 소리 내읽으며 외워도 좋다. 아니면 곰브리치(Gombrich)의《서양미술사》를 집어 들고 이를 악물고 읽어도 좋다.

그냥 지금과 달라지면 된다. 내일은 오늘과 달라지고 모레는 내일과 달라지면 된다. 거리를 걸으면서 공기를 맛나게 먹는 연습도 하고 물을 한 잔 마신다면 꼭꼭 씹어 먹어도 좋다. 당신의 죽어 있는 오감을 살리기 위해 지금부터 당신이 하기 싫은 일을 한 가지씩만 돌파하라. 책을 읽는 것이 싫다면 철학사를, 음악을 듣는 것이 싫다면 말러(Mahler)를, 그림이 싫다면 피카소와 맞서라. 그저 당신의 오감을 편안하게 하는 일들을 하나씩 주변에서 치워나가라.

당신이 1년만 그런 도전을 한다면 그 결과 예전에 관심이 없었거나 심지어 싫기까지 했던 무엇을 아끼고 사랑하게 되었거나, 아니면 최소한 그것에 대한 새로운 지식에 대해 자부심을 가질 수 있을 것이다. 그것은 당신에게 놀라운 경험을 안겨줄 것이다.

어느 날 아침에 글렌 굴드(Glenn Gould)의 '골드베르크 변주곡(Goldberg Variationen)'을 들으며 일어나는 당신을, 베갯머리에 읽다 그대로 잠든 《데리다의 해체철학》에, 당신의 거실에 걸려 있는 게르하르트 리히터(Gerhard Richter)의 그림에 스스로 놀라고 변화한 자신에 대해 당황해하는 경험을 하게 될 것이다.

그 다음에는 일에 도전하라. 그것도 당신이 가장 하기 싫었던 순서대로 시작하라. 영어 회화를 선택하든, 중국어를 배우든, 가게에 한 시간 일찍 나가 유리창을 닦든, 중요하지만 하기 싫어 미뤄두었던 일부터 싫은 순서대로 먼저 도전하라. 그리고 그것이 익숙해지면 다시 그 다음으로 하기 싫은 일을 골라 뛰어들어라. 그러면 당신은 어느새 수십 년간 선방에 들어 화두를 들고 앉은 스님들보다 맑은 정신과 판단의 소유자가 되어 있을 것이다.

스님들이 선방에 들어 참선을 하는 것을 한번 지켜보라. 왜 그분들이 굳이 장좌불와(長坐不臥), 동구불출(洞口不出)을 감행하고 백척간두 진일보(百尺竿頭 進一步)라는 생사를 건 수행을 하겠는가? 그들이 깨닫고자 하는 이치를 공부하기 위해 왜 책을 불사르고 결가부좌를 틀면서 평생을 씨름하겠는가? 그들이 책에서 답을 얻을 수 있거나 또는 선배들의 가르침에서 길을 찾을 수 있다면, 그 과정이 왜 필요하겠는가? 사색이 중요하다면 사우나를 하고 편안한 안마의자에 앉아 명상에 들면 그만이지 그들은 왜 굳이 다리관절이 망가지도록 가부좌를 틀고 앉아 고행을 택하겠는가?

깨달음이나 통찰이란 목숨을 건 수행과 불가능에의 도전 속에서

얻어지는 것이기 때문이다. 당신이 가장 손쉬운 수단을 선택하려
는 순간 당신에게서 성공의 가능성은 점점 멀어질 뿐이다.

돈을 벌고 싶은가? 부자가 되고 싶은가? 그렇다면 지금 당장 필
자의 책을 비롯한 돈을 벌게 해준다는 그 수많은 쪽집게 책들부터
마당에 내어 불사르라. 주식에서 성공하고 싶은가? 그렇다면 당장
TV에서 흘러나오는 증권방송 채널부터 망치로 부숴버려라.

> 통찰은 아무도 가르쳐주지 않는 것이다. 스스로를 담금질하고
> 스스로를 일깨우고 스스로를 개발할 때 저절로 얻어지는 것이
> 바로 통찰이다. 진정 성공하고 싶다면 먼저 도전하는 사람이
> 되라.